ALBERT MÖSSMER · DIE MORMONEN

ALBERT MÖSSMER

DIE MORMONEN

DIE HEILIGEN DER LETZTEN TAGE

Walter-Verlag
Solothurn und Düsseldorf

Die Deutsche Bibliothek – CIP-Einheitsaufnahme

Mössmer, Albert:
Die Mormonen : die Heiligen der letzten Tage /
Albert Mössmer. – Solothurn : Düsseldorf : Walter, 1995
ISBN 3–530–57951–3

Satz: Jung Satzcentrum GmbH, Lahnau
Druck und Einband:
Bercker Grapischer Betrieb, Kevelaer
Printed in Germany
ISBN 3-530-57951-3

Inhalt

Einleitung: Wer sind die Mormonen?

Wir leben nicht nur in einem Zeitalter der politischen, gesellschaftlichen, wirtschaftlichen, technologischen und ökologischen Umwälzungen, sondern auch in einer Zeit von grundlegenden Veränderungen im religiösen Bereich: die immer geringer werdende Relevanz der großen Volkskirchen in Westeuropa und die Abwanderung der Gläubigen zu sogenannten Kunden- oder Publikumsreligionen[1], die Ausbreitung des Islam hauptsächlich in Afrika und Asien, die Protestantisierung Lateinamerikas sowie das erstaunliche Wachstum neuer christlicher und nichtchristlicher Religionsgemeinschaften in Ostasien, auf dem amerikanischen Kontinent und in Afrika, wie der Siebenten-Tags-Adventisten, der Neuapostolischen Kirche, der Zeugen Jehovas, des Baha'i-Glaubens und des Mormonentums.

«Mormonen» und «Mormonentum» sind eigentlich umgangssprachliche Bezeichnungen für die «Heiligen der letzten Tage» (im Englischen *Latter-day Saints* oder einfach *Saints* genannt) und deren Religion. Diese Bezeichnungen werden vom Buch Mormon, einer der heiligen Schriften der Mormonen, abgeleitet. Wenn sie sich «Heilige» oder «Heilige der Letzten Tage» nennen, so ist das im neutestamentlichen Sinn zu verstehen. Die ersten Christen sahen sich als «Heilige», als Auserwählte, im Unterschied zur «profanen» Welt.[2]

Nach dem mormonischen Glauben fielen die Christen in den ersten Jahrhunderten nach Christi Geburt in der «Großen Apostasie» von der wahren Lehre ab. Diese wahre Lehre, die «Fülle des ewigen Evangeliums», die über eineinhalbtausend Jahre verloren war, wurde nach der Überzeugung der Mormonen durch die Entdeckung des Buches Mormon und die Offenbarungen, die der Gründer des Mormonentums, Joseph Smith, erhielt, wiederhergestellt. Deswegen wird auch die Bezeichnung «Heilige der letzten Tage» verwendet, nämlich zur Unterscheidung von den Heiligen der ersten Tage, der Christen zur Zeit der Apostel.

Das Mormonentum ist ein Phänomen in mehrfacher Hinsicht: Es ist eine der am schnellsten wachsenden Glaubensgemeinschaften in der

Welt; es ist nicht nur die amerikanischste aller Religionen, sondern auch eine Lebensweise; die Erfolge, die von Mormonen in den Bereichen der Wirtschaft, der Wissenschaft und der Bildung erzielt wurden, sind enorm (dazu später).

Der Soziologe William M. Kephart schrieb 1976:

> «Traditionell der Bildung verpflichtet, kann die Mormonenkirche einen höheren Prozentsatz an Eintragungen in *Who's Who in America* verzeichnen als jede andere Glaubensgemeinschaft. [...] Die Kirche hat eine Armee von Chemikern, Agronomen, Soziologen, Sportfachleuten, Freizeitexperten und Spezialisten im Erziehungswesen hervorgebracht. [...] Die Zahl der bedeutenden Persönlichkeiten, die Mormonen sind –, Unternehmensleiter, Wissenschaftler, Ingenieure, Gouverneure, Senatoren, Kabinettsmitglieder der Präsidenten –, ist zu groß, um zu versuchen, sie auch nur teilweise aufzulisten.»[3]

Am 6. April 1830 trafen sich sechs junge Leute in dem Dorf Fayette, im westlichen Teil des Staates New York, und gründeten die Kirche Jesu Christi, die einige Jahre später in Kirche Jesu Christi der Heiligen der letzten Tage umbenannt wurde. Innerhalb weniger Tage schlossen sich den sechs Gründungsmitgliedern weitere Personen an, hauptsächlich Bekannte und Verwandte. Im September des gleichen Jahres gab es bereits zweiundsechzig Mormonen. Ein Jahrzehnt nach der Gründung der Kirche betrug die Mitgliederzahl etwa dreißigtausend.

Die Entwicklung der weltweiten Mitgliederzahl zeigt folgende Tabelle:[4]

Jahr	Mitglieder	Zuwachsrate
1830	62	–
1840	30 000	–
1850	60 000	100 %
1860	80 000	33 %
1870	110 000	38 %
1880	160 000	45 %
1890	205 000	28 %

1900	268 331	31 %
1910	393 437	47 %
1920	526 032	34 %
1930	672 488	28 %
1940	862 664	28 %
1950	1 111 314	29 %
1960	1 693 180	52 %
1970	2 930 810	73 %
1980	4 638 000	58 %
Schätzungen:		bei einer Wachstumsrate
2080	63 415 000	von 30 %
2080	265 259 000	von 50 %
		pro Jahrzehnt

Die Wachstumsrate betrug in der Zweijahresperiode von 1978 bis 1980 in Südamerika zweiundsiebzig Prozent und in Asien einundsechzig Prozent. 1992 betrug die weltweite Zahl der Mormonen 8,4 Millionen.

Obwohl es in den Vereinigten Staaten nur zu einem Mitgliederwachstum von etwa zwanzig Prozent kommt, sind die USA, und dort vor allem der Staat Utah, in dem über siebzig Prozent der Bevölkerung der Mormonenkirche angehören, immer noch das Zentrum des Mormonentums. Utah, das von den Mormonen nach dem großen Zug nach Westen gegründet wurde, spielt eine besondere Rolle für die Heiligen der letzten Tage. Utah wurde ihr «Zion», das gelobte Land, das in den «Bergen Ephraims» liegt, und Salt Lake City das geistige, religiöse und kulturelle Zentrum, in dem sich das Hauptquartier der Kirche und der Haupttempel befinden.

«Was ihnen glückte, in Utah zu errichten, war nichts Geringeres als eine Zivilisation. Das Mormonentum hat seine Mitglieder in ihrem sozialen Stand, in der Bildung, Kultur und Würde gehoben. Mit der Gemeinschaft in Utah gefestigt, hat es sie mit einer umfassenden Lebensweise ausgestattet. Kunst, Drama, Tanz, Literatur, Rhetorik, Sport und Athletik – dies alles wird eifrig gepflegt. Man genießt in breiten Kreisen die Ausbildung an Colleges und Universitäten. Utah hat die geringste Analphabetenrate von allen Staaten der Union und war kürzlich vor Massachusetts als der Geburtsort der größten Anzahl von hervorragenden Persönlichkeiten der Wissenschaft und Literatur.»[5]

Nach dem Tode Joseph Smiths, des Gründers des Mormonentums, spaltete sich die Religionsgemeinschaft wegen der Nachfolgestreitigkeiten in mehrere Gruppen auf. Die *Encyclopedia of American Religions* führt sechsundzwanzig Gemeinschaften auf, die zum Spektrum des Mormonentums gerechnet werden können. Bedeutung erlangte davon außer der Kirche Jesu Christi der Heiligen der letzten Tage mit Sitz in Salt Lake City noch die Reorganisierte Kirche Jesu Christi der Heiligen der letzten Tage, die von den Nachkommen des Propheten geleitet wird und ihr Hauptquartier in Independence, Missouri, hat. 1989 gab es in den Vereinigten Staaten 191 618 «Reorganisierte».

Das Ziel dieses Buches ist, einen Überblick über die Geschichte und das religiöse Weltbild des Mormonentums zu geben. Schwierigkeiten treten dabei vor allem auf, wenn es um die Ereignisse geht, die zum Entstehen dieser Religionsgemeinschaft führten. Es wäre schwierig, sowohl den Gläubigen als auch den Skeptikern gerecht zu werden. Da dies jedoch die Beschreibung eines Glaubens sein soll, und es auch vom Umfang her nicht möglich ist, auf die Problempunkte in einer mehr als oberflächlichen Weise einzugehen, habe ich mich entschlossen, dem den Vorzug zu geben, was gläubige Mormonen glauben, das sich am Anfang der Geschichte ihrer Gemeinschaft zugetragen hat, zumal man darüber hinaus sowieso nur auf Spekulationen angewiesen ist. Aus diesem Grund habe ich auch, soweit es mir möglich war, aus Autobiographien und Augenzeugenberichten zitiert, um Menschen zu Wort kommen zu lassen, die diese Ereignisse miterlebten.

Der Zweck dieses Buches soll aber auch nicht sein, die Mormonen in irgendeiner Weise zu glorifizieren; eine objektive Beschreibung sollte gegeben werden. Wenn im Folgenden der Ausdruck «Heilige» Verwendung findet, so hängt dies lediglich mit der Übernahme der im englischsprachigen Raum üblichen Terminologie zusammen und ist in keiner Weise als Wertung gemeint.

Für interessierte Leser, die sich näher mit dem Thema des Mormonentums auseinandersetzen wollen, ist in den Literaturangaben eine Reihe von seriösen Werken aufgeführt. Es handelt sich dabei zum größten Teil um wissenschaftliche Arbeiten aus den Vereinigten Staaten, wo sich Soziologen und Religionswissenschaftler seit langem mit dem Phänomen Mormonentum beschäftigen.

ERSTER TEIL: DIE RESTAURATION 1820–1844

«Ihr kennt mich nicht; ihr habt nie mein Herz gekannt. Kein Mensch kennt meine Geschichte. Ich kann sie nicht erzählen, werde es auch nie versuchen. Ich mache niemandem einen Vorwurf, wenn er meine Geschichte nicht glaubt. Hätte ich nicht selbst erfahren, was ich erfahren habe, ich könnte es selbst nicht glauben.»[1]

Joseph Smith, 1844

1. Der «verbrannte» Distrikt

Der Begründer des Mormonentums wurde am 23. Dezember 1805 als viertes Kind einer armen Farmersfamilie in dem kleinen Dorf Sharon im Staat Vermont geboren. Der Name der Mutter war Lucy Smith; das Kind wurde nach seinem Vater Joseph genannt.

Es war eine Zeit der wirtschaftlichen Unsicherheit. Die Wirtschaft der Neuenglandstaaten war in einer schweren Depression; um zu überleben, mußten viele Menschen auf Schmuggel, Geldfälscherei oder andere illegale Tätigkeiten zurückgreifen. 1815 brach in Niederländisch Indien, dem heutigen Indonesien, der Vulkan Tambora aus. Der Staub, der in die Atmosphäre geschleudert wurde, führte im folgenden Jahr zu Ernteausfällen in Neuengland, im östlichen Kanada und in Westeuropa. In Neuengland blieb dieses Jahr unter der Bezeichnung «eighteen-hundred-and-froze-to-death» («achtzehnhundert und fror zu Tode») im Gedächtnis der Menschen.

Viele der Farmer, die sich von ihren kläglichen Erträgen gerade noch hatten ernähren können, sahen ihre einzige Chance zu überleben darin, ihr Land aufzugeben und weiter nach Westen zu ziehen. Manche fanden in Ohio eine neue Heimat, einige wählten den westlichen Teil des Staates New York, der durch den Bau des Eriekanals Hoffnung auf wirtschaftlichen Aufschwung bot. Auch die Familie Smith schloß sich, nachdem sie bereits mehrmals ihren Wohnsitz gewechselt hatte, mit ihren acht Kindern der Westwärtswanderung an. In der Nähe von Palmyra, New York, ließen sie sich nieder und nahmen alle möglichen Tätigkeiten an, um sich durchzuschlagen, kauften auf Kredit Land, begannen es zu roden, Getreide zu säen und ein Haus zu bauen.

Als 1816 die Smiths in Palmyra eintrafen, stand die ganze Gegend, sinnbildlich gesehen, in Flammen, verursacht durch die «Zweite Große Erweckung» *(Second Great Awakening)*, die um 1800 begonnen hatte und sich von Kentucky bis Vermont zog. Im Auge des Sturms lag jedoch das westliche New York, das den Beinamen «Burned-over District» (der verbrannte Distrikt) erhielt, da das Feuer der religiösen Erneuerung wie ein Waldbrand das Land versengt hatte.

Die Zweite Große Erweckung war gekennzeichnet von enthusiastischen und emotionalen Ausbrüchen religiöser Gefühle, von Antiklerikalismus, Antiautoritarismus und Experimenten mit neuen theologischen Ideen. Die Milleriten predigten das Ende der Welt, die Universalisten verkündeten einen rationalen Liberalismus. Der Prediger «Crazy» Dow bekehrte in dem Ort Paris Hill in einer einzigen dreistündigen Versammlung einhundert Sünder. In den sogenannten «camp meetings» gerieten begeisterte Zuhörer in religiöse Verzükkungen, berichteten von Visionen, redeten in Zungen, tanzten wild, bellten, sangen, bekamen Lachkrämpfe, fielen zu Boden und zuckten unkontrolliert. Ein erstaunliches Phänomen war das sogenannte «jerking», das Zucken, von dem sowohl Gläubige als auch Ungläubige, Bekenner als auch Skeptiker ergriffen wurden. Die «jerks» begannen meist mit dem unfreiwilligen Zucken des Kopfes oder eines anderen Körperteils. Sie konnten von einer Person in der Menge auf andere überspringen und sich rasend ausbreiten. Unter denjenigen, die nicht wahrhaben wollten, daß sie selbst vom «Reißen» befallen waren, fingen viele an zu laufen, zu tanzen oder sich krampfhaft stillzuhalten, um es wieder loszuwerden. Doch weder Lockerungsübungen noch rationales Überlegen zeigten eine Wirkung.

Religiöse Bewegungen schossen aus dem Boden, die das zweite Kommen Jesu erwarteten und eine neue Lebensweise predigten. Isaac Bullard verkündete, in Bärenfell gekleidet, freie Liebe und Kommunismus. Eine der bekanntesten der damaligen enthusiastischen Gruppen bildeten die *Shakers,* die von *Mother Anna Lee* gegründet worden waren. Sie glaubten an den baldigen Anbruch des Reiches Gottes und gründeten zwanzig kommunistische Gemeinschaften in den Vereinigten Staaten. Eine davon wurde dreißig Meilen von Palmyra entfernt errichtet. Eine weitere Gruppe wurde von Jemima Wilkinson geleitet; sie nannte sich *Community of the Publick Universal Friend* und gründete eine kommunistische Gemeinschaft am Lake Seneca (ebenfalls in der Nähe von Palmyra).

Bis 1820, als sich Lucy, zwei der Söhne und eine Tochter den Presbyterianern anschlossen, hatte kein Mitglied der Familie Smith einer Glaubensgemeinschaft angehört, obwohl sie alle tief religiös waren. Joseph Smith neigte mehr zu den Methodisten, wurde aber gleichzeitig von den sich widersprechenden Argumenten der verschiedenen Glaubensrichtungen hin und her gerissen. Später berichtete er:

«Inmitten dieses Krieges von Worten und dieses Durcheinanders von Meinungen sagte ich oft zu mir: Was kann man tun? Haben alle Kontrahenten recht? Oder haben alle miteinander unrecht? Wenn einer von ihnen recht hat, welcher ist es, und wie kann man es herausfinden?»[2]

Schließlich stieß Joseph beim Lesen des Jakobusbriefes auf den fünften Vers des ersten Kapitels: «Wenn es jemandem von euch an Weisheit fehlt, so soll er Gott fragen, der allen Menschen freizügig gibt und keine Vorhaltungen macht, und sie wird ihm gegeben werden.»

Joseph Smith berichtet, daß kein anderer Teil der Heiligen Schrift mit solch einer Kraft in sein Herz gedrungen war. Er dachte immer wieder darüber nach, in dem Bewußtsein, daß, wenn jemals ein Mensch Weisheit von Gott benötigt hatte, er es war. Er kam zu der Schlußfolgerung, daß er entweder für immer in Dunkelheit und Verwirrung bleiben oder aber sich nach dem Ratschlag des Jakobusbriefes richten und Gott fragen mußte.

In der Absicht, dieses Vorhaben durchzuführen, zog er sich in ein kleines Waldstück zurück und machte den ersten Versuch. Es war am Morgen eines wunderschönen, klaren Tages im beginnenden Frühling des Jahres 1820:

«Nachdem ich mich an den Platz, den ich vorher ausgewählt hatte, zurückgezogen und um mich geschaut hatte, ob ich alleine war, kniete ich nieder und begann die Wünsche meines Herzens Gott darzubieten. Kaum hatte ich das getan, wurde ich plötzlich von einer Macht ergriffen, die mich völlig überwältigte und die solch eine erstaunliche Wirkung auf mich hatte, daß meine Zunge gebunden wurde und ich nicht sprechen konnte. Dichte Dunkelheit zog sich um mich zusammen, und für einige Zeit schien es mir, als wäre ich zu plötzlicher Vernichtung verurteilt. Aber ich wandte all meine Kräfte auf, um Gott anzuflehen, mich aus der Gewalt dieses Feindes, der mich ergriffen hatte, zu befreien. Und gerade in diesem Augenblick, als ich bereit war, in der Hoffnungslosigkeit zu versinken und mich der Vernichtung hinzugeben – es war nicht ein nur in der Vorstellung vorhandenes Verderben, sondern die Macht eines tatsächlichen Wesens aus einer unsichtbaren Welt, das solch eine unfaßbare Macht hatte, wie ich

> es noch nie zuvor erlebt hatte –, gerade in diesem Augenblick des großen Schreckens sah ich eine Säule aus Licht genau über meinem Kopf, heller als die Sonne; sie kam nach und nach herunter, bis sie auf mich fiel.»[3]

Als das Licht auf ihm ruhte und die fremdartige Macht von ihm gewichen war, sah Joseph zwei Personen, die sich in ihrem Aussehen genau glichen, in ihrer Herrlichkeit und Helligkeit jedoch nicht zu beschreiben waren. Eine der beiden Personen rief ihn mit seinem Namen, deutete auf die andere Person und sagte: «Dies ist mein geliebter Sohn. Höre ihn!» Dieser sagte ihm, daß seine Sünden vergeben wären und daß er in den Satzungen und Geboten Gottes wandeln sollte.

Joseph bekam auch eine Antwort auf seine Frage, welche der Glaubensrichtungen die richtige sei. Er bekam als Antwort, daß alle von ihnen falsch seien, daß alle an falsche Lehren glaubten und korrupt wären, und er solle sich keiner anschließen. «Sie nähern sich mir mit ihren Lippen, aber ihre Herzen sind fern von mir.»[4] Außerdem wurde er darüber informiert, daß der Zorn des Herrn gegenüber den Bewohnern der Erde wegen ihrer Gottlosigkeit entbrannt sei und daß alles, was aus dem Munde der Propheten und Apostel gesprochen worden war, sich bald erfüllen würde.

Als Joseph wieder zu sich kam, lag er mit dem Rücken auf dem Boden und sah durch die Wipfel der Bäume den Himmel. Es dauerte eine Zeitlang, bis er genug Kraft sammeln konnte, um aufzustehen und nach Hause zu gehen. In der Folge versuchte er, seine Erfahrungen den anderen Menschen mitzuteilen, stieß aber auf Unglauben, Spott und sogar scharfe Ablehnung.

> «Es war jedoch nichtsdestoweniger eine Tatsache, daß ich eine Vision gehabt hatte. Ich habe seitdem gedacht, daß ich mich damals so ziemlich wie Paulus gefühlt hatte, als er sich vor König Agrippa verteidigte und von seiner Vision erzählte, die er hatte, als er ein Licht sah und eine Stimme hörte. Aber es waren trotzdem nur wenige, die ihm glaubten. Einige sagten, er wäre unehrlich, andere sagten, er wäre verrückt. Man verspottete und schmähte ihn. Aber all das zerstörte nicht die Realität seiner Vision.»[5]

Drei Jahre später, am Abend des 21. Septembers 1823, im Alter von siebzehn Jahren, hatte Joseph Smith eine weitere Vision:

> «Ich zog mich zur Nacht in mein Bett zurück, und während ich betete, bat ich Gott um Vergebung all meiner Sünden und Dummheiten und um eine Offenbarung für mich, damit ich meinen Zustand, und wie ich vor ihm stünde, erkennen könnte. [...] Während ich so dabei war, Gott anzurufen, entdeckte ich ein Licht, das in meinem Zimmer erschienen war und fortfuhr, größer zu werden, bis das Zimmer heller als zu Mittag war. Einen Moment später erschien eine Gestalt neben meinem Bett. Sie stand in der Luft, denn ihre Füße berührten den Boden nicht. Sie trug ein loses Gewand von außerordentlicher Weiße. Es war weißer als irgend etwas auf der Erde, das ich jemals gesehen hatte. Ich glaube auch nicht, daß irgendein Ding auf der Welt so überaus weiß und glänzend gemacht werden kann. [...] Als ich sie [die Gestalt] zuerst sah, hatte ich Angst, aber die Furcht verließ mich bald.»[6]

Der Engel, der Joseph Smith erschienen war, nannte ihn beim Namen und sagte, er sei ein Bote von der Gegenwart Gottes und sei zu ihm gesandt worden. Als seinen Namen gab er Moroni an. Er sagte, er hätte einen Auftrag für Joseph.

Nicht weit von dem Zuhause der Smiths, so verkündete der Engel, wären in einem Hügel uralte Berichte vergraben. Es handle sich dabei um ein Buch, das auf Goldplatten eingraviert sei und einen Bericht über die frühen Einwohner des amerikanischen Kontinents darstelle. Der Engel selbst wäre der letzte Geschichtsschreiber dieses Volkes gewesen. Auf diesen Goldplatten sollte die Fülle des Evangeliums enthalten sein, das der Heiland den Ureinwohnern gepredigt hatte. Bei den Platten würden sich auch zwei Steine befinden, die in einen silbernen Bogen gefaßt und an einem Brustschild befestigt waren, die sogenannten Urim und Thummim, die man zum Übersetzen der Berichte benutzen konnte.

Der Engel sagte Joseph, daß ihm die Platten übergeben werden sollten, daß er sie aber niemandem zeigen dürfe, auch nicht die Urim und Thummim. In der Vision wurde ihm gezeigt, wo die Gegenstände vergraben waren. Dann verschwand der Engel Moroni. Er erschien jedoch in der gleichen Nacht noch zweimal, wiederholte die Botschaft und fügte Warnungen hinzu.

Am nächsten Tag ging Joseph zu dem angegebenen Hügel und fand die Stelle, die er in der Vision gesehen hatte. Als er die Platten und die Urim und Thummim, die in einer steinernen Kiste aufbewahrt waren, bergen wollte, erschien ihm von neuem der Engel, tadelte ihn und sagte, daß die Zeit noch nicht gekommen sei. Er solle jedoch jedes Jahr am gleichen Tag an diesen Ort kommen.

Ein Zeitvertreib vieler Farmer im Staate New York war es, nach vergrabenen Schätzen der Indianer oder Piraten und aufgegebenen spanischen Minen zu suchen. Einige Grabstätten der Indianer ließen tatsächlich Gegenstände aus Stein, Kupfer und manchmal Silber zutage treten, die den gängigen Gerüchten von verborgenen Reichtümern oder wundersamen Gegenständen Auftrieb verliehen.

Von der Familie Smith schienen besonders Joseph senior und junior in «money digging» verwickelt gewesen zu sein. Joseph Smith junior stand in dem Ruf, einen Stein zu besitzen, mit dem er vergrabene Schätze ausfindig machen konnte. Einige eidesstattliche Erklärungen, die jedoch erst nach der Gründung der Mormonenkirche von einem exkommunizierten Mitglied gesammelt wurden, berichten von mehreren Versuchen, Schätze mit Hilfe magischer Riten zu finden. Ein Nachbar ließ sich sogar überzeugen, ein schwarzes Schaf zu opfern, das nachts um die Stelle, an der ein Schatz vergraben sein sollte, geführt und danach geschlachtet wurde. Der Schatz ließ sich jedoch nicht heben, da sich irgendein Fehler im vorgeschriebenen Ritual eingeschlichen hatte. «Ich glaube, das war das einzige Mal», sagte später der Farmer, der das Schaf zur Verfügung gestellt hatte, «daß sie mit ihrem ‹money digging› ein Geschäft gemacht haben.»[7]

Auf die Frage von Zeitungen, ob er ein Schatzgräber gewesen sei, antwortete Joseph Smith in späteren Jahren mit Ja. Aber, so fügte er hinzu, es wäre nie ein sehr einträgliches Geschäft für ihn gewesen, denn er habe nur vierzehn Dollar im Monat dafür bekommen.

Im Jahre 1825 wurde Joseph Smith von Josiah Stowel, einem Farmer aus South Bainbridge, angeworben, um an einer Expedition teilzunehmen, deren Ziel es war, eine aufgegebene spanische Silbermine im Susquehanna Valley ausfindig zu machen. Stowel war von Smiths magischen Fähigkeiten überzeugt, da dieser ihm bei einem Besuch in

Palmyra das Haus und die Nebengebäude seiner Farm beschrieben hatte, obwohl er sie niemals gesehen hatte. Die Suche nach der Silbermine schlug jedoch fehl, trotz Josephs Versicherung, die Leute an einen Platz zu führen, an dem immense Schätze verborgen sein sollten. Im November desselben Jahres zerstreuten sich die Teilnehmer der Expedition. Joseph blieb bei seinem Arbeitgeber, der den Glauben an ihn noch nicht verloren hatte. Er arbeitete auf der Farm und besuchte im Winter die Schule.

Ein Mitfinanzier der Suche nach der Silbermine war Isaac Hale, ein bekannter Jäger, gewesen. Smith nutzte seinen Aufenthalt auf Stowels Farm, um Hales Tochter, Emma, von der er sich angezogen fühlte, zu besuchen, wann immer ihr Vater nicht anwesend war. Emmas Vater war gegen diese Beziehung, da er Joseph für einen Taugenichts hielt, und jagte ihn aus dem Haus, als dieser um die Hand seiner Tochter anhielt. Die beiden trafen sich trotzdem, brannten schließlich mit Unterstützung Stowels durch und heirateten.

Zwischendurch, im März 1826, hatte Joseph wegen seiner Schatzsucherei mit einem Gericht Probleme bekommen. Er wurde beschuldigt, eine unsittliche Person und ein Hochstapler zu sein. Im Zeugenstand gab Joseph zu, einen bestimmten Stein zu besitzen, der ihm behilflich wäre, Goldminen oder vergrabene Schätze in der Erde zu sehen. Er bestritt jedoch, daß er die ganze Zeit diesem Geschäft nachging. Hilfe bekam er auch von seinem Arbeitgeber, der ihn tapfer verteidigte und behauptete, daß er ganz sicher wisse, daß der Angeklagte verborgene Schätze auffinden könne. Stowels Verwandte beschuldigten Joseph jedoch, den alten Mann nur ausnützen zu wollen. Anscheinend lautete das Urteil auf schuldig, obwohl unklar ist, was die Strafe war, zu der Joseph verurteilt wurde.

Nach der Hochzeit, am 18. Januar 1827, kehrte er mit seiner Frau auf die elterliche Farm in Manchester bei Palmyra zurück.

2. Das Buch Mormon

Am 22. September 1827 war die Zeit gekommen, die verborgenen Platten zu holen. Joseph Smith war damals einundzwanzig Jahre alt. Er lieh sich einen Wagen aus und fuhr zu dem Hügel, der zur Zeit der Vorfahren der Indianer Cumorah geheißen haben soll. Dort wurden sie ihm mit den Urim und Thummim von dem Engel Moroni übergeben. Joseph wickelte sie in einen Mantel und brachte sie nach Hause, wo er sie in einen Kopfkissenüberzug steckte. Der Engel hatte ihm jedoch verboten, die Berichte irgend jemandem zu zeigen. Es sollten nur ausgewählte Personen sein, die sie sehen durften. Allerdings konnten die Familienmitglieder die Gegenstände durch den Stoff hindurch fühlen.

William Smith, der Bruder des Propheten, berichtete:

> «Ich durfte sie hochheben, als sie in dem Kissenbezug lagen, sie aber nicht sehen, da es gegen die Anweisungen war, die er erhalten hatte. Sie wogen ungefähr sechzig Pfund, soweit ich das beurteilen kann.»[8]

Joseph Smith beschrieb die Platten folgendermaßen:

> «Diese Berichte waren auf Platten eingraviert, die das Aussehen von Gold hatten. Jede Platte war sechs Zoll breit und acht Zoll lang und war nicht ganz so dick wie gewöhnliches Blech. Sie waren voll von Eingravierungen in ägyptischen Schriftzeichen und mit drei Ringen, die durch das Ganze liefen, zu einem Band gebunden, wie die Blätter eines Buches. Der Band hatte eine Dicke von annähernd sechs Zoll, wovon ein Teil versiegelt war. Die Schriftzeichen in dem unversiegelten Teil waren klein und wunderschön eingraviert. Das ganze Buch zeigte in seiner Konstruktion Anzeichen des Alters und eine große Geschicklichkeit in der Kunst des Eingravierens.»[9]

Es dauerte nicht lange, bis sich in der Nachbarschaft herumgesprochen hatte, daß Joseph Smith im Besitz von Goldplatten war. Es war vermutlich der Gedanke an den Wert des Goldes, der einige Personen zu dem Versuch veranlaßte, den Smiths den Schatz abzunehmen. Eine gewisse Sally Chase behauptete, über einen Stein zu verfügen, mit dem sie sehen könnte, wo Joe Smith seine goldene «Bibel» versteckt hielt. Um den Belästigungen und Nachstellungen durch Neugierige und zwielichtige Individuen zu entgehen, zog Joseph Smith mit seiner Frau zu deren Vater, Isaac Hale, der ihm in der Zwischenzeit vergeben zu haben schien, daß er damals seine Tochter ohne seine Zustimmung geheiratet hatte.

Im Hause des Schwiegervaters begann Joseph Smith mit der Übersetzung der Aufzeichnungen. Dazu benutzte er die Steine, die an dem Brustschild befestigt waren. Allerdings schien es gar nicht nötig gewesen zu sein, die Platten auszupacken, um die Schriftzeichen zu entziffern. Oft diktierte er ohne Hilfsmittel, manchmal steckte er den Wunderstein und sein Gesicht in seinen Hut, wobei ihm die Schriftzeichen und die Übersetzung vor den Augen erschienen. Emma schrieb nieder, was ihr diktiert wurde. Sie durfte die Platten durch den Stoff hindurch fühlen. «Sie schienen biegsam wie dickes Papier zu sein», erzählte sie einige Jahrzehnte später, «und sie raschelten mit einem metallischen Klang, wenn man die Ecken mit dem Daumen bewegte, wie man manchmal die Ecken eines Buches durchblättert.»[10]

Die Berichte handelten von Juden, die vor der Zerstörung Jerusalems in die Wildnis zogen, dort ein Schiff bauten und unter der Führung von Lehi und dessen Sohn Nephi nach Amerika gelangten. Dort wurden sie sehr zahlreich. Sie teilten sich in zwei Gruppen auf. Die einen hießen Nephiten, sie hatten eine weiße Haut und waren zumindest in einem großen Teil ihrer Geschichte diejenigen, die die Gebote Gottes beachteten. Die Lamaniten dagegen fielen vom Glauben ihrer Väter ab, wurden «ein dunkles, faules und schmutziges Volk [...] voller Trägheit und aller Art von Verderbtheit (1 Nephi 12:23)[11]» und bekämpften die Nephiten. In einem Endkampf besiegten die Lamaniten ihre Widersacher, die inzwischen auch von ihrem Glauben abgefallen waren, und rotteten sie zum größten Teil aus. Die heiligen Schriften der Nephiten wurden jedoch von Moroni, dem letzten Propheten, am Hügel Cumorah verborgen. Aus den Lamaniten entwickelten sich die Indianer.

Der Umzug nach Harmony in Pennsylvania, die Übersetzung des Buches Mormon und die darauffolgende Veröffentlichung wären ohne die finanzielle Unterstützung durch Martin Harris, einen wohlhabenden Farmer, nicht möglich gewesen. Joseph Smith übertrug einige der Schriftzeichen, die er als «reformägyptisch» bezeichnete, auf ein Blatt Papier und übergab es Harris. Dieser fuhr damit nach New York City, um sie Wissenschaftlern zu zeigen, die sich mit antiken Schriften auskannten. Was dabei herauskam, kann heute aus den verschiedenen widersprüchlichen Darstellungen nicht mehr rekonstruiert werden. Martin Harris schien mehrere Gelehrte aufgesucht zu haben. Obwohl eine «reformägyptische» Schrift damals nicht bekannt war, kehrte er mit der Entschlossenheit nach Harmony zurück, auf seine Farm eine Hypothek aufzunehmen, um die Veröffentlichung des Buches zu finanzieren.

Im April 1828 zog Martin Harris nach Harmony, um Emma als Schreiber abzulösen. Die Arbeit ging jedoch nur langsam voran. Als hundertsechzehn Seiten fertig waren, wollte Harris das Manuskript anderen Personen zeigen. Joseph Smith lehnte anfangs ab, erhielt schließlich aber eine Offenbarung, die es Harris erlaubte, die fertigen Seiten mit nach Manchester zu nehmen. Dort gingen sie verloren. Ob Harris' Frau, die gar nicht damit einverstanden war, daß ihr Mann das ganze Vermögen riskierte, das Manuskript versteckt oder zerstört hatte, ist ungewiß. Jedenfalls kam Martin Harris nicht nach Harmony zurück. Besorgt reiste ihm Joseph Smith nach, und als er ihn zur Rede stellte, rief dieser zutiefst zerknirscht aus: «Ich habe meine Seele verloren; ich habe meine Seele verloren!»

Die verschwundenen Seiten konnten nicht wiedergefunden werden. Joseph Smith war in einer Zwangslage. Er konnte die gleichen Seiten nicht reproduzieren. Wie er später sagte, hätte jemand Änderungen an dem verlorenen Text vornehmen und, wenn die neu übersetzten Seiten veröffentlicht würden, ihn als Betrüger hinstellen können. Für einige Wochen ruhte die Arbeit, bis Joseph eine neue Offenbarung empfing, die ihn beauftragte, mit der Übersetzung anderer Platten fortzufahren. Martin Harris diente wieder als Sekretär, bis er ein halbes Jahr später von Oliver Cowdery, einem Lehrer aus Palmyra, in dieser Aufgabe abgelöst wurde.

Die ersten Maßnahmen zur Organisierung einer Kirche wurden nach einer weiteren Offenbarung, die Joseph Smith und Oliver Cowdery erhielten, unternommen:

«Wir waren noch immer dabei, mit der Übersetzungsarbeit fortzufahren, als wir im folgenden Monat [Mai 1829] an einem bestimmten Tag in die Wälder gingen, um zu beten und den Herrn bezüglich der Taufe und der Vergebung der Sünden, die wir in der Übersetzung der Platten erwähnt gefunden hatten, zu befragen. Während wir damit beschäftigt waren, zum Herrn zu beten und zu ihm zu rufen, kam ein Bote vom Himmel in einer Wolke aus Licht herab und ordinierte uns, nachdem er die Hände auf uns gelegt hatte, indem er sprach: ‹Auf euch, meine Mitknechte, übertrage ich im Namen des Messias die Priesterschaft Aarons, die die Schlüssel der Dienstengel und des Evangeliums der Buße und der Taufe durch Untertauchen zur Vergebung der Sünden enthält; und dies soll niemals mehr von der Erde genommen werden, bis die Söhne Levis dem Herrn wieder Opfer darbringen in Gerechtigkeit.»[12]

Oliver Cowderys Bericht:

«Plötzlich, wie aus der Mitte der Ewigkeit, sprach die Stimme des Erlösers Friede zu uns, während der Schleier geteilt wurde und der Engel Gottes herniederkam, gekleidet in Herrlichkeit, und die begierig gesuchte Nachricht überbrachte, und die Schlüssel des Evangeliums der Buße! Was für eine Freude! Welch ein Wunder! Welch Erstaunen! [...] Dann drangen seine Worte, obwohl sie sanft waren, bis ins Innerste, und seine Worte ‹Ich bin dein Mitknecht› zerstreuten jegliche Angst. Wir hörten – wir starrten – wir bewunderten! Es war die Stimme des Engels der Herrlichkeit – es war eine Botschaft vom Höchsten!»[13]

Bei dem Engel, der ihnen erschienen war und ihnen durch Handauflegung das Priestertum Aarons übertragen hatte, handelte es sich um Johannes den Täufer. Ein anderes, höheres Priestertum, das des Melchisedek, wurde ihnen für eine spätere Zeit versprochen.

In den folgenden Tagen wurden die Übersetzungsarbeiten auf der Farm der Familie Whitmer, bei Fayette, New York, nicht weit von Palmyra, fortgesetzt. Joseph Smith hatte immer gesagt, daß er niemandem die Platten zeigen dürfe, von besonders ausgewählten Personen abgesehen. Die Zeit war nun gekommen, daß dieses Privileg drei

Männern zuteil werden sollte, wie es im Buch Mormon geschrieben stand: «Und an dem Tag, an dem das Buch dem Manne überliefert wird, von dem ich gesprochen habe, soll es vor den Augen der Welt verborgen sein, so daß es außer ihm, dem es übergeben wird, niemand sehen soll, außer drei Zeugen, die es durch die Macht Gottes sehen werden; und sie werden von der Wahrheit des Buches und der Dinge zeugen, die darin enthalten sind (2. Buch Nephi 27:12)». Es handelte sich dabei um Martin Harris, Oliver Cowdery und David Whitmer, den Sohn der gastgebenden Familie. Joseph ging mit den Männern in den Wald. Sie knieten nieder und beteten, aber nichts geschah. Martin Harris meinte, daß er daran schuld sei, und wenn er sich zurückzöge, würde sich ihnen Gott vielleicht offenbaren. Die anderen waren einverstanden damit, daß sich Harris außer Sichtweite begab.

> «Er zog sich also von uns zurück, und wir knieten wieder nieder und waren nur wenige Minuten beim Beten, als wir sogleich ein Licht von außergewöhnlicher Helligkeit über uns in der Luft erblickten. Siehe, ein Engel stand vor uns; in seinen Händen hielt er die Platten, um die wir gebetet hatten, sie zu sehen: Er blätterte die Seiten eine nach der anderen um, so daß wir sie sehen und die Eingravierungen auf ihnen genau entdecken konnten.»[14]

Martin Harris:

> «Nachdem sie von dem Engel besucht worden waren, kam der Prophet zu mir herüber, wo ich betete, und ich bat den Propheten, mit mir zu beten, so daß auch ich das Privileg haben würde, die goldenen Platten zu sehen.»[15]

Nach dem Gebet kam, nach Harris' Worten, ein Engel vom Himmel herab und zeigte ihnen die Platten. Gemäß Joseph Smiths Erzählung soll Harris in Ekstase gerufen haben: «Es ist genug, es ist genug, meine Augen haben gesehen, meine Augen haben gesehen!»[16]

Später sollten noch acht andere Zeugen die Platten zu sehen bekommen. Es handelte sich dabei um drei Mitglieder der Familie Smith (Joseph senior, Hyrum und Samuel), vier Angehörige der Familie Whitmer und Hiram Page, der eine Tochter der Whitmer-Familie geheiratet hatte. Ihr Zeugnis wird ebenso wie das der drei anderen am Anfang jeder Ausgabe des Buches Mormon abgedruckt.

Im Laufe der turbulenten Anfangsgeschichte der Kirche wurden Cowdery, Harris und David Whitmer, also alle drei der ersten Zeugen, wegen Differenzen mit dem Propheten exkommuniziert. Trotz ihres Ausschlusses aus der Gemeinschaft hielten sie in mehreren öffentlichen Erklärungen mit Nachdruck an ihren Aussagen fest, die Platten gesehen zu haben.

Auf die Frage von Reverend John A. Clark, ob er denn die Platten und die Eingravierungen mit den Augen seines Körpers gesehen habe, antwortete Martin Harris: «Ja, ich sah sie mit meinen Augen – sie wurden mir durch die Macht Gottes und nicht durch einen Menschen gezeigt.»

«Aber haben Sie sie mit Ihren natürlichen, Ihren körperlichen Augen gesehen, genauso wie Sie die Federmappe in meiner Hand sehen? Sagen Sie jetzt dazu *ja* oder *nein.*«

«Nun, ich sah sie nicht wie diese Federmappe, sondern ich sah sie mit den Augen des Glaubens; ich sah sie genauso deutlich, wie ich alles um mich herum sehe, obwohl sie damals mit einem Tuch bedeckt waren.»[17]

Nachdem das Buch Mormon fertiggestellt worden war, sicherte sich Joseph Smith am 11. Juni 1829 das Copyright. Ein Drucker in Palmyra wurde mit dem Druck des Buches beauftragt. Martin Harris verkaufte seine Farm, um die dreitausend Dollar aufbringen zu können, die der Drucker forderte.

Am 26. März 1830 wurde das Erscheinen des Buches Mormon mit einer Zeitungsannonce bekanntgegeben.

Die Behauptung, eine neue «Bibel» entdeckt zu haben, war für viele Zeitgenossen Joseph Smiths eine ungeheuerliche Anmaßung, eine Ausgeburt seines früheren Lasters, der Schatzsucherei. Für andere gab das Buch Mormon jedoch Antworten, auf die sie lange gewartet hatten, es füllte eine «Marktlücke». Das religiöse Weltbild, das in ihm zum Ausdruck kam, war durchaus kompatibel mit den relativ toleranten Ansichten der meisten Amerikaner. Es enthielt keines der Dogmen, die später das Mormonentum vom Christentum trennen und es zu einer eigenen Religion werden lassen sollten.

Das Buch ist nicht so sehr in seinen religiösen Inhalten bedeutend, zumindest nicht für Außenstehende, sondern in seiner Bedeutung als «amerikanische Bibel», als die religiöse Unabhängigkeitserklärung Amerikas. Was Mohammed für die Araber tat, nämlich die Schaffung einer arabischen heiligen Schrift, vollbrachte Joseph Smith für den amerikanischen Kontinent. Dieser Gedanke wird im Zweiten Buch Nephi zum Ausdruck gebracht:

> «Du Narr, der du sagen wirst: Eine Bibel, wir haben eine Bibel, und wir brauchen keine Bibel mehr. Habt ihr die Bibel denn nicht von den Juden empfangen? Wißt ihr nicht, daß es mehr als ein Volk gibt? Wißt ihr nicht, daß ich, der Herr, euer Gott, alle Menschen erschaffen habe, und daß ich mich derer erinnere, die auf den Inseln des Meeres sind; und daß ich oben im Himmel und unten auf der Erde regiere und mein Wort unter den Menschenkindern hervorbringen werde, ja unter allen Völkern der Erde?» (2 Nephi 29:6–7)

Amerika, als das Land der Verheißung, wird in zahlreichen Stellen erwähnt.

> «[...] daß dieses Land, nachdem die Wasser von der Oberfläche verlaufen waren, vor allen Ländern ein auserwähltes Land wurde, ein auserwähltes Land des Herrn; daher bestimmte der Herr, daß alle Menschen, die in diesem Land wohnen, ihm dienen sollen, und daß es der Ort des Neuen Jerusalem, das vom Himmel herniederkommen soll, und das Heiligtum des Herrn sei.» (Ether 13:2–3)

Das Buch Mormon ist ein durch und durch optimistisches Werk. Der Mensch ist für sein eigenes Schicksal verantwortlich. Die calvinistische Lehre der Prädestination wird damit abgelehnt. Es wird niemand verdammt, der nicht ausdrücklich gegen die Gebote Gottes verstößt. Kleine Kinder haben ewiges Leben (Mosiah 15:25). Selbst im Sündenfall Adams wird eine positive Seite gesehen:

> «Adam fiel, daß Menschen würden; und Menschen sind, daß sie Freude haben können.» (2 Nephi 2:25)

Auch zwei Themen, die in der Geschichte des Mormonentums eine bedeutende Rolle spielen sollten, werden bereits im Buch Mormon behandelt, nämlich der Zusammenhang zwischen dem Befolgen der Gebote und dem materiellen Wohlergehen, und die Sorge für die Bedürftigen:

> «Auch teilten sie den Armen, Notleidenden, Kranken und Betrübten von ihrer Habe mit, ein jeglicher nach seinem Vermögen; auch trugen sie keine kostbaren Kleider, aber sie waren reinlich und anmutig. [...] Und wegen der Standhaftigkeit der Kirche begannen sie, außerordentlich reich zu werden; sie hatten alles, was sie brauchten, im Überfluß.» (Alma 1:27,29)

Die Gleichsetzung von Jesus und Jehova, eine mormonische Eigenart, wird ebenfalls bereits angenommen. (3 Nephi 15:5)

Es wird oft darauf verwiesen, daß Joseph Smith nur soviel Bildung genossen hatte, um gerade lesen und schreiben zu können, aber kaum imstande gewesen wäre, selbständig ein Buch von fünfhundert Seiten zu verfassen, und noch dazu in so kurzer Zeit. Was von den Mormonen als Beweis für die Authentizität des Buches angesehen wird, gab bei anderen Anlaß zu Spekulationen. Eine der ersten Theorien war, daß Joseph den Roman eines gewissen Spaulding als Vorlage benutzt hatte. Auch Sidney Rigdon, der sich erst später der Kirche anschloß, sollte als Urheber in Frage kommen. Selbst Mythen der Indianer wurden zu Erklärungsversuchen herangezogen. Es blieben jedoch substanzlose Spekulationen. Joseph Smith mochte zwar ungebildet sein, aber er war mit einem Buch förmlich aufgewachsen, war mit ihm großgezogen worden und hatte es wie die meisten seiner Zeitgenossen verinnerlicht, nämlich die King-James-Übersetzung der Bibel. Der Einfluß, den die Bibel auf die damaligen Menschen hatte, kann im zwanzigsten Jahrhundert kaum mehr nachvollzogen werden. Den Kindern wurde anstatt aus Märchenbüchern aus der Bibel vorgelesen, in den Kirchen wurde aus der Bibel zitiert, in den Predigten auf sie Bezug genommen, und wenn sie ihr Tagwerk vollbracht hatten, vertieften sich die religiös Gesinnten in das heilige Buch. Zu einem äußerst religiösen, wenn auch unabhängigen Haus gehörte Joseph Smith. Für ihn mußte es ein leichtes gewesen sein, die Sprache der

King James Version, in der auch das Buch Mormon geschrieben ist, zu reproduzieren. Zudem sind die Handlungen im Buch Mormon hauptsächlich Variationen von Geschichten aus der Bibel.

Im alltäglichen Gebrauch verwendet die Kirche der Mormonen auch heute noch die *King James Version,* die bekannteste Übersetzung ins Englische, aus dem Jahre 1611. Moderne Übersetzungen werden oft mit der Begründung abgelehnt, daß in diesen «uninspirierten» Übertragungen die Göttlichkeit Christi nicht mehr so eindeutig zum Ausdruck kommt. Der wirkliche Grund liegt vermutlich darin, daß auch die anderen «Standardwerke» in der Sprache der King-James-Übersetzung verfaßt sind, und eine im modernen Englisch geschriebene Bibel nicht «dazupassen» würde. Darüber hinaus wimmelt es im Buch Mormon nur so von biblischen Zitaten. Vom Buch Jesaja wird zum Beispiel etwa ein Drittel wiedergegeben, wovon ungefähr die Hälfte mit der *King James Version* übereinstimmt. Das Mormonentum hat, im Gegensatz zu den anderen christlichen Gemeinschaften, den Vorteil, seine heiligen Schriften in der «Originalsprache» zu besitzen. Das Buch Mormon ist nach ihrer Ansicht das zuverlässigste Buch in der Welt. Wenn die im Buch Mormon wiedergegebenen biblischen Verse zum großen Teil mit der King-James-Übersetzung übereinstimmen, so kann man schlecht neuere Übersetzungen benutzen, da bei diesen keine identischen Verse vorhanden sind.

Wie sehr die Religion der Mormonen in der *King James Version* verwurzelt ist, zeigt sich auch in der Vorstellung, daß der alttestamentliche Prophet Elija und der im Neuen Testament erwähnte Elias zwei verschiedene Personen sind, die beide Joseph Smith erschienen. Schlüge man dagegen die *Revised Standard Version* auf, so würde man darin erfolglos nach einem Elias suchen, da die hellenisierte Schreibung des Namens der hebräischen angepaßt wurde. Aber solche kleine Versehen unterlaufen selbst den größten Religionsgründern: Mohammed verwechselte zum Beispiel Maria, die Mutter Jesu, mit Miriam, der Schwester des Mose. Auch die Schreiber der Evangelien machten Fehler, die nur von einem Unverständnis der hebräischen Schriften herrühren konnten, ganz zu schweigen von den wörtlich nicht immer auffindbaren alttestamentlichen Zitaten in den Paulusbriefen.

3. Die «Wiederherstellung» der Kirche

Am 6. April 1830 wurde im Haus von Peter Whitmer die Kirche Jesu Christi offiziell gegründet. Sechs Männer, die vorher getauft worden waren, nahmen an der Zeremonie teil. Die Kirche wurde gemäß einer Offenbarung organisiert, die Joseph Smith vorher erhalten hatte und heute die Sektion 20 von Lehre und Bündnisse bildet.

Joseph Smith:

> «Während das Buch Mormon in den Händen des Druckers war, fuhren wir fort, Zeugnis abzulegen und zu informieren, soweit wir dazu Gelegenheit hatten, und machten auch unseren Brüdern bekannt, daß wir ein Gebot erhalten hatten, die Kirche zu organisieren, und demgemäß trafen wir uns im Haus des oben erwähnten Mr. [Peter] Whitmer [sen.] (sechs an der Zahl) am Dienstag, dem sechsten Tag im April A. D. eintausendachthundertunddreißig.
>
> Nachdem wir die Versammlung mit einem feierlichen Gebet an unseren himmlischen Vater eröffnet hatten, fuhren wir damit fort (gemäß dem früheren Gebot), uns an unsere Brüder zu wenden, um zu erfahren, ob sie uns als ihre Lehrer in den Dingen des Königreiches Gottes akzeptierten und ob sie damit einverstanden waren, daß wir weitermachen und als Kirche gemäß dem erwähnten Gebot, das wir empfangen hatten, organisiert werden sollten. Dazu gaben sie ihre einmütige Zustimmung. Ich legte dann meine Hände auf Oliver Cowdery und ernannte ihn zum Ältesten der ‹Kirche Jesu Christi der Heiligen der letzten Tage›, danach ernannte er mich ebenfalls zum Amt eines Ältesten der erwähnten Kirche. Wir nahmen dann Brot, segneten und brachen es mit ihnen; auch Wein, segneten ihn und tranken ihn mit ihnen. Wir legten dann unsere Hände auf jedes einzelne anwesende Mitglied der Kirche, daß sie die Gabe des Heiligen Geistes empfangen und konfirmierte Mitglieder der Kirche Christi sein würden. Der Heilige Geist wurde in

einem großen Maß über uns ausgegossen – manche prophezeiten, während wir alle den Herrn priesen und uns überaus freuten.»[18]

Die Anhängerschar wuchs schnell an. Missionare wurden bis nach Kanada ausgesandt. Am 9. Juni 1830 hielt die junge Kirche ihre erste Konferenz. Alle siebenundzwanzig Mitglieder nahmen teil.

Nach der Konferenz begab sich Joseph Smith nach Colesville, um Joseph Knight, einen seiner ersten Anhänger, zu besuchen. Eine Anzahl von Leuten wollte sich taufen lassen. Zu diesem Zweck wurde an einem Bach ein Damm gebaut, um damit das Wasser zu stauen. Doch das schnelle Wachstum hatte der neuen Religionsgemeinschaft nicht nur Freunde gebracht. In der Nacht wurde der Damm von einem Mob niedergerissen. Dessenungeachtet bauten die «Heiligen» den Damm am nächsten Tag wieder auf und vollzogen die Taufen. Als sich die Neugetauften mit Smith im Haus von Joseph Knight zu ihrer Konfirmation versammelten, tauchte der Mob von Mormonengegnern von neuem auf, umringte das Haus und stieß Drohungen aus. Die Gemeinde flüchtete sich, vom Pöbel verfolgt, in Newel Knights Haus. Dort erschien ein Polizist, verhaftete Joseph und brachte ihn unter der Anklage der Unruhestiftung nach South Bainbridge.

Das Gerichtsverfahren wurde über den ganzen nächsten Tag ausgedehnt, um dem Gericht in der benachbarten County Gelegenheit zu geben, einen weiteren Haftbefehl auszustellen. Während der Zeit des Verfahrens bekam Joseph nichts zu essen und zu trinken. Schließlich mußte der Prophet doch freigesprochen werden. Sobald er das Gericht verlassen hatte, wurde er von neuem verhaftet und zu einer weiteren Verhandlung nach Colesville gebracht. Dort riefen die gleichen Ankläger die gleichen Zeugen auf, die sich jedoch so widersprachen oder so unglaublich waren, daß Joseph von neuem freigesprochen werden mußte. Draußen wartete bereits eine Menge von dreihundert wütenden Bürgern, um ihn zu teeren und zu federn. Mit Hilfe des Polizisten, der ihn verhaftet hatte, gelang es Joseph, auf einer die ganze Nacht hindurch dauernden Flucht dem Pöbel zu entkommen.

In dem zweiten Gerichtsverfahren wurde auch Newel Knight, dem Joseph den Teufel ausgetrieben hatte, in den Zeugenstand berufen. Die Fragen, die ihm gestellt wurden, und die Antworten, die er darauf gab, zeichnete Newel Knight in seiner Autobiographie auf.

«Frage. – ‹Hat der Gefangene, Joseph Smith jun., den Teufel aus Ihnen ausgetrieben?›

Antwort. – ‹Nein, Sir.›

Frage. – ‹Aber, wurde nicht der Teufel aus Ihnen ausgetrieben?›

A. – ‹Ja, Sir.›

F. – ‹Und hatte nicht Joseph Smith etwas damit zu tun?›

A. – ‹Ja, Sir.›

F. – ‹Und hat er ihn nicht aus Ihnen ausgetrieben?›

A. – ‹Nein, Sir, es wurde durch die Macht Gottes getan, und Joseph Smith war in diesem Fall das Werkzeug in den Händen Gottes. Er befahl ihm, im Namen Jesu Christi aus mir herauszukommen.›

F. – ‹Und sind Sie sicher, daß es der Teufel war?›

A. – ‹Ja, Sir.›

F. – ‹Haben Sie ihn gesehen, nachdem er aus Ihnen ausgetrieben worden war?›

A. – ‹Ja, Sir, ich sah ihn.›

F. – ‹Bitte, wie sah er aus?›

(Hier sagte mir einer der Anwälte der Verteidigung, daß ich diese Frage nicht zu beantworten bräuchte.) Ich erwiderte:

‹Ich glaube, daß ich Ihnen diese Frage nicht beantworten muß, aber ich werde es tun, wenn Sie mir erlauben, Ihnen eine Frage zu stellen, und Sie sie beantworten können. Verstehen Sie, Mr. Seymour, die Dinge des Geistes?›

‹Nein›, antwortete Seymour, ‹ich beanspruche keine großen Dinge für mich.›

‹Nun›, erwiderte ich, ‹dann wird es von keinem Nutzen für mich sein, Ihnen zu sagen, wie der Teufel ausgesehen hat, denn es war ein geistiger Anblick und im Geiste wahrgenommen, und natürlich würden Sie es nicht verstehen, wenn ich Ihnen davon erzählte.›

Der Rechtsgelehrte senkte seinen Kopf, während das laute Lachen des Publikums seine Niederlage verkündete.»[19]

Der Anwalt Joseph Smiths über seinen Mandanten:

> «Der Ruf ‹falscher Prophet! falscher Prophet!› klang von Dorf zu Dorf, und jeder widerliche Beiname, den Bosheit und übler Einfallsreichtum erfinden konnten, wurde auf ihn gehäuft.»[20]

Von Anfang an war die Verbreitung des Glaubens, die Verkündigung der frohen Botschaft der Wiederherstellung der Kirche, die Jesus gegründet haben soll, ein zentraler Bestandteil der Lehre gewesen. Bereits 1829, also schon vor der Restauration der alten Ordnung, hatte Joseph den Ruf zur Verkündigung des Evangeliums erhalten: «Denn sehet, das Feld ist schon reif zur Ernte, und wer seine Sichel mit seiner Macht einschlägt, sammelt einen Vorrat, daß er nicht umkomme, sondern seiner Seele Seligkeit erlangt.» (Lehre und Bündnisse 4:4)[21]

Und im Oktober 1830 hieß es:

> «Wahrlich, wahrlich, ich sage euch: Ihr seid berufen, eure Stimmen wie mit dem Schall einer Posaune zu erheben, mein Evangelium einem verkehrten und verstockten Geschlecht zu verkündigen. [...] Ja, öffnet den Mund, und er soll euch gefüllt werden, und rufet: ‹Tut Buße, tut Buße, und bereitet den Weg des Herrn und machet seine Steige richtig, denn das Reich Gottes ist nahe herbeigekommen.›» (Lehre und Bündnisse 33:2,10)

Das Bewußtsein, eine entscheidende Rolle in der Heilsgeschichte der Menschheit zu spielen, weckte in den Anhängern Joseph Smiths erstaunliche Reserven. Farmer und Handwerker, die nie oder nur selten ihre Scholle verlassen hatten, machten sich wie einst die Apostel zu Fuß auf die Wanderschaft, ohne Tasche oder Geld, um dem Ruf des Propheten zu folgen. Einfache Menschen, die nur die grundlegendste Schulbildung genossen hatten, verfaßten Hymnen und Gedichte, brachten ihre Erlebnisse für die nachfolgenden Generationen zu Papier und entwickelten sich zu mitreißenden Rednern, die es mit den rhetorisch geschulten Berufspredigern der etablierten Religionsgemeinschaften aufnehmen konnten.

Samuel Smith, ein jüngerer Bruder des Propheten, wurde zum ersten Missionar der Kirche. Enttäuscht und mutlos kam er von seiner ersten Missionsreise zurück. Es war ihm nicht gelungen, irgend jemanden für seine Botschaft zu gewinnen. Das einzige, was er hatte tun können, war, einige Exemplare des Buches Mormon an den Orten, die er bereist hatte, zurückzulassen. In der darauffolgenden Zeit gelangten manche dieser Bücher in die Hände interessierter Leser, von denen sich einige der Kirche anschlossen. Unter ihnen waren ein Zimmermann namens Brigham Young, der Nachfolger Joseph Smiths werden sollte, und Heber C. Kimball, der zu einer der bedeutendsten Persönlichkeiten des Mormonentums aufsteigen würde.

Jedes Mitglied der Gemeinschaft war aufgerufen, die Frohe Botschaft zu verkünden. Selbst Josephs Vater ging auf Missionsreise. Emma, Josephs Frau, wurde ausersehen, Hymnen auszuwählen und ein Gesangbuch für die Gemeinde zusammenzustellen. Oliver Cowdery wurde auserwählt, mit drei weiteren Personen die weite, beschwerliche und nicht ungefährliche Reise zu den Indianern an der Grenze des weißen Siedlungsgebietes anzutreten. Die Ureinwohner Amerikas standen im besonderen Interesse der Verkündigung des Evangeliums, denn sie waren die Nachkommen der Auswanderer aus Jerusalem, und sie waren es, die sich am Ende der Tage wie die anderen Juden bekehren und die Religion ihrer Väter wieder annehmen sollten. Gott würde sich ihrer erbarmen und sie wieder zu einem hellen und angenehmen Volk machen.

Einer der drei Männer, die Cowdery begleiten sollten, war Parley P. Pratt, der zu den *Disciples of Christ,* den Anhängern Alexander Campbells, gehört hatte. Er sollte später Apostel werden und ebenfalls eine wichtige Rolle in der Kirche spielen. Sein eigenes Bekehrungserlebnis schildert er in seiner Autobiographie:

> «Wir besuchten einen alten Baptistendiakon namens Hamlin. Nachdem er von unserer Verabredung für den Abend gehört hatte, begann er von einem Buch zu erzählen, einem *seltsamen Buch,* einem *sehr seltsamen Buch!* Es war in seinem Besitz und gerade erst veröffentlicht worden. Dieses Buch, sagte er, gab an, ursprünglich von einem Zweig der Stämme Israels auf Platten aus Gold oder Messing geschrieben gewesen zu sein, und es sollte von einem jungen Mann in der Nähe von Palmyra, im Staate New York, mit Hilfe von Visionen oder dem Dienst von Engeln entdeckt und übersetzt worden sein. Ich fragte ihn, wie und wo man dieses Buch erwerben könnte. Er versprach mir, daß ich es am

> nächsten Tag studieren könne, wenn ich vorbeikäme. [...] Am nächsten Tag kam ich an seinem Haus vorbei, wo meine Augen zum ersten Mal das ‹BUCH MORMON› erblickten. [...] Ich öffnete es mit Ungeduld und las sein Titelblatt. Dann las ich das Zeugnis mehrerer Personen im Zusammenhang mit der Art und Weise, wie es aufgefunden und übersetzt worden war. Danach begann ich in der Reihenfolge mit seinem Inhalt. Ich las den ganzen Tag; Essen war eine Last, ich hatte kein Bedürfnis nach Nahrung; Schlaf war eine Last, als die Nacht kam, denn ich zog das Lesen dem Schlafen vor.»[22]

Er entschloß sich, den jungen Mann, der das Buch angeblich übersetzt hatte, kennenzulernen. Er machte sich auf den Weg nach Palmyra, wo der Prophet, wie er gehört hatte, wohnen sollte.

> «Ich besuchte also das Dorf Palmyra und fragte nach dem Haus von Mr. Joseph Smith. Ich fand es etwa zwei oder drei Meilen vom Ort entfernt. Als ich mich am Ende des Tages dem Haus näherte, überholte ich einen Mann, der gerade ein paar Kühe vor sich hertrieb, und fragte ihn nach Mr. Joseph Smith, dem Übersetzer des ‹Buches Mormon›. Er teilte mir mit, daß er jetzt in Pennsylvania wohne, einige hundert Meilen entfernt. Ich erkundigte mich nach seinem Vater oder irgendeinem von seiner Familie. Er sagte mir, sein Vater wäre auf einer Reise, aber sein Wohnsitz wäre ein kleines Haus, direkt vor mir, und er sagte, er sei sein Bruder. Es war Mr. Hyrum Smith. Ich erzählte ihm von meinem Interesse, das ich an dem Buch hatte, und von meinem Wunsch, mehr darüber zu erfahren. Er lud mich in sein Haus ein, und wir verbrachten die Nacht miteinander; denn keiner von uns fühlte sich in der Lage zu schlafen.»[23]

Hyrum gab ihm Auskunft über die Umstände, die zu der Entdeckung des Buches und dessen Übersetzung geführt hatten. Am nächsten Tag verließ Pratt den Bruder des Propheten, um einigen Verabredungen nachzukommen. Sofort danach kehrte er zurück und ließ sich von Oliver Cowdery im Lake Seneca taufen. Bereits einen Monat später erging der Ruf des Herrn an ihn, die bereits erwähnte Reise zu den Indianern anzutreten.

«Es war im Oktober 1830. Eine Offenbarung wurde durch den Mund des Propheten, Sehers und Übersetzers gegeben. Darin wurden die Ältesten Oliver Cowdery, Peter Whitmer, Ziba Peterson und ich selbst ernannt, in die Wildnis, durch die westlichen Staaten, und in das Indianerterritorium zu gehen.»[24]

Die vier Männer erreichten nach einem langen, beschwerlichen Fußmarsch die Indianer, wurden dort freundlich aufgenommen, konnten aber keine unmittelbaren Erfolge vorweisen. Die Gruppe zog weiter nach Mentor, Ohio, zu Sidney Rigdon, der damals Parley P. Pratt zu den *Disciples of Christ* bekehrt hatte. Sidney Rigdon war der wortgewaltigste und einflußreichste Prediger im nördlichen Ohio. Er war ein Vertrauter Alexander Campbells gewesen. Zum Bruch mit Campbell war es gekommen, weil Rigdon eine urchristliche Lebensweise, die auf Besitzlosigkeit und Gemeineigentum basierte, für notwendig hielt. Die vier Mormonen wurden von Rigdon und seiner im christlichen Kommunismus lebenden Gruppe herzlich aufgenommen.

«Kurz darauf», berichtet Pratt, «überreichten wir ihm ein Buch Mormon und erzählten ihm dessen Geschichte. Er war sehr interessiert und versprach ein gründliches Studium des Buches.»[25]

Die anfängliche Zurückhaltung Rigdons wandelte sich in echtes Interesse. Innerhalb der folgenden drei Wochen ließen sich Rigdon und die ganze Kolonie der ehemaligen Campbelliten taufen. Dies war nicht nur ein enormer Prestigegewinn für die junge Kirche, sondern es wurde gleichzeitig ein Grundstock für eine schnell wachsende Gemeinde in Ohio gelegt und ein neues Zentrum des Glaubens gegründet.

Als die vier Missionare weiterzogen, betrug die Zahl der Heiligen der letzten Tage in Mentor, Kirtland und Umgebung bereits um die eintausend. Sidney Rigdon wurde nach seinem Zusammentreffen mit Joseph Smith dessen Vertrauter und rechte Hand für die darauffolgenden Jahre.

Das Mormonentum war praktisch vom Tag seiner Gründung an Verfolgungen ausgesetzt, was auf den ersten Blick erstaunlich anmutet, da in den Vereinigten Staaten sonst ein Religionen gegenüber relativ tolerantes Klima herrschte. Diese Toleranz beschränkte sich in jener Zeit jedoch vor allem auf protestantische Gruppierungen und machte bereits vor den Katholiken halt. 1834 wurde ein katholischer Konvent in der Nähe von Boston niedergebrannt. In Cincinnati mußte die Miliz einen Mob auseinandertreiben, der auf das Haus des päpstlichen Nuntius zumarschierte. In Chelsea, Massachusetts, wurde das irische Viertel angegriffen, und in Coburg, Dorchester und Manchester, New Hampshire, wurden Kapellen niedergebrannt oder in die Luft gesprengt.

Nun kam dieser Vierundzwanzigjährige, dem ein durchaus schlechter Ruf anhing, und behauptete, von Gott erwählt worden zu sein, die Urkirche wiederaufzurichten und eine neue Bibel zu veröffentlichen. Das war mehr, als die «rechtschaffenen» Bürger zulassen konnten. Bereits vor dem Erscheinen des Buches Mormon warnten die Zeitungen des oberen New York vor dem «blasphemischen Machwerk». Wäre ein großer Prediger, wie zum Beispiel Sidney Rigdon, Alexander Campbell oder ein anderer der Hauptakteure des Zweiten Großen Erwachens, gekommen und hätte das gleiche wie Joseph Smith für sich beansprucht, so wäre die Reaktion der Umwelt sicherlich weniger aggressiv ausgefallen. Darüber hinaus hatte das Mormonentum von Anfang an unter seinen Mitgliedern eine hohe Fluktuationsrate vorzuweisen. Viele der Menschen, die sich der neuen Kirche mit großen Hoffnungen anschlossen, sahen sich bald darauf getäuscht und verließen die Gemeinschaft unzufrieden und mit Groll in ihrem Herzen. Zweifellos gab es auch Opportunisten, die glaubten, auf einen anfahrenden Zug aufspringen und aus ihrer Teilnahme Kapital schlagen zu können. Mit der wachsenden Zahl ehemaliger Mitglieder wuchs auch der Strom antimormonischer Pamphlete und Bücher, wodurch die Stimmung gegen Joseph Smith und seine Anhänger angeheizt wurde, und der auch bis heute in einer gemäßigteren Form anhält. In der Weltgeschichte der religiösen Verfolgung und Intoleranz wimmelt es von Apostaten, die gegen ihre früheren Glaubensgenossen auftreten. Die Umstände jedoch, die in späteren Jahren zu weitaus schlimmeren Verfolgungen der Mormonen führten, fehlten zu diesem Zeitpunkt noch.

Von der Vielzahl der religiösen Bewegungen, die während des Zweiten Großen Erwachens entstanden, sind uns neben den Mormonen vor allem die Siebenten-Tags-Adventisten bekannt, die ebenfalls ihre Dynamik und ihren Wachstumswillen über die letzten einhundertfünfzig Jahre nicht verloren haben. Anders steht es um Campbells

Disciples of Christ, die mit einem starken Mitgliederschwund zu kämpfen haben. Der Grund, warum sich damals so viele Menschen Joseph Smiths Gemeinschaft anschlossen und eine soziale Stigmatisierung, Diskriminierung und sogar den Verlust ihres Besitzes in Kauf nahmen, lag in den Antworten auf die Fragen, von denen die Menschen zu dieser Zeit bewegt wurden. Selbst Alexander Campbell bemerkte, daß das Buch Mormon sämtliche Themen behandelte, die während der letzten Jahre im oberen New York Gegenstand des öffentlichen Interesses waren. Campbell betrachtete dies als Beweis für die Unechtheit des Werkes, doch viele andere Menschen sahen darin gerade das Gegenteil.

Ein anderer Punkt war die Frage der «Autorität». Als sich Parley P. Pratt den Baptisten anschloß, hatte er Zweifel, ob die Prediger der Baptisten überhaupt das Recht besaßen, die Taufe zu vollziehen. Denn offensichtlich gab es keine ununterbrochene «apostolische Sukzession», in der die Befugnis zur Durchführung dieses «Sakraments» von Jesus bis zum heutigen Tag weitergegeben wurde. Warum sollte also die Taufe durch einen Geistlichen der Baptisten gültig sein? Nun war aber Joseph Smith gekommen und hatte die voneinander getrennten Teile der «Kette der Autorität» wieder zusammengefügt. Ihm und Oliver Cowdery war ein Engel erschienen und hatte ihnen die Befugnis zu taufen übertragen.

Jesus hatte eine Kirche gegründet. Aber welche der bestehenden Religionsgemeinschaften konnte von sich behaupten, diese ursprüngliche Kirche zu repräsentieren? Joseph Smith gab eine Antwort darauf. Er beanspruchte für sich, die ursprüngliche Kirche nach der «Großen Apostasie» wiederhergestellt zu haben, einschließlich der ursprünglichen Ämter (Diakone, Älteste, Hirten, Lehrer, Evangelisten; die Wiedereinsetzung von zwölf Aposteln war versprochen worden) und der urchristlichen Gaben (Zungenreden, Auslegung des Zungenredens, Heilung, Handauflegung, Prophezeiung usw.). Selbst das alttestamentliche aaronische Priestertum war von neuem errichtet worden, ein höheres, das im Hebräerbrief erwähnte Priestertum des Melchisedek, hatte Gott für einen späteren Zeitpunkt verheißen.

Auch der vorherrschenden Endzeiterwartung wurde entsprochen. Die neugegründete Gemeinschaft war die Kirche der «letzten Tage». Zahlreiche Offenbarungen schlossen mit der Verheißung «Siehe, ich komme bald». Bis zum Anbruch des Tausendjährigen Reiches würde nicht mehr viel Zeit vergehen, manche der Zeitgenossen würden vielleicht den Tod nicht mehr kosten. Hagel, Seuchen, Hungersnöte und Erdbeben sollten die Schlechten dieser Generation hinwegfegen. Für die Vereinigten Staaten wurde ein noch nie dagewesenes Blutvergießen vorhergesagt. In jeder Naturkatastrophe, in jedem nächtlichen Meteoritenschauer wurden Zeichen der baldigen Wiederkunft Christi gesehen. Das Mormonentum ist bis zum heutigen Tage eine millenialistische Religionsgemeinschaft geblieben, wenn es auch seit den letzten Jahren von der Kirchenleitung her Bestrebungen gibt, die Endzeiterwartung zu dämpfen, was sicherlich mit der zunehmenden gesellschaftlichen Etablierung der Kirche zusammenhängt.

Im Juni 1830, also zwei Monate nach der Gründung der Kirche, begann Joseph Smith mit seinem zweiten literarischen Projekt: einer neuen «Übersetzung» der Bibel. Bereits im Buch Mormon wird darauf hingewiesen, daß aus der Bibel «viel Klares und Kostbares herausgenommen ist» (1 Nephi 13:28). Glaubensartikel Nummer acht sagt: «Wir glauben, daß die Bibel das Wort Gottes ist, sofern sie richtig übersetzt wurde.»[26]

Joseph Smith besaß nicht die Sprachkenntnisse, um eine wirkliche Übersetzung aus dem Hebräischen, Aramäischen und Griechischen anzufertigen. In einer Reihe von Offenbarungen war ihm jedoch verheißen worden, dieses Werk mit Hilfe seiner prophetischen Gabe zustande bringen zu können (z. B. Lehre und Bündnisse 6:26,27; 9:1,2; 35:20). Das Ziel dieser «Übersetzung» war auch nicht eine möglichst getreue Wiedergabe der ursprachlichen Texte im Englischen, sondern die Wiederherstellung eines Urtextes, wie er vor seiner Korrumpierung durch die Mächte des Bösen gewesen sein soll, also eher eine Überarbeitung. Als Schreiber dienten zuerst Oliver Cowdery, später John Whitmer und ab Dezember 1830 Sidney Rigdon.

Der Prophet brachte in manchen Versen Korrekturen an, die den Sinn klarer machten, andere Teile dagegen wurden erheblich erweitert. Was entfiel, war das Hohelied Salomos, das als uninspiriert angesehen wurde. Am 2. Februar 1833 wurde das Werk beendet. Ob es nur vorläufig beendet war oder überhaupt abgeschlossen, darüber sind sich die Kirche in Utah und die Reorganisierte Kirche uneins.

Die Kirche in Utah veröffentlichte im vierten Standardwerk der Mormonen, der «Köstlichen Perle» *(Pearl of Great Price)*, zwei Auszüge aus der «Inspirierten Version», nämlich die ersten hunderteinundfünfzig Verse der Genesis, die in der Revision zu etwa vierhundert angeschwollen waren und als Buch Moses bekannt sind, und das vierundzwanzigste Kapitel des Matthäusevangeliums. Weitere Bestandteile der Köstlichen Perle sind das Buch Abraham, eine angebliche Übersetzung von ägyptischen Papyri, der Bericht Joseph Smiths über die Ereignisse, die zur Gründung der Kirche führten, und die Glaubensartikel.

4. Das neue Zion

Die Gemeinde in Ohio wuchs schneller als der Zweig der Kirche in New York. Im Januar 1831 siedelte Joseph Smith mit seiner Frau nach Kirtland in Ohio um. Die meisten unter den New Yorker Heiligen verkauften ihre Farmen, Geschäfte und Handwerksbetriebe und folgten ihrem Propheten.

Mit dem Zuzug der New Yorker Anhänger Smiths trat die Entwicklung des Mormonentums in eine neue Phase. Die Heiligen gaben ihre Wohnsitze unter den Heiden, den *Gentiles,* auf und begannen, sich in einem Gebiet zu konzentrieren. Ohio war jedoch nur zum vorübergehenden Ort der Sammlung bestimmt. Die endgültige Wohnstatt der Erwählten sollte das neue Zion sein, die wiedererbaute Stadt Enochs, von der im Buch Moses gesprochen wurde:

> «Und es geschah in seinen Tagen, daß er eine Stadt baute, welche die Stadt der Heiligkeit, selbst Zion genannt wurde [...] und er sah, und siehe, Zion wurde im Laufe der Zeit in den Himmel aufgenommen. Und der Herr sagte zu Enoch: Siehe, das ist mein Wohnplatz für immer.» (Moses 7:19, 21)

In den letzten Tagen, so wurde Joseph offenbart, sollten ein neues Zion und ein neuer Tempel erbaut werden. Der von Gott auserwählte Ort für diese Stadt wurde während einer Reise der Ältesten der Kirche nach Missouri offenbart:

> «Horchet, o ihr Ältesten meiner Kirche, spricht der Herr, euer Gott, die ihr euch, meinen Geboten gemäß, in diesem Lande, welches das Land Missouri ist, versammelt habt – in dem Lande, das ich zur Versammlung der Heiligen bestimmt habe. Deshalb ist es das Land der Verheißung und der Ort für die Stadt Zion. Und so spricht der Herr, euer Gott: Wenn ihr Weisheit empfangen wollt, hier ist Weisheit. Sehet, der Ort, der jetzt Independence genannt wird, ist der Mittelplatz, und der Ort für den Tempel liegt west-

> lich, auf einem Bauplatze, der sich nicht weit vom Gerichtshause befindet. Daher ist es ratsam, daß das Land von den Heiligen gekauft werde; jedes Stück in westlicher Richtung, ja bis an die Grenzlinie unmittelbar zwischen den Israeliten und den Heiden, und auch jedes Stück, das an die Prärien grenzt, soweit meine Jünger imstande sind, Land zu kaufen. Sehet, dies ist Weisheit, daß sie es für ein ewiges Erbteil erlangen möchten.» (Lehre und Bündnisse 57:1–5)

Mit «Israeliten» waren die Indianer gemeint; wer in der Offenbarung als «Heiden» bezeichnet wurde, waren die weißen Siedler.

Die Kirche wählte Pioniergruppen aus, die sich an dem vorgegebenen Ort niederlassen und den Nachzug weiterer Siedler vorbereiten sollten. Als erste trafen die Heiligen von Colesville, New York, in Zion ein und begannen ihr neues Zuhause aufzubauen. Im November 1832 betrug die Zahl der Mormonen in Missouri achthundertzweiunddreißig. Aber der Bau des neuen Jerusalem stagnierte. Es gab Mißernten, und Armut herrschte unter den Siedlern. Die Zeitung, die von den Heiligen in Independence herausgegeben wurde, riet sogar vom Zuzug neuer Siedler für die nächste Zeit ab. Hinzu kam eine sich zuspitzende Spannung zwischen den Neuankömmlingen und den alteingesessenen, nichtmormonischen Bewohnern Jackson Countys und der umliegenden Gegend.

Die Gemeinden in Kirtland und den anderen Ortschaften in Ohio blühten dagegen auf. Dem Propheten wurden neue Offenbarungen gegeben, die Organisation des Priestertums wurde vollendet, und eine neue Regelung der Eigentumsverhältnisse, die Vereinigte Ordnung Enochs *(United Order of Enoch)*, wurde eingeführt. Alles Eigentum sollte der Kirche übergeben werden. Danach konnte jedes Mitglied zurückerhalten, soviel es brauchte. Eigentümer allen Besitzes war nach dieser Idee eigentlich Gott, der Mensch galt nur als «Verwalter» der irdischen Güter. Der überschüssige Besitz wurde an Neuankömmlinge und an Arme verteilt. Dies ermöglichte die finanzielle Unterstützung Zions und die dortige Ansiedlung von mittellosen Gläubigen. Als Vorbild dieser Ordnung diente die in der Apostelgeschichte beschriebene kommunistische Lebensweise der Urkirche, die Sidney Rigdon bereits gefordert hatte, als er noch Anhänger

Alexander Campbells gewesen war. – Wie wir bereits früher gesehen haben, war eine Rückkehr zur urchristlichen Armut ein Ziel, das auch andere Gruppen während des Zweiten Großen Erwachens anstrebten.

Die Lage in Missouri entwickelte sich immer mehr in Richtung einer gewaltsamen Auseinandersetzung. Die alteingesessenen Bewohner von Jackson County sahen keinen Vorteil darin, daß ihr Zuhause zum «heiligen Land» erklärt wurde. Sie befürchteten, durch den Zustrom neuer Siedler zu einer Minderheit zu werden. Zudem waren die Mormonen anders als die Angehörigen anderer Glaubensgemeinschaften, sie würden sich nicht in die Gesellschaft integrieren, wie es frühere Gruppen getan hatten. Die Mormonen hatten ein starkes Zusammengehörigkeitsgefühl, betrachteten sich sogar als eigenes Volk und wollten gerade in dieser County das Zentrum ihres Glaubens errichten. Die *Gentiles,* die Nichtmormonen, fragten sich, ob in dieser mormonischen Gesellschaft für sie noch ein Platz sein würde. Für manche Personen standen aber einfach finanzielle Interessen auf dem Spiel. Der noch dünn besiedelte westliche Teil des Staates Missouri zog landhungrige Immigranten aus den östlich gelegenen Südstaaten an. Die Anwesenheit einer fremdartigen «Sekte» würde potentielle Zuwanderer abschrecken und dadurch die Grundstückspreise sinken lassen.

Was das Mißtrauen gegenüber den neuen Siedlern jedoch noch mehr wachsen ließ, war deren Einstellung gegenüber der Sklaverei und der Indianerfrage. Freie Schwarze waren von Anfang an in die Kirche aufgenommen worden. Die ersten Predigten in Missouri wurden vor einem gemischten Publikum aus freien Schwarzen, Indianern und weißen Siedlern abgehalten. Nun beschuldigte man die Mormonen, zum Aufstand der Sklaven gegen ihre Unterdrücker aufgerufen zu haben. Dies wurde natürlich von den Heiligen in Missouri bestritten. Jegliche Provokation sollte vermieden werden. Als Reaktion wurde sogar eine offizielle Verlautbarung veröffentlicht, die sich dafür aussprach, Schwarze nicht zum Beitritt in die Kirche zu ermutigen. Das genügte den Befürwortern der Sklaverei jedoch nicht. Ihnen war jeder suspekt, der sich nicht eindeutig und ohne jeden Zweifel für diese Institution aussprach. Aus diesem Grund waren «Yankees» in Missouri unwillkommen, gerade dazu zählten aber die zumeist aus dem Nordosten der Vereinigten Staaten stammenden Mormonen.

Darüber hinaus lag Missouri an der Grenze zu den Indianergebieten und war selbst nur kurze Zeit vorher von Indianern bewohnt gewesen, bevor diese für die weißen Siedler Platz machen mußten. Die Angst der Missourier, daß der rote Mann eines Tages zurückkommen würde, um sein Land wieder in Besitz zu nehmen, war deshalb nicht ganz unbegründet. Die Indianer oder Lamaniten, wie sie im Buch Mormon hießen, wurden von den Mormonen nicht als Feinde oder Wilde, die vertrieben werden mußten, gesehen, sondern für sie galt die Verheißung: «Ehe aber der große Tag des Herrn kommt, soll Jakob in der Wildnis grünen, und die Lamaniten sollen blühen wie die Rose.» (Lehre und Bündnisse 49:24)

Wie die anderen Südstaaten wurde auch Missouri von einer Aristokratie von Plantagenbesitzern regiert. Die Schulbildung war, im Gegensatz zum Norden der Vereinigten Staaten, nicht weit verbreitet; die Analphabetenrate war hoch. Nach Joseph Smiths Worten hinkten die Missourier fast um ein Jahrhundert der Zeit hinterher. Für die reichen Aristokraten war es ein leichtes, die in Ignoranz lebende weiße Unterschicht durch Schlagworte für sich zu gewinnen, wären es doch gerade die armen Weißen gewesen, die bei einer Abschaffung der Sklaverei mit den freien Schwarzen um Arbeit und Land hätten konkurrieren müssen.

Die Mormonen waren nicht die einzigen, die die Gewalt des Pöbels zu befürchten hatten. Wurde ein Schwarzer aus irgendeinem Grund von seinem Sklavendasein in die Freiheit entlassen, so war er alles andere als ein gleichberechtigter Bürger, seine wirtschaftliche und persönliche Sicherheit war unter Umständen gefährdeter als vorher. In Missouri war es üblich, daß Schwarze, die eines Verbrechens bezichtigt wurden, oft auf grausame Weise gelyncht wurden. Dabei kam es gar nicht darauf an, ob sie wirklich schuldig waren, der Verdacht reichte bereits. Als Verbrechen konnte auch schon das ungewollte Erschrecken eines weißen Kindes gewertet werden.

Berüchigt waren die sogenannten «Sklavengesetze», die festlegten, mit welchen Strafen bereits belanglose Vergehen geahndet wurden. Nach neun Uhr abends durften sich Sklaven ohne schriftliche Erlaubnis ihrer «Besitzer» nicht mehr außerhalb der Plantagen oder der ihnen zugewiesenen Unterkünfte aufhalten. Für die Einhaltung dieser Verordnung sorgten Patrouillen der weißen Bürger. Sklaven oder Mulatten, die mit einem Knüppel oder sonst einer Waffe erwischt wurden, konnten mit bis zu dreißig Peitschenhieben, «gut zugeschlagen» *(well laid on)*, bestraft werden. Es bestand ein striktes Versammlungsverbot für Sklaven. Ein erstes Vergehen gegen dieses Verbot hatte die Auspeitschung zur Folge, ein zweites das Brandmarken, bei einem dritten Verstoß konnte die Todesstrafe verhängt werden. Jeder Weiße, freie Schwarze oder Mulatte, der einen aufwieglerischen Sklaven nicht den Behörden anzeigte, wurde mit einer Geldstrafe belegt. Bei Nichtbezahlung folgten zwanzig Peitschenhiebe, wiederum «gut zugeschlagen». Jeder Richter oder Sheriff, der auf Informationen über eine ungesetzliche Versammlung von Sklaven nicht innerhalb von zehn Tagen reagierte, mußte eine Geldstrafe leisten. Ein Sklave, der zum erstenmal mehr als einen Monat von der Plantage wegblieb, wurde mit Brandmarkung und Abschneiden der Ohren bestraft, bei einer Wiederholung des Vergehens drohte ihm das Zerschneiden der Knieflechsen.

Diese Reihe von zynischen Verordnungen könnte noch eine Weile weitergeführt werden. Sie zeigen, in welch pathologischem Angstzustand sich die Sklavenhaltergesellschaft des amerikanischen Südens befand.

Weiße, die es wagten, Schwarzen das Lesen und Schreiben beizubringen, mußten damit rechnen, zu Tode gepeitscht zu werden. Wer sich offen gegen die Sklaverei aussprach, war täglichen Schikanen, Diskriminierungen und Gewalttaten ausgesetzt, deren Ziel es war, ihn zum freiwilligen Verlassen des Staates zu bewegen. Ein Zeitungsherausgeber, der den Mut aufbrachte, nachdem ein Schwarzer lebendig verbrannt worden war, den Freispruch der Rädelsführer des Mobs zu kritisieren, wurde aus dem Staat gejagt. In Illinois, wo er eine neue Zeitung gründete, die sich für die Abschaffung der Sklaverei aussprach, wurde er 1837 von Kugeln durchsiebt.

Von dem geringen Wert, den das Leben eines Schwarzen besaß, kann Mark Twain, der in Missouri in der kleinen Stadt Hannibal am Mississippi aufgewachsen war, berichten:

> «Als ich zehn Jahre alt war, sah ich einen Mann, wie er im Ärger einen Klumpen Eisenerz auf einen Sklaven warf, nur weil dieser etwas in ungeschickter Weise gemacht hatte – als ob es ein Verbrechen gewesen wäre. Er prallte vom Schädel des Mannes zurück, und der Mann fiel und sprach nie wieder. Er starb innerhalb

> einer Stunde. Ich wußte, daß der Mann das Recht hatte, wenn er es wollte, seinen Sklaven zu töten, und doch schien es mir erbärmlich und irgendwie falsch zu sein, obwohl ich nicht schlau genug war zu erklären, warum es falsch war, wenn man mich darum gebeten hätte. Niemand im Dorf hieß diesen Mord gut, aber natürlich wurde auch nicht viel darüber geredet.»[27]

In Darstellungen der Südstaaten und der Zeit der Sklaverei besteht oft die Tendenz, das Los der schwarzen Bevölkerung zu beschönigen, als hätte es sich bei den Grausamkeiten gegen Sklaven um Ausnahmen gehandelt und als wäre die Sklaverei jedoch im großen und ganzen human gewesen; schließlich waren die Sklavenhalter doch auch Menschen. Als Beispiel wird oft erwähnt, daß den Sklaven sogar Brachland zugewiesen wurde, das sie selbst bebauen konnten. Was jedoch auf den ersten Blick als eine nette Geste der «Herren» erscheint, gab ihnen in Wirklichkeit die Möglichkeit, sich von der Notwendigkeit zu befreien, ihre Sklaven selbst zu ernähren. Wie der lebende Besitz ausgebeutet wurde, zeigt sich, wenn man bedenkt, daß die Sklaven oft von morgens bis abends arbeiten mußten und dann noch ihr eigenes Feld zu bestellen hatten.

Dem Bericht eines Korrespondenten in dieser Zeit, der behauptete, daß es den Sklaven in Missouri, verglichen mit denen in anderen sklavenhaltenden Staaten, relativ gut ginge, fügte der Redakteur der Zeitung in Klammern hinzu: «Bessere Informationen überzeugen mich, daß diese Lobrede unverdient ist.»[28]

Ein Eigentümer konnte seinen Sklaven töten, verstümmeln oder ihn zu Tode arbeiten lassen, er konnte seine Sklavin nach Belieben vergewaltigen, Angehörige voneinander trennen und sie einzeln verkaufen, ohne daß sie sich in ihrem Leben jemals wiedersehen konnten. In der Sklaverei lag kein Hauch von Humanität. Diese Klarstellung ist nötig, um zu verstehen, in was für einem ethischen Umfeld sich die folgenden Auseinandersetzungen abspielten.

Am 20. Juli 1833 kam es zum offenen Ausbruch der Feindseligkeiten in Missouri. Eine Menschenmenge versammelte sich in Independence, um dem «Mormonenproblem» zu begegnen. Reden wurden geschwungen, die Stimmung heizte sich auf.

«Vor kaum mehr als zwei Jahren tauchten zwei oder drei dieser Leute am oberen Missouri auf, und jetzt zählen sie etwa eintausendzweihundert Seelen in dieser County. Und in jedem weiteren Herbst und Frühling breitet sich dieses Gewimmel unter uns aus, mit einem allmählichen Absinken des Charakters derer, aus denen es besteht, bis es den Anschein hat, daß die Gemeinschaften, aus denen sie kommen, uns mit ihrem Abschaum überfluten. In bezug auf ihre Verfassung, sei es in Hinsicht auf Eigentum oder Bildung, stehen sie nicht viel höher als unsere Schwarzen, weswegen sie Gegenstand vieler Befürchtungen geworden sind. Ernsthafte und wohlbegründete Beschwerden wurden bereits wegen ihres korrumpierenden Einflusses auf unsere Sklaven gemacht.

Uns wird gesagt, und nicht nur von den Unwissenden allein, sondern von allen Schichten unter ihnen, daß wir (die *Gentiles*) aus dieser County ausgestoßen werden sollen, und unser Land ihnen als Erbteil zugeteilt wird. Ob dies nun durch den Todesengel, das Gericht Gottes oder die Stärke des Armes geschehen soll, darüber sind sie sich nicht ganz einig.»[29]

Die Versammlung beschloß, daß sich in Zukunft kein Mormone mehr in dieser County niederlassen dürfe und daß diejenigen, die bereits ansässig waren, in einem gewissen Zeitraum ihr Eigentum verkaufen und wieder wegziehen müßten. Um diese Forderungen zu unterstreichen, zerrte ein lärmender Haufen von dreihundert Männern Bischof Partridge und einen anderen Mormonen auf den öffentlichen Platz vor dem Gerichtsgebäude und teerte und federte beide. Danach bewegte sich der Mob auf das Haus von W. W. Phelps zu, in dem sich die Druckerpresse befand, stürmte es, zerschlug die Presse und sämtliche Einrichtungsgegenstände, deckte das Dach ab und riß die Wände ein. Zerstört wurden bei diesem Überfall auch die ersten Exemplare des Buches der Gebote, des Vorläufers der Lehre und Bündnisse, einer Sammlung von Offenbarungen, die neben dem Buch Mormon zu den Standardwerken der Kirche gerechnet wird.

Der Pöbel, dem sich auch einige der angesehensten Bürger der Stadt angeschlossen hatten, wütete weiter. Sämtliche Mormonen, einschließlich Frauen und Kinder, mußten aus der Stadt fliehen. Erst nach Einbruch der Dunkelheit, als sich die Pogromstimmung gelegt hatte und die «rechtschaffenen» Bürger an ihren heimischen Herd zurückgekehrt waren, schlichen sie sich eingeschüchtert und verängstigt in ihre beschädigten Häuser zurück.

Drei Tage später tauchte der Mob von neuem auf und drohte die Häuser der Mormonen niederzubrennen. Die Führer der Heiligen in Independence mußten sich auf dem öffentlichen Platz versammeln. Sie wurden gezwungen, eine Erklärung zu unterzeichnen, in der sie sich verpflichteten, Jackson County zusammen mit ihren Glaubensgenossen zu verlassen. Die erste Gruppe sollte bis zum ersten Januar gehen, die zweite vor April des nächsten Jahres.

In den folgenden Tagen senkte sich eine angespannte Ruhe auf Jackson County nieder. Die Mormonen sahen sich durch die Erklärung, die sie unter Zwang unterschrieben hatten, zu nichts verpflichtet. In der Hoffnung, auf legalem Weg Schutz und Gerechtigkeit durch die staatlichen Organe zu erlangen, wandten sie sich an die Gerichte und das Parlament von Missouri. Doch bald wurde ihnen klar, daß von dieser Seite keine Hilfe zu erwarten war. Die staatlichen Stellen lehnten jede Einmischung ab, standen teilweise sogar auf der Seite der Mormonengegner.

Nun begannen die Heiligen auf die Stärke ihres eigenen Armes zu vertrauen; sie bewaffneten sich. Ihre Feinde schliefen jedoch auch nicht. Am 31. Oktober griffen vierzig bis fünfzig Mann eine Siedlung der Mormonen, acht Meilen von Independence entfernt, überraschend an. Zehn Häuser wurden abgedeckt und demoliert, mehrere Männer wurden ausgepeitscht, die anderen Einwohner der Ortschaft mußten fliehen. Eine Serie von kleineren Angriffen auf Mormonen folgte. Obwohl die Schuldigen identifiziert werden konnten, weigerten sich die Richter, Haftbefehle auszustellen. Im November mußten die Heiligen in Independence erneut aus ihren Häusern fliehen und in Zelten auf dem Platz, der für den Bau des Tempels vorgesehen war, übernachten. Am 4. November eroberten die Missourier eine von Mormonen betriebene Fähre. Bei der Schießerei kamen zwei Angreifer und ein Verteidiger ums Leben. Ein weiterer Mormone wurde schwer verwundet und hatte für den Rest seines Lebens unter den Verletzungen zu leiden. Als Reaktion der Polizei auf das Gefecht wurden am nächsten Tag mehrere Repräsentanten der Kirche verhaftet. Um die Stimmung noch weiter gegen die neuen Siedler anzuheizen, wurde das Gerücht verbreitet, die Mormonen hätten die Indianer aufgehetzt, Independence anzugreifen.

Die Mormonen waren sowohl zahlenmäßig als auch, was die Bewaffnung betraf, den Missouriern weit unterlegen. Zudem griff die örtliche Miliz unter dem berüchtigten Mormonenhasser Lilburn W. Boggs, einem Grundstücksspekulanten, auf der Seite der Angreifer ein. Die Gefängnisse füllten sich nicht mit den Schuldigen, sondern mit den Opfern. Schließlich wurde den Heiligen, die Zion erbauen wollten, bewußt, daß sie ihr Gelobtes Land nicht länger halten konnten. Die Flucht aus Jackson County begann Hals über Kopf.

> «Dienstag- und Mittwochnacht, 5. und 6. November, flohen die Frauen und die Kinder in alle Richtungen. Eine Gruppe von ungefähr hundertfünfzig floh in die Prärie, wo sie mehrere Tage meist ohne Nahrung umherwanderten; und nichts als das offene Firmament hatten sie als ihr Obdach. Andere flohen zum Missouri. Während der Zerstreuung der Frauen und Kinder jagten Trupps die Männer, schossen auf einige, fesselten andere und peitschten sie aus; und einige verfolgten sie über mehrere Meilen.
>
> Donnerstag, 7. November. Beide Seiten des Ufers[30] am Fährübergang begannen von Männern, Frauen und Kindern, Waren, Wagen, Kisten, Vorräten usw. gesäumt zu werden, während die Fähre ständig im Einsatz war; und als die Nacht wieder über uns hereinbrach, machte das mit Pappeln bewachsene Schwemmland den Eindruck, als fände eine Lagerversammlung statt. Hunderte von Leuten waren in jeder Richtung zu sehen, einige in Zelten und einige im Freien an ihren Lagerfeuern, während der Regen in Strömen herunterkam. Männer erkundigten sich nach ihren Frauen, Frauen nach ihren Männern, Eltern nach ihren Kindern, und Kinder nach ihren Eltern. Einige hatten das große Glück gehabt, mit ihren Familien, Haushaltsgütern und einigen Vorräten zu entkommen, während andere nichts über das Schicksal ihrer Freunde wußten und all ihre Habe verloren hatten. Die Szene war unbeschreiblich und, ich bin sicher, würde die Herzen aller Menschen auf der Erde zum Schmelzen gebracht haben, von unseren blinden Unterdrückern und einer blinden und ignoranten Gesellschaft abgesehen.»[31]

In der folgenden Nacht ging aus dem sternenklaren Winterhimmel ein Meteoritenschauer nieder, der im ganzen Gebiet der Vereinigten Staaten bemerkt wurde. Kindern, die in dieser Nacht auf die Welt kamen, wurde eine große Zukunft vorausgesagt. Auch in der Kälte am Ufer des Missouri wurden Kinder geboren – und verließen die Welt kurze Zeit danach wieder. Für die Flüchtlinge, die die Nacht durchwachten oder aus ihrem erschöpften Schlaf fuhren, konnte es nur ein Zeichen der Endzeit sein, wenn die Sterne vom Himmel fielen; wie hätte der Himmel auch ruhig bleiben können bei der Vertreibung seines Volkes aus dem Gelobten Land, sicherlich stand die Wiederkunft des Menschensohnes nahe bevor.

Die Vertriebenen fanden Zuflucht in den Counties Ray, Lafayette, Van Buren und vor allem Clay, wo die Aufbauarbeiten von neuem begannen.

5. «Ein Reich in sich entzweit ...»

Mittlerweile war in Kirtland auch der Versuch, die Vereinigte Ordnung Enochs durchzusetzen, gescheitert. Das urchristliche Ideal der Besitzlosigkeit hatte dazu geführt, daß der übertragene Besitz vernachlässigt wurde; außerdem waren nicht alle Heiligen bereit, ihr Eigentum aufzugeben, und diejenigen, die die Glaubensgemeinschaft wieder verließen, verklagten die Kirche vor Gericht, um ihr Vermögen zurückzubekommen. Die Vereinigte Ordnung Enochs wurde auf einen späteren Zeitpunkt verschoben, wenn die Gläubigen für diese neue Besitz- und Gesellschaftsordnung bereit sein würden. Nur in Missouri versuchte man ein paar Jahre länger, auf die eine oder andere Weise eine Wirtschaftsordnung, die auf Gemeineigentum basierte, aufrechtzuerhalten.

Nach und nach erreichten auch die Nachrichten über das Schicksal der Glaubensgenossen in Missouri die Gemeinde in Kirtland. In der Überzeugung, den Unrecht erleidenden Brüdern und Schwestern in Zion zu Hilfe kommen zu müssen, sammelte Joseph Smith an die zweihundert Bewaffnete um sich und zog nach Missouri. Doch das «Lager Zions», wie sich die kleine Streitmacht nannte, wurde zum Desaster. Die erhoffte Unterstützung durch die Regierung von Missouri blieb aus. Statt dessen kam es zu einem Scharmützel mit einer Bürgerwehr aus Jackson County am Fishing River. Was dem Lager Zions jedoch am meisten zu schaffen machte, war eine grassierende Choleraepidemie, die mehrere der Expeditionsteilnehmer dahinraffte. Mit der Erkenntnis, daß die Erlösung Zions noch nicht gekommen sei, zog sich Joseph Smith mit seinen Anhängern nach Ohio zurück.

Der lange Marsch sollte nicht umsonst gewesen sein. Die Strapazen und Gefahren hatten dem Propheten gezeigt, auf wen er sein Vertrauen setzen konnte, wer sich für Führungspositionen in der Kirche eignete. Im Februar 1835 wurden anläßlich einer Kirchenkonferenz hauptsächlich aus den Teilnehmern des Lagers Zions zwölf Apostel berufen. Unter ihnen befanden sich Parley P. Pratt, Brigham Young und Heber C. Kimball. Damit wurde die hierarchische Ordnung der

Kirche fast vervollständigt. An oberster Stelle stand nun eine Erste Präsidentschaft, die sich aus dem Propheten und zwei Beratern, nämlich Sidney Rigdon und Frederick G. Williams, bildete. Die Zwölf Apostel oder der Rat der Zwölf stellten die zweithöchste Instanz dar. Außerhalb dieser linearen Organisation stand der Patriarch der Kirche. Seine Aufgabe bestand hauptsächlich darin, den patriarchalischen Segen zu erteilen und die Abstammung von den Stämmen Israels festzulegen. Zu diesem Amt war der Vater des Propheten, Joseph Smith senior, berufen worden.

In Ohio blieb trotz Reibereien zwischen Mormonen und Andersgläubigen vorerst noch alles friedlich. Aber die zunehmende politische Macht der wachsenden mormonischen Bevölkerung versetzte auch dort die *Gentiles* in Unruhe. Führende Persönlichkeiten der Heiligen der letzten Tage hatten gewählte kommunale Ämter inne. Die Tatsache, daß die Mormonen meist geschlossen für oder gegen eine Partei stimmten, verstärkte deren politisches Gewicht.

Ende 1834 wurde in Kirtland die Schule der Propheten, die bereits 1833 für ein paar Monate den Unterricht aufgenommen hatte, wiedereröffnet. Missionare wurden in religiösen Themen unterrichtet; für die weltlich Interessierten standen Kurse in Arithmetik, Grammatik, Geographie und sogar Hebräisch zur Verfügung. Kaum einer der Heiligen hatte in seiner Kindheit die Möglichkeit gehabt, sich in einer Schule mehr als die grundlegendste Bildung anzueignen, und es schien, als wollten sie dies nun nachholen. Im Januar 1835 zog die Schule der Propheten in den fertiggestellten Tempel ein, der ja auch ein «Haus des Lernens» sein sollte.

In einem Brief an einen Glaubensbruder schrieb James H. Eells, ein Protestant, der sich in Kirtland aufhielt:

> «Die Mormonen scheinen sehr begierig zu sein, Bildung zu erwerben. Männer, Frauen und Kinder haben in der letzten Zeit die Schule besucht, und sie haben nun Mr. [Joshua] Seixas, einen Hebräischlehrer, angestellt, um sie in Hebräisch zu unterrichten; und ungefähr siebzig Männer in der Mitte ihres Lebens, im Alter von zwanzig bis vierzig Jahren, sind äußerst eifrig mit ihrem Studium beschäftigt. Sie gehen ihren Studien bis um zwölf Uhr nachts nach, und beschäftigen sich mit nichts sonst...»[32]

Der Tempel in Kirtland war mit großen Anstrengungen und materiellen Opfern der Gläubigen erbaut worden. Joseph Smith hatte einen Kredit in Höhe von sechzigtausend Dollar aufgenommen, um für die Kosten aufkommen zu können. Die Einweihungsfeierlichkeiten vom 27. März 1836 überdeckten noch einmal die Risse in der Gemeinde der Heiligen, die sich immer deutlicher abzeichneten.

Die Einwohner von Clay County hatten die aus Jackson County vertriebenen Mormonen hilfsbereit aufgenommen. Von Anfang an hatten sie jedoch als selbstverständlich vorausgesetzt, daß ihr Territorium nur als vorübergehender Zufluchtsort für die Flüchtlinge dienen sollte. Je länger die Flüchtlinge ihren erneuten Aufbruch hinausschoben, desto mehr verflog die freundliche Gesinnung der Alteingesessenen. Es war vorherzusehen, daß es bald zu den gleichen Spannungen zwischen Einheimischen und Neuankömmlingen kommen würde wie vorher in Jackson County – der Brief des Gouverneurs Dunklin an die Mormonenführer in Missouri wies darauf hin:

> «Es gab eine Zeit, da waren die Leute (außer diejenigen in Jackson County) geteilter Meinung, und der größte Teil davon Ihnen gegenüber wohlwollend; dies scheint nun nicht der Fall zu sein. [...] Ihre Nachbarn beschuldigen Ihre Leute, auf unerlaubte Weise mit den Indianern in Verbindung zu stehen und gegen die Sklaverei zu sein. Sie bestreiten das. Ob die Anschuldigung oder die Leugnung wahr ist, kann ich nicht sagen. Der Tatbestand besteht, und Ihre Nachbarn scheinen zu glauben, daß es wahr ist; und ob wahr oder falsch, die Konsequenzen werden die gleichen sein (falls Ihre Gegner nicht bloß prahlen), außer Sie können sie durch Ihr Verhalten und Ihre Argumente von Ihrer Unschuld überzeugen. Wenn Sie das nicht können, ist alles, was ich sagen kann, daß *vox populi* in dieser Republik *vox dei* ist.»[33]

Alle Seiten stimmten darin überein, daß sich die Situation immer mehr zuspitzte und die anfängliche Gastfreundschaft und Sympathie der Einheimischen zu Ende zu gehen schienen. Den Mormonen wurde unverhohlen zu verstehen gegeben, daß sie möglichst schnell weiterziehen sollten, in den dünn besiedelten Norden des Staates, wo die Regierung zur Entschärfung der Situation zwei neue Counties gegründet hatte, nämlich Caldwell, die hauptsächlich von Mormonen besiedelt werden sollte, und Daviess, in der die *Gentiles* die Mehrheit bilden würden. Die Reservierung der beiden Counties für die beiden Bevölkerungsgruppen war zwar nicht offizielle Politik oder gar gesetzlich geregelt, galt aber als eine stillschweigende Abmachung.

Bald verließen die Heiligen der letzten Tage Clay County und errichteten von neuem ihre Hütten in dem für sie vorgesehenen Gebiet. Das neue Zentrum des Mormonentums in Missouri wurde die Stadt Far West. Ein paar Jahre nach der Vertreibung war die Einwohnerzahl der County auf viertausendneunhundert Mormonen und ein paar hundert *Gentiles* angewachsen.

In der überwiegend nichtmormonischen Daviess County lag eine weitere Siedlung der Heiligen, die Adam-ondi-Ahman genannt wurde und von besonderer religiöser Bedeutung war. Es sollte der Ort sein, an dem Adam drei Jahre vor seinem Tod seine Nachkommen zusammengerufen hatte, um ihnen seinen letzten Segen zu geben, und an den er auch in den letzten Tagen wiederkommen wird, um sein Volk aufzusuchen. Hier standen Überreste eines Altars, auf dem Adam geopfert hatte, und hier soll Joseph Smith mit dem Satan gerungen haben.

Die Probleme, die sich für die Mormonen in Ohio aufzutürmen begannen, waren gänzlich anderer Natur als diejenigen in Missouri; Sklaverei war in Ohio ungesetzlich, und Indianer, die von Mormonen hätten aufgehetzt werden können, gab es nicht mehr. Zudem waren Kirtland und Umgebung nur als vorübergehender Ort der Sammlung vorgesehen. Es gab zwar Unstimmigkeiten wegen der Weise, wie die Mormonenkirche ihr politisches Gewicht spielen ließ, und wegen der Proselytenmacherei mancher Missionare, aber der Zusammenbruch der Gemeinde in Ohio hatte seine Ursachen vielmehr in der wirtschaftlichen und finanziellen Entwicklung und den darauffolgenden Spaltungen und internen Kämpfen.

Wie die Gemeinde in Kirtland immer mehr in wirtschaftliche Probleme schlitterte, schilderte John Corrill, ein ehemaliger Mormone, der sich in Ohio der Kirche angeschlossen hatte. Er war als einer der ersten nach Jackson County gezogen, jedoch zum Bau des Tempels nach Kirtland zurückgerufen worden:

«Nachdem das Haus des Herrn soweit fertiggestellt worden war, um es für eine feierliche Versammlung bereit zu haben, fand sich die Kirche um ungefähr fünfzehn- bis zwanzigtausend Dollar verschuldet, soweit ich mich erinnern kann. Da das Haus durch den Glauben erbaut worden war, wie sie es nannten, mußten sie auch in ihrem Glauben fortfahren, um Wege zu finden, die Schulden zu bezahlen. Obwohl sie hochverschuldet waren, hatten sie es geschafft, ihre Kreditwürdigkeit aufrechtzuerhalten, weshalb sie beschlossen, es im Handel zu versuchen. Demgemäß verschuldeten sie sich in New York und anderswo, etwa dreißigtausend Dollar, für Waren, und kurze Zeit später weitere fünfzig- oder sechzigtausend, wie mir mitgeteilt wurde. [...] Sie haben auch Tausende von Dollar für den Bau einer mit Dampf betriebenen Mühle ausgegeben, die ihnen nie irgendeinen Gewinn eingebracht hat. Sie kauften auch viele Farmen zu überhöhten Preisen und machten Teilzahlungen und verloren sie später wieder, weil sie die restlichen Zahlungen nicht leisten konnten.»[34]

Bald erkannte auch die Führung der Mormonenkirche, daß etwas gegen das Anwachsen des Schuldenberges getan werden mußte. So entschloß man sich, eine Bank zu gründen. Zu dieser Zeit war es nicht unüblich, daß Banken ihr eigenes Geld druckten; ob dieses Geld von der Öffentlichkeit auch zum Nennwert akzeptiert wurde, hing von dem Vertrauen ab, das die Menschen in die Bank setzten. Solange die Wirtschaft blühte und die Immobilienpreise stiegen, so daß auch ein Gegenwert für die Papierscheine vorhanden war, schien dieses System zu funktionieren.

Zur Gründung einer neuen Bank waren liquide Mittel nötig, die sich die Kirche bei anderen Banken besorgte. Um der Flut von Papiergeld entgegenzutreten, hatte jedoch die Regierung in der Zwischenzeit ihre Geldpolitik geändert. Es wurden keine neuen Banklizenzen *(charters)* mehr erteilt. Die Mormonen glaubten sich wegen ihrer Religion diskriminiert. Joseph umging dieses Problem geschickt, indem er statt einer Bank eine Anti-Bank ins Leben rief und Anti-Banknoten drukken ließ. Mit dem neuen Geld konnten die Schulden schnell beglichen werden, und die Wirtschaft in Kirtland blühte für kurze Zeit auf. Es dauerte jedoch nicht lange, bis Schuldner und Kaufleute die Scheine zurückwiesen. Jeder, der Anti-Banknoten besaß, versuchte diese so schnell wie möglich loszuwerden. Ihr Wert fiel rapide. Bald sah sich die Anti-Bank außerstande, die zurückfließenden Scheine in harte Dollars umzutauschen. Der Betrieb wurde eingestellt.

Die Bank der Mormonen war nicht die einzige, die vor dem Ruin stand; allein im Mai 1837 mußten achthundert Banken ihre Türen schließen. Aber das half Joseph und den anderen Betreibern der Anti-Bank wenig. Eine Armee von Gläubigern drohte ihnen mit Prozessen. Zwietracht und Streit begannen die Gemeinde in Kirtland zu entzweien. Menschen, die sich um ihre Ersparnisse geprellt fühlten, beschuldigten Joseph des Betrugs, und Gruppen von Dissidenten wollten ihn als gefallenen Propheten aus der Kirchenleitung entfernen. Brigham Young, der sich für Joseph öffentlich einsetzte, mußte um das Leben seiner Familie fürchten und floh nach Missouri. Auch Joseph und Sidney Rigdon machten sich in der Nacht des 12. Januar 1838 auf den Weg nach Missouri, um einer etwaigen Selbstjustiz durch eine aufgebrachte Menge zu entgehen. Diejenigen, die ihrem Propheten treu geblieben waren, folgten ihm später nach. Am 6. Juli verließ ein Zug von fünfhundertfünfzehn Menschen Kirtland. Nur die Hälfte davon kam am Ziel an, die anderen waren den Strapazen und Entbehrungen nicht gewachsen und hatten sich an anderen Orten niedergelassen oder waren wieder umgekehrt.

Die Zerstörung der Druckerpresse in Independence hatte Joseph Smith die Gelegenheit gegeben, die im Buch der Gebote enthaltenen Offenbarungen noch einmal zu überarbeiten und neue hinzuzufügen. 1835 erschien in Ohio diese erweiterte Auswahl unter dem Titel «Lehre und Bündnisse». Der Umfang des Werkes vergrößerte sich im Laufe weiterer Ausgaben und enthält heute Offenbarungen, Lehrschreiben und Erläuterungen, die in hundertachtunddreißig Sektionen oder Abschnitte und zwei «offizielle Deklarationen» gegliedert sind. hundertfünfunddreißig dieser Sektionen wurden von Joseph Smith verfaßt. Die Nummer 135 stammt von John Taylor und berichtet über den Märtyrertod von Joseph und Hyram Smith. Die 136. Sektion wurde Brigham Young während des Zuges nach Westen offenbart. Nummer 138 enthält eine Vision von Joseph F. Smith, der die Kirche von 1901 bis 1918 führte. Das Buch ist nach der Bibel und dem Buch Mormon die Nummer drei der Standardwerke.

Lehre und Bündnisse ist zweifellos das bedeutendste der Standardwerke, da in ihm das besondere Weltbild und die dem Mormonentum eigenen Glaubenssätze dargelegt werden. Wegen der Diversität in Umfang und Inhalt der einzelnen Sektionen kann eine Beschreibung des Buches als Ganzes nicht vorgenommen werden. Manche der Offenbarungen richten sich an einzelne Personen, zum Beispiel an die Brüder und den Vater des Propheten, dessen Frau, Oliver Cowdery, Martin Harris und Angehörige der Familie Whitmer. Diese persönlichen Botschaften sind meist in den ersten Jahren nach der Restauration entstanden, sprechen persönliche Angelegenheiten und Umstände an und sind von geringer Länge. Andere Abschnitte, vor allem spätere, erklären die gottgewollte Organisation der Kirche, beschreiben die Pflichten des Priestertums, enthalten Auskünfte über den Zustand des Menschen vor und nach dem irdischen Leben und werfen Licht auf das Wesen Gottes.

In der Ohio-Periode hatte sich die Spitze der kirchlichen Organisation mit der Einführung der Ersten Präsidentschaft, des Rates der Zwölf und des Melchisedekischen Priestertums fast vervollständigt. Zum erstenmal waren jedoch auch Stimmen laut geworden, die die uneingeschränkte Autorität des Propheten in Frage stellten. Joseph Smith war sogar bezichtigt worden, ein gefallener Prophet zu sein und die Lehren des ursprünglichen Mormonentums verraten zu haben. Mit der Flucht nach Missouri konnte er sich zeitweilig seinen Kritikern und den wirtschaftlichen Schwierigkeiten, in die er und die Kirche geschlittert waren, entziehen.

Es gab während dieser Zeit auch Entwicklungen, die das Mormonentum im Bereich der Lehre die ersten Schritte vom traditionellen Christentum wegführten. Eine der neuen Lehren besagte, daß die zwei Elemente, Geist und Materie, seit Ewigkeit bestehen. Gott schuf die Welt nicht *ex nihilo,* aus dem Nichts, sondern formte oder «organisierte» sie aus der vorhandenen Materie. Ähnlich verhält es sich mit den Menschen, die im Anfang als Geistkinder bei Gott waren, der sie aus dem formlosen Element des Geistes «zeugte». Gott-Vater ist somit der buchstäbliche Vater der Menschen, und Jesus deren Bruder. Zwischen den Menschen und Gott, oder in diesem Fall besser den Göttern, wurde eine verwandtschaftliche Beziehung hergestellt. Durch die Lehre von der Ewigkeit der Elemente erfuhr Gott zudem eine erste Einschränkung: Es gibt etwas, nämlich Geist und Materie, das von

Gott unabhängig existiert, dessen Dasein nicht auf Gott zurückzuführen ist; Gott ist nicht mehr der Ursprung allen Seins.

Abgelehnt wird auch die traditionelle christliche Lehre von der Dreieinigkeit. Gott-Vater, Gott-Sohn und der Heilige Geist sind sich zwar «einig» in ihrem Handeln und in ihren Zielen, sie sind jedoch drei separate Personen.

Für das Leben nach dem Tod waren im Buch Mormon noch zwei Zustände angenommen worden, nämlich das Paradies für die Rechtschaffenen und die Finsternis beim Teufel für die Schlechten. (Alma 40:12–14) Nun war aber Joseph Smith und Sidney Rigdon, während sie die Schriften durchforschten, eine Vision zuteil geworden, in der sie drei Stufen der Seligkeit wahrnahmen. In der obersten Stufe, dem celestialen Reich, befindet sich das Paradies. Es entspricht dem von Paulus erwähnten dritten Himmel. Zugang zu diesem celestialen Reich haben die Gerechten, die das Evangelium annahmen und die Gebote hielten. Ebenso sind dort die Kinder anzutreffen, die starben, bevor sie das Alter der Verantwortlichkeit erreicht hatten. Eine dritte Gruppe, die zu den Erben des Paradieses gehört, sind die Menschen, die nie etwas vom Evangelium gehört haben, es aber angenommen hätten, wenn sie dazu Gelegenheit gehabt hätten. Zugang zu diesem Reich findet man durch ein Tor aus kreisenden Feuerflammen. Die Straßen sehen aus, als wären sie mit Gold gepflastert. Überhaupt gleicht das celestiale Reich der diesseitigen Welt, ist jedoch unvorstellbar schöner und ohne die Makel, die das irdische Dasein behaften. Dort befindet sich auch der Thron Gottes, und die dortigen Menschen können sich der ständigen Gegenwart des Vaters und des Sohnes erfreuen. Die irdische Kirche findet auch in dieser Stufe der Seligkeit ihre Fortsetzung, nämlich in der «Kirche des Erstgeborenen», der sich alle Bewohner anschließen.

In die zweite Stufe, das terrestriale Reich, gelangen Menschen, denen das Evangelium zwar in ihrer Lebenszeit gepredigt worden war, die es aber ablehnten und es erst nach ihrem Tode, in der Welt der Geister, annahmen. Es waren gute Menschen auf der Erde, die jedoch durch die Menschenlist verblendet wurden. Manche unter ihnen hatten sich der Kirche angeschlossen, hatten aber nicht den notwendigen Mut und waren wegen der Verfolgungen wieder abgefallen. Im terrestrialen Reich können sie sich der Gegenwart des Sohnes, aber nicht der des Vaters erfreuen. Sie leben in irdischen Körpern und nicht in himmlischen wie die Bewohner des celestialen Reiches. Die terrestriale Herrlichkeit ist von der celestialen verschieden wie das Licht des Mondes von dem der Sonne.

Das telestiale Reich ist für diejenigen unter den Menschen reserviert, die das Evangelium weder im irdischen Leben noch in der Welt der Geister annahmen. Ihre Zahl ist so groß wie die Sterne am Firmament oder wie der Sand am Meer. «Es sind die Lügner und Zauberer, Ehebrecher und Hurer, und die da lügen und Lügen lieben.» (Lehre und Bündnisse 76:103) Während des Millenniums, der Tausendjahrherrschaft Christi auf Erden, werden sie die Feuer der Hölle aushalten müssen. Bei der letzten Auferstehung werden sie aus der Macht des Teufels befreit. Ins telestiale Reich kommt zwar der Heilige Geist, jedoch weder der Sohn noch der Vater begeben sich dorthin. Die Herrlichkeit des telestialen Reichs unterscheidet sich von derjenigen des terrestrialen wie das Licht der Sterne vom Licht des Mondes. Trotzdem übertrifft die telestiale Herrlichkeit alle Begriffe.

Von diesen drei Reichen der Herrlichkeit abgesehen, gibt es noch die äußere Finsternis, wohin diejenigen verstoßen werden, die den Heiligen Geist schon besessen und seine Macht kennengelernt hatten, ihn aber trotzdem verleugneten. «Dies sind die Söhne der Verderbnis, von denen ich sage, es wäre besser für sie, sie wären nie geboren worden.» (Lehre und Bündnisse 76:32) Sie nehmen zwar an der zweiten Auferstehung teil, müssen aber nach dem Jüngsten Gericht den zweiten Tod erleiden.

Anhand der oben aufgeführten drei Stufen der Seligkeit nach dem Tod kann man sehen, daß sich Joseph Smith bemühte, allen Menschen in dieser Hinsicht Gerechtigkeit widerfahren zu lassen. Ja, selbst die Tiere kommen in den Himmel. Wirklich verdammt werden nur ganz wenige Menschen. Dadurch wird dem Wort Jesu entsprochen, nach dem alle Sünden vergeben würden, nur diejenigen gegen den Heiligen Geist nicht. Der Gott der Mormonen ist nicht der grausame Gott der ewigen Rache, der die Ungläubigen ohne Ende im Feuer der Hölle quält. Joseph Smith unterscheidet sich dadurch von den Theologen jener christlichen Kirchen, die alle, die überhaupt nicht oder nicht «richtig» getauft worden sind, verdammen oder zumindest im zukünftigen Leben benachteiligen. – Seit dem Zweiten Vatikanischen Konzil wird auch in der römisch-katholischen Kirche angenommen, daß diejenigen, die nicht der «allein seligmachenden» Kirche angehörten, aber trotzdem gute Menschen waren, «irgendwie» an der Seligkeit teilhaftig werden. Es handelt sich also im Prinzip auch um ein «Stufenmodell».

6. Der «Mormonenkrieg»

Es waren nicht nur die engsten Anhänger Smiths, die mit ihrem Propheten nach Missouri zogen, sondern nach und nach folgten auch solche unter den Heiligen, die sich vorher kritisch über den Charakter ihres Präsidenten geäußert hatten. Die Zwietracht blieb. Einer Säuberung der Führungsschicht der Kirche von Dissidenten ging die Exkommunikation Oliver Cowderys und David Whitmers – zwei der drei Zeugen des Buches Mormon – voraus. Martin Harris, dem dritten Zeugen, war bereits ein Jahr vorher die Mitgliedschaft entzogen worden. Von den zwölf Aposteln wurden fünf aus der Kirche ausgeschlossen. Sidney Rigdon rief in seiner «Salzrede», aus dem Matthäusevangelium zitierend: «Ihr seid das Salz der Erde. Aber wenn das Salz schal geworden ist, womit soll man es salzen? Es ist für nichts mehr gut, sondern wird hinausgeworfen und von den Leuten zertreten.»

Zu den sowieso nicht freundlich eingestellten Missouriern kam nun auch noch eine wachsende Zahl verbitterter und unzufriedener Exmormonen hinzu, die nicht davon abließen, die Führer der Kirche zu kritisieren und Smith als gefallenen Propheten zu bezeichnen. Die Führungsriege wurde beschuldigt, sich selbst bereichern zu wollen, von den ursprünglichen Idealen abgewichen zu sein, auf die Gemeinde einen Zwang auszuüben und auch über Bereiche des Lebens, die nichts mit Religion zu tun hatten, Autorität zu beanspruchen. Viele der Mormonengegner fühlten sich durch die Aussagen der exkommunizierten Mitglieder bestätigt, fügten ihrerseits Beschuldigungen hinzu und begannen somit, die antimormonische Stimmung aufs neue aufzuheizen.

Zu allem Überfluß organisierte sich um Sampson Avard eine Geheimorganisation, die es sich zum Ziel gesetzt hatte, Kritiker innerhalb und außerhalb der Kirche einzuschüchtern und Rache an den Feinden der Mormonen zu nehmen. Die «Daniten», wie sie sich nannten, hatten sich mit Schwüren aneinandergebunden und übten strengste Verschwiegenheit, so daß vermutlich selbst Joseph Smith nicht viel mehr wußte, als daß es sie gab. Obwohl die Mormonengegner den Propheten beschuldigten, hinter dieser plündernden und gewalttätigen Bande zu stehen, gilt als ziemlich sicher erwiesen, daß er sie zwar anfangs stillschweigend duldete, selbst aber von Avard systematisch falsch informiert wurde. Es wird jedoch angenommen, daß Sidney Rigdon in näherer Verbindung mit den Daniten stand. Avard wurde exkommuniziert, sobald Smith das Ausmaß der Unternehmungen der Daniten bekannt wurde. Trotzdem genossen die Angehörigen dieser Geheimorganisation auch später noch unter den Mormonen das Ansehen von Volkshelden.

Am 4. Juli 1838, dem amerikanischen Nationalfeiertag, versammelten sich die Heiligen in Far West, hißten die Flagge der Vereinigten Staaten und legten den Grundstein für einen neuen Tempel. Viele unter den Versammelten hatten mindestens einmal ihr Zuhause verlassen müssen oder waren aus dem Osten hergezogen und hatten damit begonnen, sich eine neue Existenzgrundlage aufzubauen. Ihre neue Heimat wollten sie nicht mehr aufgeben, das stand für die meisten fest. Sollte es noch einmal zu einer Auseinandersetzung mit den *Gentiles* kommen, würden sie bereit sein zu kämpfen und notfalls zu sterben. Sidney Rigdon sprach vielen aus dem Herzen, als er in seiner Feiertagsrede rief:

> «Wir nehmen Gott und die heiligen Engel an diesem Tag als Zeugen, daß wir alle Menschen im Namen Jesu Christi warnen, von dieser Stunde an nie mehr über uns herzufallen, wir werden es nicht mehr erdulden, unsere Rechte sollen nicht mehr ungestraft mit Füßen getreten werden. Die Menschen oder die Gruppen von Menschen, die dies versuchen, tun es auf Kosten ihres Lebens. Und der Mob, der uns überfällt, um unseren Frieden zu stören – es soll zwischen uns und ihnen ein Vernichtungskrieg sein; denn wir werden sie verfolgen, bis der letzte Tropfen ihres Blutes vergossen ist, oder sie werden uns vernichten müssen: Denn wir werden den Kriegsschauplatz in ihre eigenen Häuser und ihre eigenen Familien tragen, und eine Seite oder die andere wird gänzlich vernichtet werden.»[35]

Die Menge jubelte ihm zu und rief: «Amen, Amen, Amen!»

Unter den Zuhörern befanden sich an diesem Tag nicht nur Mormonen. Die Nachricht über die Kampfbereitschaft der Zuwanderer verbreitete sich in den Siedlungen, Gehöften und Städten der Einheimischen wie ein Präriefeuer. Bald sollte sich eine Gelegenheit für die Mormonen ergeben, ihre Entschlossenheit unter Beweis zu stellen. Am 6. August war Wahltag. Ein Kandidat für die gesetzgebende Versammlung des Staates hatte sich vorgenommen, die Mormonen unter allen Umständen daran zu hindern, in Gallatin, dem Countysitz von Daviess, ihre Stimmen abzugeben. Die Zahl der wahlberechtigten Heiligen in dieser County war ohnedies gering. Als acht von ihnen in dem kleinen, aus zehn Häusern bestehenden Ort ankamen, um ihr Wahlrecht auszuüben, traten ihnen vierzig bis fünfzig Missourier entgegen, um sie daran zu hindern. Die folgende Schlägerei dauerte nur wenige Minuten, und als sie vorbei war, mußten die Mormonen zu ihrer eigenen Verwunderung feststellen, daß sie den Sieg davongetragen hatten. Es gab zwar blutende Köpfe, aber keine Schwerverletzten. Die Mormonen gaben ihre Stimmen ab und ritten wieder nach Hause. Die Verlierer, die meisten unter ihnen angetrunken, hatten sich aus dem Staub gemacht.

Gerüchte über Greueltaten, die die Mormonen in Gallatin an den *Gentiles* verübt haben sollten, machten die Runde und stießen unter der alteingesessenen Bevölkerung auf bereitwillige Zuhörer.

Joseph Smith erhielt ebenfalls die Botschaft, daß mehrere der Brüder getötet worden seien. Er stellte eine Gruppe Bewaffneter zusammen und machte sich auf den Weg nach Adam-ondi-Ahman. Dort traf er auf Lyman Wight und andere an der Schlägerei Beteiligte und konnte zu seiner Erleichterung feststellen, daß niemand getötet worden war. Danach stattete die Gruppe dem neugewählten Richter von Daviess County, Adam Black, einen Besuch ab und ließ ihn eine eidesstattliche Erklärung unterzeichnen, daß er mit keinem Mob in Verbindung gestanden hatte. Ende August gab Black jedoch eine andere eidesstattliche Erklärung ab, in der er behauptete, von den Mormonen bedroht und gezwungen worden zu sein, seinen Namen unter das frühere Dokument zu setzen. Der Kandidat, der am Wahltag versucht hatte, die Mormonen von einer Stimmabgabe abzuhalten, stellte ebenfalls ein Affidavit aus, in dem er die Aussage des Richters stützte und angab, die Mormonen hätten Blacks Haus belagert.

Daraufhin wurden Joseph Smith und Lyman Wight des Aufstandes angeklagt. Nachdem sich Joseph mit seinem Anwalt beraten hatte, was er tun sollte, um weitere Gewalt zu verhindern, ließ er sich freiwillig festnehmen. Nach einer ersten Anhörung vor einem Richter wurde er auf eine Kaution von fünfhundert Dollar hin wieder auf freien Fuß gesetzt.

Mittlerweile hatten Gerüchte von den Unruhen, die angeblich von den Mormonen ausgelöst worden waren, den neuen Gouverneur von Missouri, Wilburn W. Boggs, in Jefferson City erreicht. Boggs war bereits in Jackson County als Mormonengegner aufgetreten. Er sandte sofort die Staatsmiliz in den Norden, um einen etwaigen Aufruhr niederzuschlagen. Die hauptsächlich aus Mormonen bestehende Miliz aus Caldwell County bereitete sich ihrerseits darauf vor, Siedlungen vor Angriffen zu schützen.

Ein erster Angriff auf Adam-ondi-Ahman wurde von der Staatsmiliz vereitelt. Die mormonische Siedlung DeWitt in Caroll County sah sich dagegen nicht nur von einem ständig wachsenden Mob, sondern sogar von der Countymiliz, die sie hätte schützen sollen, bedroht. Joseph Smith schlich sich unter Lebensgefahr in die belagerte Siedlung, konnte aber nichts für die Eingeschlossenen tun. Von der Außenwelt abgeschnitten, ohne Nahrung, blieb den Einwohnern nur die Kapitulation und die Vertreibung.

In Daviess County verstärkten sich die Angriffe auf einzelne alleinstehende Häuser der Mormonen, und selbst in Caldwell begann eine Abteilung der Miliz unter der Führung des Methodistengeistlichen Bogart, mormonische Siedlungen anzugreifen. Als die Nachricht, daß Bogart zwei Mormonen als Gefangene hielt, Far West erreichte, machte sich eine Abteilung der Caldwell-Miliz unter dem Apostel Patten auf den Weg, um die Festgehaltenen zu befreien. Am Crooked River kam es zum Kampf zwischen den beiden Abteilungen der gleichen Countymiliz. Patten und ein anderer Mormone verloren ihr Leben, aber die Gefangenen wurden befreit. Die andere Seite verlor nur einen Mann.

Die Mormonengegner hätten sich in Gouverneur Boggs keinen besseren Verbündeten wünschen können. Nachdem ihn die Nachricht von der «Schlacht am Crooked River» erreicht hatte und er die offensichtliche Falschmeldung erhalten hatte, daß vierzehntausend Mormonen und verbündete Indianer bereitstünden, Richmond in Ray County anzugreifen, schrieb er wutentbrannt am 27. Oktober einen Brief an General Clark:

«Ich habe [...] Informationen der entsetzlichsten Art bekommen, die die Lage der Dinge völlig ändern und die Mormonen in eine Haltung von offener und erklärter Mißachtung der Gesetze stellen und [die zeigen], daß sie offenen Krieg gegen die Menschen dieses Staates geführt haben. Ich befehle Ihnen deshalb, Ihre Unternehmungen zu beschleunigen und alles daran zu setzen, Richmond, in Ray County, so schnell wie möglich zu erreichen. Die Mormonen müssen als Feinde behandelt und, wenn zum öffentlichen Wohle nötig, vernichtet oder aus dem Staat vertrieben werden.»[36]

Der Befehl des Gouverneurs wurde schnell in den nordwestlichen Counties des Staates bekannt, und bald griffen Tausende von Missouriern zu den Waffen, um ihn eigenhändig auszuführen.

Joseph Young, ein Bruder Brigham Youngs, hatte am 6. Juli mit seiner Familie Kirtland verlassen, um sich den Heiligen in Caldwell County anzuschließen. Als er am 13. Oktober von Louisiana aus den Mississippi überquerte, kamen ihm bereits die ersten Berichte über Unruhen im oberen Missouri zu Ohren. Beim Überschreiten des Grand River, der Grenze zwischen Chariton und Caroll County, wurde ihm davon abgeraten weiterzuziehen. «Ich war jedoch nicht gewillt, solange ich auf Heimaterde stand und republikanische Luft atmete, von meinem Ziel abzulassen, mich und meine Familie in einem schönen und gesunden Land anzusiedeln...»[37]

Nach der Überquerung eines weiteren Flusses, des Shoal Creek, stieß die kleine Reisegruppe auf etwa vierzig berittene bewaffnete Männer. Der Anführer des Mobs drohte ihnen mit dem sofortigen Tod, falls sie weiter westwärts ziehen sollten. «Ich fragte sie nach dem Grund für das Verbot, worauf sie antworteten, daß wir Mormonen wären, und daß jeder, der diesem religiösen Glauben angehöre, den Staat innerhalb von zehn Tagen verlassen oder seinem Glauben abschwören müsse.» Young zog sich mit seiner Gruppe wieder über den Shoal Creek zurück, blieb dort drei Tage und überquerte ihn von neuem. Diesmal gelang es ihnen, dem Mob zu entgehen. Am Sonntag, dem 28. Oktober, einen Tag nachdem Boggs seinen Vernichtungsbefehl abgesandt hatte, erreichten sie Haun's Mill, eine bereits in Caldwell County gelegene kleine Niederlassung von etwa dreißig Familien.

Die Siedlung befand sich im Verteidigungszustand, und die Einwohnerversammlung war gerade dabei zu beratschlagen, welche Strategie gegenüber dem Mob, der unter Colonel Jennings mit einem Angriff drohte, verfolgt werden sollte. Achtundzwanzig Männer waren bewaffnet worden und hielten sich in ständiger Bereitschaft. Am Abend desselben Tages konnte schließlich ein Abkommen mit dem Colonel ausgehandelt werden, wonach sich beide Seiten zur Zurückhaltung verpflichteten. Die Nacht von Sonntag auf Montag konnten die belagerten Einwohner von Haun's Mill noch in der Hoffnung auf eine friedliche Lösung verbringen. Am nächsten Morgen mußten sie jedoch erkennen, daß sich eine weitere Gruppe bewaffneter Reiter versammelt hatte und sich auf die Siedlung zubewegte. Über zweihundert Männer standen nun bereit, die hoffnungslos unterlegenen Mormonen anzugreifen. Der Montag verlief in angespannter Ruhe.

> «Am Dienstag, dem 30., wurde jene blutige Tragödie aufgeführt, deren Szenen ich nie vergessen werde . . .
>
> Es war ungefähr vier Uhr nachmittags; ich saß mit dem Baby im Arm in meiner Hütte, und meine Frau stand neben mir, als ich einen Blick durch die offene Tür auf die andere Seite des Shoal Creek warf und einen großen Trupp von bewaffneten Männern auf Pferden sich mit größtmöglicher Geschwindigkeit auf die Mühlen zubewegen sah.»

Der Vorposten der Mormonen rief den Angreifern zu, daß sie Frieden wollten. Der Führer des Mobs feuerte als Antwort seine Waffe ab,

> «worauf eine feierliche Pause von ungefähr zehn oder zwölf Sekunden folgte, und danach feuerten alle auf einmal los, etwa hundert Gewehre, wobei sie auf die Schmiedewerkstatt zielten, wohin unsere Freunde zum Schutz geflüchtet waren. Sie griffen daraufhin die Werkstatt an. Die Spalten zwischen den Pfählen waren groß genug, um es ihnen zu gestatten, direkt auf die Körper derjenigen zu zielen, die darin Zuflucht vor dem Feuer ihrer Mörder gesucht hatten. Es gab mehrere Familien, die auf der Rückseite der Werkstatt ihre Zelte aufgeschlagen hatten und deren Leben preisgegeben waren und die unter einem Schauer von Kugeln in alle Richtungen in den Wald flohen.

Nachdem ich dagestanden und für ein paar Minuten auf die blutige Szene geschaut hatte, befand ich mich selbst in höchster Gefahr, da die Kugeln das Haus, in dem ich wohnte, erreicht hatten. Ich vertraute meine Familie dem Schutz des Himmels an und nahm, nachdem ich das Haus auf der gegenüberliegenden Seite verlassen hatte, den Pfad, der den Hügel hinaufführte, wobei ich drei meiner Brüder folgte, die aus der Werkstatt geflohen waren.

Während wir den Hügel hinaufstiegen, wurden wir vom Mob entdeckt, der sofort auf uns feuerte und damit fortfuhr, bis wir den Hügel erreicht hatten. Als ich den Hügel herabkam, versteckte ich mich in einem Dickicht aus Büschen, wo ich bis acht Uhr abends liegenblieb. Um diese Zeit hörte ich eine gedämpfte Stimme, die meinen Namen rief. Ich verließ sofort das Dickicht und ging zum Haus von Benjamin Lewis, wo ich meine Familie – die sich in Sicherheit gebracht hatte – und zwei meiner Freunde fand, tödlich verwundet; einer von ihnen starb noch vor dem Morgen.»[38]

Der Angriff hatte siebzehn der Menschen, die sich in Haun's Mill aufgehalten hatten, das Leben gekostet. Mehrere Männer waren schwer verwundet worden. Ein neunjähriger Junge, der sich in der Schmiedewerkstatt versteckt hatte, war von einem der Angreifer entdeckt und kaltblütig erschossen worden. Sein Mörder hatte geprahlt: «Aus Nissen werden Läuse, und wenn er gelebt hätte, wäre aus ihm ein Mormone geworden.»[39]

«Um ihr Zerstörungswerk zu vervollständigen [...], machte sich diese Bande von Mördern daran, Bettzeug und Kleider aus den Häusern, Wagen und Zelten zu rauben. Sie fuhren mit den Wagen und Pferden weg und ließen die Witwen und Waisen, der Lebensnotwendigkeiten beraubt, zurück; sie zogen sogar die Kleider von den Körpern der Toten.»[40]

Far West bereitete sich unterdessen ebenfalls auf eine Verteidigung vor. Brustwehren wurden errichtet, um einen eventuellen Angriff der Kavallerie zu stoppen. Die Schmiede der Stadt waren damit beschäftigt, einfache Säbel und Spieße herzustellen. Während die Kriegsvorbereitungen liefen und Flüchtlinge aus kleineren Siedlungen und abgelegenen Farmen eintrafen, schickte Joseph Smith zwei Boten an General Doniphan, von dem er wußte, daß er von allen Offizieren der Miliz den Mormonen am freundlichsten gegenüberstand. Der Auftrag lautete: «Findet General Doniphan und bittet wie ein Hund um Frieden!»

Einen Tag nach dem Massaker von Haun's Mill kam die Miliz in einer Stärke von zweitausend Mann unter General Lucas anmarschiert, um Far West zu nehmen. Während die Soldaten die Stadt umzingelten, machten sich Zivilisten daran, die Felder der Mormonen zu zertrampeln und das Vieh zu töten. Ein Mann, der erst wenige Stunden vor der Belagerung in Far West eingetroffen war, wurde bei dem Versuch, für seine Familie Mais zu besorgen, in den Kopf geschossen und sterbend auf dem Feld liegen gelassen.

Am nächsten Tag traf weitere Verstärkung der Miliz ein. Die Lage wurde immer aussichtsloser. «Ihr seid gute und tapfere Männer», sagte Joseph Smith zu den versammelten Leuten, «aber da sind zehntausend Mann im Anmarsch auf Far West, und selbst wenn ihr Engel wäret, könntet ihr diesem übermächtigen Heer nicht widerstehen.»[41]

General Lucas verlangte von den Mormonen die Auslieferung ihrer Führer, um sie wegen Verrats vor Gericht anzuklagen. Am 31. Oktober 1838 überlieferten sich Joseph Smith, Sidney Rigdon, Lyman Wight, Parley P. Pratt und George W. Robinson ihren Feinden. Am nächsten Tag wurden Hyrum Smith und Amasa Lyman verhaftet. Die Miliz betrat ungehindert die Stadt, plünderte die Häuser und vergewaltigte mehrere Frauen.

«Im Lager wurden wir unter starke Bewachung gestellt», berichtet Parley P. Pratt, «und wir hatten keinen Schutz während der Nacht und lagen auf dem Boden unter freiem Himmel, mitten in einem starken Regen. Die Wachen ließen während der ganzen Nacht nicht in ihren Spott-Tiraden, Niederträchtigkeiten und Beleidigungen nach.»[42]

In der gleichen Nacht wurde ohne die Gefangenen ein Militärgerichtsverfahren abgehalten. Die Führer der Mormonen wurden zum Tod verurteilt und sollten am nächsten Morgen um acht Uhr auf dem öffentlichen Platz in Far West hingerichtet werden. General Doniphan, der von Lucas beauftragt wurde, das Urteil zu vollziehen, sandte sofort die Mitteilung an seinen Vorgesetzten:

> «Es ist kaltblütiger Mord. Ich werde Ihren Befehl nicht befolgen. Meine Brigade wird morgen um acht Uhr nach Liberty marschieren; und falls Sie diese Männer hinrichten sollten, werde ich Sie, so wahr mir Gott helfe, vor einem irdischen Tribunal zur Verantwortung ziehen. A. W. Doniphan, Brigadegeneral.»[43]

Doniphans Drohung und Befehlsverweigerung rettete den Gefangenen das Leben. – Der General nimmt seither neben anderen «gerechten *Gentiles*« einen besonderen Status im Geschichtsbild der Mormonen ein. – Am nächsten Tag wurden die Festgenommenen auf Wagen geladen und nach Independence gebracht, wo sie den neugierigen Bürgern wie seltene Tiere vorgeführt wurden.

In den folgenden Tagen wurde Far West unter dem Schutz der Miliz von Banden heimgesucht, die alles stahlen, was nicht niet- und nagelfest war, Rinder und Schweine erschossen und Frauen und Mädchen vergewaltigten. Die völlig mittellos gewordenen Einwohner, die die Stadt nicht verlassen durften, mußten sich auf den Befehl von General Clark auf dem öffentlichen Platz versammeln. Weitere sechsundfünfzig Männer wurden verhaftet und in das Gefängnis nach Richmond gebracht. Danach gab Clark bekannt, daß alles Eigentum konfisziert würde, um die Schäden und Kosten, die durch die Unruhen entstanden waren, zu decken. Darüber hinaus müßten alle Mormonen den Staat verlassen.

> «Was auch immer Ihre Gefühle hinsichtlich dieser Angelegenheit sein mögen, wie auch immer Ihre Unschuld sein mag, es bedeutet mir nichts. [...] Ich habe nicht gesagt, daß Sie jetzt gehen müssen, aber Sie dürfen nicht daran denken, eine weitere Jahreszeit hierzubleiben oder die Äcker zu bebauen; in dem Augenblick, in dem Sie dies tun, werden die Bürger über Ihnen sein. [...] Was Ihre Führer betrifft, denken Sie nicht, glauben Sie nicht für einen Moment, lassen Sie es sich nicht in den Sinn kommen, daß sie freikommen oder daß Sie ihre Gesichter wiedersehen werden. Ihr Schicksal ist beschlossen, die Würfel sind gefallen, Ihr Verhängnis ist besiegelt.»[44]

Die Monate November und Dezember blieben relativ ruhig. Da die Erste Präsidentschaft, die oberste Instanz der Kirche, im Gefängnis war, fiel die Leitungsaufgabe dem Rat der Zwölf zu, soweit dessen Mitglieder nicht ebenfalls verhaftet, tot oder von der Kirche abgefallen waren. Die freigewordenen Posten wurden mit John Taylor und John E. Page gefüllt. Präsident des Rates der Zwölf wurde Brigham Young; auf ihn fiel nun die Verantwortung für den Exodus aus Missouri. Bis Januar wurde ein Komitee ernannt, das den Abzug koordinieren sollte. Noch im Winter des Jahres 1839 begann die beschwerliche Emigration nach Illinois. Im Februar mußte Brigham Young aus Far West fliehen, um der Verhaftung zu entgehen. Bis zum 20. April hatten fast alle Mormonen Missouri verlassen.

Die Flüchtlinge wurden von den Bürgern des nordöstlich gelegenen Staates Illinois mit Mitleid, Sympathie und Hilfsbereitschaft aufgenommen, ähnlich wie einst die Einwohner von Clay County die Vertriebenen aus Jackson County empfangen hatten.

Der Miliz, die die Vertreibung der Mormonen bewerkstelligt hatte, wurde vom Parlament Missouris eine Kostenerstattung von zweihunderttausend Dollar bewilligt. Zwölf- bis vierzehntausend Mormonen waren vertrieben und drei- bis vierhundert Männer, Frauen und Kinder ermordet worden. Far West verfiel, und nach wenigen Jahrzehnten war keine Spur mehr davon übrig.

Für die Gefangenen folgten Aufenthalte in verschiedenen Gefängnissen. Unter menschenunwürdigen Haftbedingungen mußten sie einem ungewissen Schicksal entgegensehen.

> «Uns wurde drei- oder viermal Gift verabreicht», berichtet Hyrum Smith. «Die Auswirkungen auf unseren Organismus waren, daß wir uns fast zu Tode übergaben; und dann lagen wir für zwei oder drei Tage in einem apathischen, benommenen Zustand da, unserem Leben gegenüber gleichgültig.»[45]

Am 25. Februar 1839 wurde Sidney Rigdon durch die Bemühungen Doniphans freigelassen. Unterdessen waren auch die Ursachen und der Verlauf des «Mormonenkrieges» vor dem Parlament Missouris zur Sprache gekommen. Selbst die Zeitungen, die vorher noch gegen die Mormonen gehetzt hatten, begannen nun, ihre Berichte in einem objektiveren Stil zu verfassen, und verlangten die Herausgabe sämtlicher Informationen, die von der Regierung unterdrückt wurden. Eine vom

Parlament eingesetzte Untersuchungskommission kam zu dem Ergebnis, daß die «Ehre Missouris» auf dem Spiel stand. Um den Abzug der Mormonen zu beschleunigen, wurde ihnen eine staatliche Hilfe von zweitausend Dollar zugebilligt. Es konnten auch keine Gründe für eine weitere Inhaftierung der Führer der Mormonenkirche gefunden werden, da die Anklagepunkte offensichtlich unhaltbar waren.

Im April 1839 wurden die Häftlinge nach Daviess County gebracht, wo sie im Schulhaus von Gallatin festgehalten wurden. Von dort aus gelang ihnen mit stillschweigender Duldung des Richters und des Sheriffs die Flucht nach Illinois. Der Staat Missouri glaubte, damit einen Schlußstrich unter ein peinliches Kapitel seiner Geschichte gezogen zu haben.

Die obige Darstellung des Mormonenkrieges mag auf den ersten Blick etwas einseitig erscheinen. Lagen die Ursachen für die Auseinandersetzungen wirklich nur in der Intoleranz der Missourier? Die Mormonen hatten sicherlich ihre Fehler. Auch von ihnen wurden Taten begangen, die ungesetzlich waren. Ihre Hauptschuld war jedoch, daß sie ihre Religion lebten und auf ihre verfassungsmäßig garantierten Rechte beharrten. Hätten sie sich nur als Religionsgemeinschaft gesehen und nicht als Volk, hätten sie sich über das Land verstreut und nicht darauf bestanden, in eigenen Siedlungen zusammenzuleben, wären wahrscheinlich die meisten Gewalttaten unterblieben. Doch das spricht die Missourier nicht von ihrer Schuld frei. – In einem Staat, in dem *vox populi* mit *vox dei* gleichgesetzt ist, wird eine andersartige Minderheit, sei es bezüglich des Glaubens, sei es bezüglich der Hautfarbe, nur geduldet, sie hat jedoch keine einklagbaren Rechte.

J. B. Turner, selbst ein Kritiker des Mormonentums, schrieb 1842 über die Verfolgung der Mormonen in Missouri:

«Wer begann den Streit? Waren es die Mormonen? Ist es nicht im Gegenteil allgemein bekannt, daß sie wie wilde Tiere von County zu County gejagt wurden, bevor sie verzweifelten Widerstand leisteten? Haben sie jemals, als eine Gemeinschaft, sich geweigert, das Gesetz zu befolgen, wenn sie dazu aufgerufen wurden, bis sie von wiederholten

Bedrohungen und Angriffen von seiten des Mobs zur Verzweiflung getrieben wurden? Hat der Staat jemals eine bescheidene Anstrengung unternommen, sie als Mitbürger in ihren Rechten zu verteidigen, oder das Unrecht wiedergutzumachen? Laßt das Verhalten des Gouverneurs, der Staatsanwälte und das Schicksal ihrer letzten Petition darauf antworten. Sind irgendwelche von denen, die plünderten und Mormonen öffentlich niedermetzelten, jemals gemäß ihren Verbrechen bestraft worden? Laßt das Prahlen der Mörder und das Betteln der hilflosen Kinder darauf antworten. Hat der Staat jemals diejenigen, die als unschuldig bekannt waren, für den Verlust ihres Eigentums und ihrer Waffen entschädigt? Hat die Kanzel oder die Presse irgendwo im Staat die Stimme des Protests oder der Warnung erhoben? Laßt die Geistlichen, die den Mob anstifteten, und die Redakteure, die ihn ermunterten, antworten. Wir wissen, daß es viele ehrenhafte Ausnahmen gab, aber leider waren es so wenige! Wir hassen den Schwindel des Mormonentums, es ist von Anfang bis zum Ende völlig verabscheuungswürdig, sowohl in seinen Grundsätzen als auch in seinen Auswirkungen. Das Mormonentum ist etwas ungeheuerlich Böses; und der einzige Ort, an dem es in dieser Welt der Verzweiflung jemals leuchten konnte oder leuchtete, war in der Konfrontation mit dem Mob von Missouri.»[46]

Wie einst den Israeliten bei ihrem Auszug aus Ägypten das Land Kanaan als Erbteil verliehen worden war, so war aus Sicht der Heiligen der letzten Tage das Land Missouri, in dem sich einst das Paradies befunden haben soll, zum «heiligen Land» erklärt worden, das sie für immer in Besitz nehmen würden. Diese Vorstellung ist ein essentieller Bestandteil der mormonischen Religion:

> «Ich verkündige und verheiße euch größere Schätze, ja das Land der Verheißung, das von Milch und Honig fließt, auf dem kein Fluch ruhen wird, wenn der Herr kommt; und wenn ihr von ganzem Herzen darnach trachtet, will ich es euch als ein Land des Erbteils geben. Dieses soll mein Bund mit euch sein: Ihr sollt es besitzen als das Land eures Erbteils und des Erbes eurer Kinder immerdar, solange die Erde steht, und ihr sollt es in der Ewigkeit wieder haben und es nie wieder verlieren.» (Lehre und Bündnisse 38:18–20)

Für die Mormonen war Zion kein mentaler Zustand oder eine Metapher, sondern ein real vorhandenes Land. Die Absonderung der Heiligen von ihren Mitbürgern in «Babylon» geschah dadurch in zweifacher Weise, einmal durch ihren Glauben, der sich immer mehr vom traditionellen Christentum entfernte, zum anderen nun auch durch die räumliche Trennung. Sie waren nunmehr nicht nur eine Glaubensgemeinschaft in einer ungläubig gebliebenen Umwelt, sondern entwickelten sich zu einem Volk. Sich zu sammeln und Zion aufzubauen war nunmehr ein Gebot, dem jeder Heilige Folge leisten sollte.

Zu einem stärkeren Zusammengehörigkeitsgefühl trug auch die Vertreibung aus Missouri bei. Die Heiligen mußten Solidarität üben, sich gegenseitig helfen und persönliche Interessen zurückstecken, um in der feindlich gesinnten Umwelt bestehen zu können. Nur gemeinsam konnten sie nach jeder Vertreibung und Plünderung wieder von vorne anfangen, einzeln wären sie zugrunde gegangen. Hinzu kam ein Mißtrauen gegen die «anderen», gegen Babylon, das sich unauslöschlich in die Psyche der Gläubigen eingeprägt hatte. Aus Babylon konnte nichts Gutes kommen. Von den staatlichen Institution waren keine Gerechtigkeit und kein Schutz zu erwarten. Babylon war das Reich Satans, der danach trachtete, die Heiligen zu vernichten. Mit dem Argwohn gegenüber der äußeren Welt kam auch die Verachtung für diejenigen, die sich an die Gerichte Babylons wandten, um ihre Rechtsstreitigkeiten auszutragen, und für die Verräter, die interne vertrauliche Dinge an die *Gentiles* ausplauderten.

Was vor allem heute weiter zum Gefühl einer eigenen ethnischen Identität beiträgt, ist das in Kirtland offenbarte «Wort der Weisheit», das vom Konsum von Alkohol, Tabak und «heißen Getränken» abrät. Diese Lebensregel soll jedoch erst weiter unten ausführlicher behandelt werden, da es seine Bedeutung auch erst später bekam.

Die Begriffe «Zion» und «Jerusalem» werden in den mormonischen Schriften manchmal synonym verwendet, meist ist jedoch mit «Zion» der Ort in Missouri gemeint, an dem sich in den letzten Tagen die Stämme Israels sammeln und wo eine heilige Stadt mit einem Tempel erbaut werden sollte. Zu den Stämmen Israels zählen die zehn «verlorenen Stämme», die sich in einem nördlichen Land aufhalten sollen, die Lamaniten, also die Indianer, und diejenigen, die sich der Kirche angeschlossen haben. Das eigentliche Jerusalem und das Land Israel würden dagegen der Rückkehr des Stammes Juda vorbehalten sein.

Wie die traditionellen christlichen Konfessionen verstehen sich auch die Mormonen als das neue Israel, als das neue Bundesvolk. Im Gegensatz zu den Christen sehen sie sich jedoch als buchstäbliche Israeliten. Nach der Zerstörung des ersten und zweiten Tempels, so glauben die Mormonen, wurden die Israeliten über die ganze Welt zerstreut, wo sie sich mit den Heiden vermischten. Fast jeder Mensch hat also mehr oder weniger israelitisches Blut in seinen Adern. Je mehr man von diesem israelitischen Blut vorweisen kann, desto größer ist auch die Fähigkeit, die Wahrheit zu erkennen. Aus diesem Grund sind es hauptsächlich Nachkommen der Stämme Israels, die sich der Kirche anschlossen. Da jedoch nur ganz wenige reine Israeliten sind und manche nur heidnisches Blut haben, wird jeder Gläubige in die Stämme Israels «adoptiert». Bei dieser «Adoption» bewirkt der Heilige Geist eine tatsächliche, für das Auge sichtbare körperliche Veränderung.

Die Mormonen vermuten, daß die Israeliten ihre Befähigung, die Wahrheit leichter als die Heiden zu erkennen, durch Ereignisse im vorgeburtlichen Dasein gewonnen haben. Es hat also nicht jeder Mensch die gleiche Chance, das Evangelium anzunehmen und das celestiale Reich zu erben. Vielmehr spielen Faktoren hinein, die ihren Ursprung vor dem irdischen Leben haben.

Wie einst die Israeliten aus ihrem Heiligen Land vertrieben wurden, so mußten auch die Mormonen ihr Zion unter Gewalt verlassen. Doch das «Heilige Land» sollte nicht für immer von seinem Volk verlassen bleiben. Die Rückkehr nach Zion, der Wiederaufbau der verwüsteten Stätten und die Errichtung des Tempels an dem dafür bestimmten Platz wurden zu einem festen Bestandteil der mormonischen Endzeiterwartung.

7. Neubeginn in Nauvoo

Die aus Missouri Vertriebenen fanden zumeist Zuflucht in Hancock County, Illinois, und in der auf der anderen Seite des Mississippi gelegenen Lee County in Iowa. Doch das Leiden hatte noch kein Ende. Unter den Flüchtlingen breiteten sich Krankheiten und Epidemien aus. Elizabeth Haven schrieb kurz nach der Vertreibung aus Quincy, Illinois:

> «Der Tod war am verheerendsten hier unter den Heiligen. Einige Familien verloren zwei und drei Mitglieder an den Tod. Bruder Godeads Familie lebt in der Straße gegenüber von uns. Heute vor drei Wochen starb seine Frau, heute vor einer Woche seine älteste Tochter im Alter von sechzehn Jahren. Heute folgte er ihnen in die Welt der Geister. Er hinterließ fünf Kinder, vier von ihnen krank in ihren Betten. Bei einem von ihnen wird nicht damit gerechnet, daß es sich erholt. Er möchte auch nicht gesund werden, sondern wünscht ebenfalls fortzugehen.»[47]

Als neues Zentrum des Mormonentums entwickelte sich schnell die kleine, nur aus wenigen Hütten bestehende Stadt Commerce, die am rechten Ufer des Mississippi in Illinois lag. Die Gegend um Commerce bestand vor allem aus Gebüsch und malariaverseuchten Sümpfen. Die völlig verarmten Heiligen machten sich mit ihren kargen Mitteln sofort an die Arbeit und begannen, Entwässerungsgräben zu ziehen, Gebüsch zu roden, Brachland umzupflügen und notdürftige Unterkünfte zu errichten. Aber auch hier forderten das Sumpffieber und andere Krankheiten unter den durch Entbehrungen Geschwächten hohe Opfer.

Joseph Smith stellte sein neu erworbenes Heim den Erkrankten zur Verfügung. Er selbst schlief in einem Zelt, das er neben dem Haus aufgeschlagen hatte. Er ging von Haus zu Haus, um die Kranken zu besuchen, mit ihnen zu beten und sie zu trösten. Die Opferbereitschaft seiner Anhänger überstieg fast das Menschliche, und der Glaube bewirkte Wunder. Einen Fall von Heilung überlieferte Wilford Woodruff:

«Als sie an meiner Tür vorbeigingen, sagte Bruder Joseph: ‹Bruder Woodruff, folge mir.› Dies waren die einzigen Worte, die von jemandem in der Gruppe gesprochen wurden, von dem Zeitpunkt an, an dem sie Bruder Brighams Haus verlassen hatten, bis sie den öffentlichen Platz überquert und Bruder Fordhams Haus betreten hatten. Bruder Fordham lag seit einer Stunde im Sterben, und wir erwarteten, daß jede Minute seine letzte sein würde. Ich fühlte den Geist Gottes, der Seinen Propheten überkam. Als wir das Haus betraten, ging Bruder Joseph direkt auf Bruder Fordham zu und nahm ihn an der rechten Hand, seine Linke hielt den Hut. Er sah, daß Bruder Fordhams Augen verschleiert waren, daß er nicht sprechen konnte und bewußtlos war.

Nachdem er seine Hand genommen hatte, schaute er auf das Gesicht des sterbenden Mannes nieder und sagte: ‹Bruder Fordham, erkennst du mich?› Zuerst kam keine Antwort, aber wir konnten alle die Wirkungen des Geistes Gottes, der auf dem kranken Mann ruhte, sehen. Joseph sprach wieder: ‹Elijah, kennst du mich nicht?› Mit einem leisen Flüstern antwortete Bruder Fordham: ‹Ja.› Daraufhin sagte der Prophet: ‹Hast du keinen Glauben, geheilt zu werden?› Die Antwort, ein bißchen klarer als zuvor, war: ‹Ich befürchte, es ist zu spät; wenn du früher gekommen wärst, denke ich, hätte ich es werden können.› Er hatte das Aussehen eines Mannes, der aus dem Schlaf erwacht; es war der Schlaf des Todes. Joseph sagte dann: ‹Glaubst du, daß Jesus der Christus ist?› – ‹Ja, Bruder Joseph›, war seine Antwort. Daraufhin sprach der Prophet Gottes mit einer lauten Stimme, wie in Jehovas Majestät: ‹Elijah, ich befehle dir, im Namen Jesu von Nazareth, steh auf und sei geheilt!›

Die Worte des Propheten waren nicht wie die Worte eines Menschen, sondern wie die Stimme Gottes. Es schien mir, als würde das ganze Haus in seinen Grundfesten erschüttert. Elijah Fordham sprang aus seinem Bett wie ein Mann, der von den Toten erweckt wurde. Eine gesunde Farbe kam in sein Gesicht, und das Leben zeigte sich in jedem Schritt. [...] Er nahm seinen

> Hut und folgte uns auf die Straße, um die anderen Kranken zu besuchen.»[48]

Wundersame Heilungen durch den Propheten oder die Apostel sind zahlreich überliefert. Sie werden auch durch dem Mormonentum gegenüber negativ eingestellte Personen bezeugt. Auch hier zeigt sich, daß der Glaube Berge versetzen kann. Dies heißt jedoch nicht, daß Joseph Smith nur den Kranken befehlen mußte, gesund zu werden, und schon waren sie geheilt, vielmehr gab es auch Fehlschläge, die in den Überlieferungen der Gläubigen, wenn überhaupt, allerdings nur am Rande erwähnt wurden. Für die Gläubigen waren diese Heilungen eine Bestätigung, daß die ursprüngliche Kirche wiederhergestellt worden war. Endlich wurden wieder die Wunder vollbracht, die man aus dem Neuen Testament kannte und die als Zeichen der Wirksamkeit des Heiligen Geistes verheißen worden waren. Es zeigte sich auch, daß Joseph Smith nicht ein ganz normaler Farmerssohn aus dem ländlichen oberen New York war, sondern eine enorme Ausstrahlung auf seine Anhänger besaß, oder, wie es ein kritischer Zeuge einer Wunderheilung nannte, eine «bemerkenswerte Macht über andere» besaß. Joseph Smith scheint eine geborene Führernatur gehabt zu haben, und er war bereit, diese mit seinen konsequenten religiösen Vorstellungen zu verbinden. Er besaß genau die Voraussetzungen, die für einen Religionsgründer nötig waren.

Im Sommer 1839 wurde die Stadt in «Nauvoo» umbenannt, was nach Josephs Worten auf Hebräisch soviel wie «schöne Ansiedlung» bedeuten sollte (vermutlich meinte er das hebräische *navè*, «schön»).

Das schnell wachsende Nauvoo wurde nach dem Plan der idealen Stadt, dem «Plan Zions», den Joseph Smith entworfen hatte, angelegt. Die Straßen waren breit und schnitten sich im rechten Winkel. Innerhalb eines Jahres konnte die Stadt zweihundertfünfzig Häuser vorweisen. Der Grundstein für einen neuen Tempel wurde gelegt. Farmhäuser, Ställe und Schuppen begannen die Sümpfe und Sträucher in der Umgebung der Stadt abzulösen. In nur wenigen Jahren sollte Nauvoo Chicago den Rang als größte Stadt Illinois' ablaufen und damit bereits wieder die ersten Keime für eine neue Mormonenfeindlichkeit in den kleineren benachbarten Städten, wie Warsaw oder Carthage, legen.

Auch die Familie Smith und deren Bekanntenkreis hatten ihre Opfer zu beklagen. Am 14. September 1840 starb Joseph Smith sen., der Patriarch der Kirche. Vor seinem Tod gab er all seinen Kindern seinen Segen und übertrug das Patriarchenamt auf seinen ältesten Sohn Hyrum. Im gleichen Jahr erlag Edward Partridge, der erste Bischof der Kirche, dem Sumpffieber, kurze Zeit nach dem Tod des Patriarchen wurde der Onkel des Propheten, Silas, von der gleichen Krankheit dahingerafft. Diesem folgte Mary, die Frau von Samuel, Josephs jüngerem Bruder. Don Carlos, ein anderer Bruder Josephs, starb am 7. August 1841, und eine Woche später Josephs Sohn, der ebenfalls Don Carlos hieß. Am 27. August verschied Robert B. Thompson, ein enger Freund von Don Carlos. Einen Monat später mußte Hyrum Smith seinen siebenjährigen Sohn zu Grabe tragen.

Vielleicht waren es diese Opfer, die Joseph veranlaßten, sich so eingehend mit dem Tod und dem Leben danach zu beschäftigen. 1843 verkündete er:

> «Ich werde euch sagen, was ich möchte. Wenn ich morgen gerufen werde, in diesem Grab dort drüben zu liegen, dann soll am Morgen der Wiederauferstehung meine Hand die meines Vaters berühren, und ich möchte rufen: ‹Mein Vater›, und er wird sagen: ‹Mein Sohn, mein Sohn›, sobald die Felsen nachgeben und bevor wir aus den Gräbern kommen. [...] So deutlich war die Vision, daß ich tatsächlich Menschen sah, die noch nicht aus dem Grab herausgekommen waren, sich aber langsam aufzurichten schienen. Sie nahmen einander bei der Hand und sagten zueinander: ‹Mein Vater, mein Sohn, meine Mutter, meine Tochter, mein Bruder, meine Schwester!› Angenommen, ich läge an der Seite meines Vaters. Was wäre die erste Freude meines Herzens, wenn die Stimme die Toten aufruft, sich zu erheben? Meinen Vater, meine Mutter, meinen Bruder, meine Schwester zu sehen! Und wenn sie neben mir sind, umarme ich sie, und sie umarmen mich. [...] Wenn ich keine Hoffnung und Erwartung mehr hätte, meinen Vater, meine Mutter, meine Brüder, meine Schwestern und Freunde wiederzusehen, mein Herz würde sofort zerreißen und ich müßte hinab in mein Grab gehen.
>
> Die Erwartung, meine Freunde am Morgen des Auferstehungstages zu sehen, stärkt meine Seele und läßt mich die Übel dieses

Lebens ertragen. Es ist, wie wenn sie eine lange Reise unternommen hätten, und bei ihrer Rückkehr treffen wir uns mit vermehrter Freude wieder.»[49]

In der «King-Follett-Predigt» sagte er ein Jahr später:

«Ich habe einen Vater, Brüder, Kinder und Freunde, die in die Welt der Geister gegangen sind. Sie sind nur für einen Augenblick nicht hier. Sie befinden sich im Geistzustand, und wir werden uns bald wiedersehen. Bald wird die Zeit kommen, da die Posaune erschallen soll. Wenn wir dahinscheiden, werden wir unsere Mütter, Väter, Freunde und alle, die wir lieben, die in Jesus entschlafen sind, begrüßen. Da wird es keine Furcht vor Pöbelhaufen, vor Verfolgungen, vor bösartigen Prozessen und Verhaftungen geben, sondern es wird eine Ewigkeit in Glückseligkeit sein.»[50]

James Brown, der in North Carolina geboren wurde und mit seinen Eltern nach Brown County in Illinois gezogen war, berichtet in seiner Autobiographie über das Auftauchen der ersten Mormonen in diesem Staat:

«Irgendwann in den dreißiger Jahren begannen wir etwas über falsche Propheten, eine neue Religion, Wunder, Leute, die nach Geld gruben, Diebe, Wundertäter, Betrüger, Hexen, das Sprechen in Zungen und deren Interpretation, Gehen auf dem Wasser und Besuche von Engeln zu hören. Im Laufe der Zeit wurden alle diese Dinge zu einer passenden Rechtfertigung verbunden, um Pöbelhaufen zu bilden, die die neue Kirche von den Grenzen der Zivilisation vertreiben sollten. Dann kamen Nachrichten von Morden, Plünderungen, brennenden Häusern und der Zerstörung von Städten in Missouri. Es gab große ‹Schauer› von Sternen am Firmament um diese Zeit. Wegen der gängigen Gerüchte und da man nur eine Seite der Geschichte zu hören bekam, beschloß fast jeder, daß so ein unerhörtes Volk wie die Mormonen entweder erschossen oder auf dem Scheiterhaufen verbrannt werden sollte.

Als eine Zuspitzung der Dinge kam die Nachricht, daß die Missourier die Mormonen aus dem Staat Missouri nach Illinois vertrieben hatten. Kurze Zeit danach kam ein Ältester der Heiligen der letzten Tage mit dem

Namen Jacob Pfoutz in die Nachbarschaft des Hauses meines Onkels James Brown und bekehrte ihn, seine Frau und einige der Nachbarn. Dieser Älteste wurde von meinem Onkel zu seinen beiden Schwestern, Tante Polly und Nancy Brown, mitgenommen.

Dem Ältesten Pfoutz wurde die Erlaubnis gegeben, im Schulhaus, etwa drei Meilen vom Haus meines Vaters entfernt, zu predigen. Die Nachricht, daß ein Mormone kommen und am Freitag predigen würde, verbreitete sich wie ein Präriefeuer. Ich glaube, das war im Herbst des Jahres 1840. Ich war zu dieser Zeit bei meiner Tante und entschloß mich, dem seltsamen Prediger zuzuhören. Wie die meisten Leute ging ich vor allen Dingen aus Neugierde hin. Ich war damals in meinem zwölften Jahr und hatte damit begonnen, mich etwas für Religion zu interessieren. Ich ging zu jeder Versammlung, für die ich die Erlaubnis meiner Eltern bekommen konnte, wobei ich keinen Moment daran dachte, daß nicht alle Religionen recht hätten.

Bei der ersten Versammlung, die der Mormone hielt, war das Haus ziemlich gut gefüllt. Einige der Anwesenden waren mit dem Hintergedanken gekommen, daß sie, sobald der Gottesdienst vorbei wäre, den Ältesten teeren und federn und ihn auf einer Schiene reiten lassen würden, Dinge, denen man auch in Missouri gefrönt hatte, und Drohungen waren offen ausgesprochen worden. Andere wollten ihn aus der Fassung bringen, und wieder andere wollten den Spaß sehen, wie sie sagten.

Der Prediger war ein freimütig sprechender Mann im Alter von fünfunddreißig bis vierzig Jahren, deutscher Abstammung. Er war einfach gekleidet, ohne die weltmännische Eleganz, die Geistliche gewöhnlich haben. Als er seine Predigt begann, hob er sehr ruhig und überlegt einen Finger und las aus Matthäus, siebtes Kapitel, Vers fünfzehn bis zwanzig. Er sprach über den Text und unterstrich Passagen, wobei er seine Argumente durchwegs mit der Schrift stützte. Am Ende seiner Rede sagten einige der Leute, sie wollten nicht, daß man über einen Mann, der so predigte wie dieser, herfiele. Andere dagegen rümpften ihre Nase und versuchten ein verächtliches Lachen, was ihnen mißlang. Der Prediger wurde ins Haus meiner Tante eingeladen, und ihm wurde die Erlaubnis erteilt, am Sonntag in ihrem Eichenhain zu predigen. Währenddessen folgten ihm einige der religiös Geneigten bis zu seiner Unterkunft und bestürmten ihn mit Fragen.»[51]

Am 16. Dezember 1840 wurde Nauvoo von der gesetzgebenden Versammlung Illinois' als Stadt inkorporiert. Das schnelle Wachstum der Mormonensiedlung und die neue Stadtverfassung, in der sich die legislative und exekutive Gewalt in den Ämtern des Bürgermeisters und der Stadträte vereinten, trugen zum wachsenden Mißtrauen der nichtmormonischen Bevölkerung bei. Bei der ersten Kommunalwahl im Februar 1841 wurde John C. Bennett, ein Opportunist, der es geschafft hatte, Josephs Vertrauen zu gewinnen, und der später einer der schärfsten Gegner der Kirche werden sollte, zum Bürgermeister gewählt. Joseph Smith, Hyrum Smith und Sidney Rigdon bekleideten die Posten von Stadträten.

Für die Verteidigung Nauvoos war eine Miliz, die sogenannte Nauvoo-Legion, zuständig. Joseph Smith war vor seinem Widersacher, dem Gouverneur von Missouri, immer noch nicht sicher. Nachdem Vertreter der Kirche bei Präsident Van Buren in Washington vorstellig geworden waren, um vom Staat Missouri eine Entschädigung zu bekommen, hatte Boggs im Gegenzug die Auslieferung Smiths an Missouri verlangt. Bewaffnete Missourier entführten im Juli 1840 vier Mormonen aus Illinois, als wollten sie damit die Bedrohung, die von ihrem Staat ausging, noch unterstreichen.

Zum Wachstum der Stadt trugen nicht nur die Vertriebenen aus Missouri und Zuwanderer aus dem Osten der Vereinigten Staaten bei, sondern auch Neubekehrte aus Europa, vor allem aus Großbritannien und später aus Skandinavien.

Die Mission in England, das sich als fruchtbarstes Missionsfeld erweisen sollte, nahm ihren Anfang eigentlich in Kanada, das damals noch britische Kolonie war und durch die dort lebenden englischen Auswanderer eine bedeutend engere Beziehung zu den Britischen Inseln besaß als die Vereinigten Staaten. 1836 hatte Parley P. Pratt von Heber C. Kimball in Kirtland den Auftrag erhalten, ins obere Kanada zu gehen und dort einen Zweig der Kirche zu organisieren. In Toronto gelang es ihm nach anfänglichen Mißerfolgen, einen Bibelkreis zu bekehren. Zu diesem Studienzirkel gehörten unter anderen John Taylor, der zukünftige dritte Präsident der Kirche, und Joseph Fielding, dessen Bruder James in England ein Geistlicher einer unabhängigen Gemeinde war.

Den Auftrag, als erster Missionar die Botschaft des Evangeliums in die Alte Welt zu tragen, erging im Juni 1837 an Heber C. Kimball. «Bruder Heber», wurde ihm von Joseph Smith mitgeteilt, als er an einem Sonntag im Tempel von Kirtland saß, «der Geist des Herrn hat mir zugeflüstert: ‹Laß meinen Diener Heber nach England gehen und mein Evangelium verkünden und dieser Nation die Tür der Errettung öffnen.› »[52]

Seine Familie in Armut zurücklassend, machte sich der treue Apostel zehn Tage später auf den Weg nach New York. Begleitet wurde er von sechs Männern: Orson Hyde, Willard Richards, Joseph Fielding und drei weiteren Kanadiern. Da sie wie ihre Vorbilder, die Apostel zur Zeit Jesu, völlig mittellos reisten, waren sie auf die Hilfe von Glaubensgenossen, die sie unterwegs aufsuchten, angewiesen, um ihr Schiff zu erreichen. Am 28. Juni konnten sie schließlich nach einem kurzen Aufenthalt in New York das Schiff besteigen.

Zweiundzwanzig Tage nachdem die Missionare den amerikanischen Kontinent hinter sich gelassen hatten, erreichten sie Liverpool, und Heber C. Kimball betrat als erster Vertreter einer größeren amerikanischstämmigen Religionsgemeinschaft englischen Boden. Bis zu diesem Zeitpunkt war es die Alte Welt gewesen, die ihre religiösen Ideen exportiert hatte. Nun begann sich das Blatt zu wenden. Die Ankunft der ersten Vertreter des Mormonentums in England kann als Zeichen gewertet werden, daß der neue Kontinent nicht nur in Wirtschaft und Kultur, sondern auch im religiösen Bereich an die Spitze der Entwicklung getreten war und eine Dynamik entwickelt hatte, die Europa übertraf.

Die ersten Tage wohnten die Missionare bei einer Witwe in Liverpool. Bald zog es sie jedoch weiter nach Preston, wo James Fielding als Pastor seinen Dienst verrichtete. Er hatte bereits in den Briefen seines Bruders vom Mormonentum gehört. Die Nachricht, daß die wahre Kirche und das ursprüngliche Christentum wiederhergestellt worden seien, erweckte auch in ihm Interesse, hatte doch er selbst auf der Suche nach der reinen, unverfälschten Lehre die Methodisten verlassen.

Die Missionare wurden von der unabhängigen Gemeinde freundlich und mit Neugierde aufgenommen. In den nächsten Tagen hatten sie Gelegenheit, vor den versammelten Gläubigen zu reden. Die Männer aus Amerika waren keine theologischen Sophisten. Sie stellten ihren Glauben in ihrer einfachen, akzentgefärbten Sprache dar, redeten von den grundlegenden Dingen, von der Restauration, von der

Wiederherstellung der urchristlichen Ämter, den Gaben des Heiligen Geistes, der Prophetie, dem Besuch von Engeln und den Wundern, die sich überall ereigneten. Es waren Themen, die jeder unter den Zuhörern aus dem Neuen Testament kannte.

Wenn die Männer wie einst die Apostel aus Galiläa diese Dinge mit ihrer Schlichtheit, Einfachheit und Aufrichtigkeit vor einer Versammlung von bibelgewandten Gläubigen vorbrachten, konnte der Erfolg nicht lange ausbleiben. Bald baten mehrere Menschen darum, getauft zu werden. Fielding wurde nun klar, wozu diese Yankees gekommen waren: Sie wollten ihm die Schafe aus seinem Pferch stehlen. Mit der Gastfreundschaft war es vorbei. Die Missionare erhielten Hausverbot. Aber der Stein war bereits ins Rollen gebracht worden. Versammlungen konnten jetzt auch in privaten Häusern abgehalten werden. Der Zulauf, den die neue «Sekte» fand, beunruhigte weitere Kreise der protestantischen Geistlichkeit, die mit einer Flut von Pamphleten den Mormonen Einhalt zu gebieten suchte.

Die mormonischen Missionare hatten vor allem bei zwei Bevölkerungsgruppen Erfolg. Bei der ersten Gruppe handelte es sich um Menschen, die mit den etablierten Kirchen unzufrieden waren. Wie es bei staatlich geschützten und finanzierten Kirchen unvermeidlich ist, hatten sich viele der anglikanischen Geistlichen zu Beamten entwickelt, die ihr sicheres Einkommen hatten und an den religiösen Bedürfnissen ihrer Zeitgenossen wenig interessiert waren. Aus diesem Grund hatte sich hundert Jahre vorher unter John Wesley die methodistische Bewegung formiert, die sich bald außerhalb der Staatskirche wiederfand. Doch ein Jahrhundert später hatte auch die methodistische Kirche ihren Schwung verloren und hatte sich der selbstgefälligen Mittelklasse angepaßt. Zu dem Personenkreis, der diese Entwicklung nicht mitmachen wollte, gehörten die Anhänger James Fieldings und Robert Aitkens. Sie hatten die großen Kirchen verlassen, weil sie die eigentlichen christlichen Ideale darin verloren glaubten.

Gleichzeitig fehlte ihnen aber die theologische Gewißheit oder die religiöse Autorität, auf deren Suche sie sich befanden. Es waren eher Gemeinschaften von Suchern als festgegründete Konfessionen.

Die zweite Gruppe bildete das Industrieproletariat. Die Arbeitsbedingungen und -zeiten, die am Anfang der industriellen Revolution üblich waren, sind hinlänglich bekannt. Die Lebensumstände der dahinvegetierenden Arbeiter verschlechterten sich zudem, als die britische Wirtschaft 1836 in eine Rezession schlitterte. Als ob das nicht genügen würde, bescherte ihnen die Natur den kältesten Winter innerhalb des Erinnerungshorizonts der zu dieser Zeit lebenden Menschen. Mehrere Fabriken mußten ihren Betrieb wegen der Kälte einstellen. Die Männer, Frauen und Kinder, die darin ihren kärglichen Lebensunterhalt gefunden hatten, wurden einfach auf die Straße gesetzt. Viele unter ihnen versuchten sich von Almosen zu ernähren oder verhungerten ganz einfach.

Die sieben Männer, die aus Amerika gekommen waren, um auf den Britischen Inseln ihren Glauben zu verbreiten, waren sicherlich keine vom Schicksal Verwöhnten. Sie hatten selbst Notzeiten und Krankheiten kennengelernt, hatten ihre Familien in Armut zurückgelassen und wußten, was es bedeutete, von der Hand in den Mund leben zu müssen. Das Bild, das sich ihnen in England bot, erschütterte jedoch selbst diese abgehärteten Grenzbewohner der Zivilisation. «Die Szenen, die ich täglich vor Augen bekam», berichtete Heber C. Kimball, «reichten, um mir das Blut in den Adern gefrieren zu lassen.»[53] In den Straßen drängten sich Erwachsene und Kinder, die jeden Reisenden anbettelten, nur um überleben zu können. Manche besaßen weder Schuhe noch Strümpfe, um sich vor der klirrenden Kälte zu schützen. Frauen gingen die Straßen entlang, um den Dung der Pferde aufzusammeln und ihn als Heizmaterial zu verkaufen.

Wenn nun die Missionare kamen und von einem Gelobten Land in Amerika sprachen, von Zion, der heiligen Stadt, die aufgebaut werden sollte, so verwundert es nicht, daß sie bereitwillig zuhörten. Die Geistlichen der Staatskirche konnten ihnen nicht sagen, wie sie überleben sollten, sie konnten ihnen nur Ratschläge für das jenseitige Leben geben. Das Gottesreich der Mormonen war dagegen etwas Diesseitiges, das in dieser Welt errichtet werden sollte. Die Portale der prächtigen Gotteshäuser der etablierten Kirchen waren den Ärmsten der Armen verschlossen. Für die Mormonen spielte der persönliche Besitz eine untergeordnete Rolle. Der Mensch war nur Verwalter des irdischen Besitzes. Ihr Ideal war die Vereinigte Ordnung Enochs, in dem es kein Arm und Reich gab.

Als die Missionare am 20. April 1838, weniger als ein Jahr nach ihrer Ankunft, das Schiff nach Amerika bestiegen, um in ihre Heimat zurückzukehren, hinterließen sie in Großbritannien einen Zweig der Kirche, der um die tausenddreihundert Mitglieder umfaßte. Kaum einer der Neubekehrten hatte das Buch Mormon jemals gesehen, geschweige denn von den neuen Lehren gehört, die in Nauvoo vorsichtig unter den Gläubigen bekanntgemacht wurden.

Ende 1839 brachen die Apostel zu einer weiteren Missionsreise nach England auf. Sie konnten sich auch diesmal einer sagenhaft reichen Ernte erfreuen. Wilford Woodruff berichtet in seinen Aufzeichnungen:

> «Ich taufte, konfirmierte und segnete viele, und wir hatten ein gutes, freies Feld für unsere Arbeit. Viele glaubten, und es schien, als ob wir eine Tür geöffnet hätten, um viele in diesem Teil des Weinberges in die Kirche zu bringen.»

Doch der große Fang sollte für den Menschenfischer erst noch kommen:

> «Am anderen Morgen trat ich allein vor den Herrn und fragte ihn, was sein Wille in bezug auf mich sei. Die Antwort, die ich erhielt, war, daß ich nach Süden gehen sollte, denn der Herr hatte eine große Arbeit für mich vorgesehen, da viele Seelen auf sein Wort warteten.»[54]

Am 3. März 1840 bestieg Wilford Woodruff eine Kutsche und fuhr in die ihm gegebene Richtung. Von Worcester ging er zu Fuß durch die ländliche Gegend, bis er die Farm von John Benbow in Herefordshire erreichte.

> «Ich sah, daß Mr. Benbow ein reicher Farmer war, dreihundert Morgen Land kultivierte, ein gutes Haus bewohnte und ein großes Vermögen hatte. [...] Ich stellte mich ihm als einen Missionar aus Amerika vor, einen Ältesten der Kirche Jesu Christi der Heiligen der letzten Tage, der ihm durch das Gebot Gottes als Übermittler der Erlösung gesandt wurde, um ihm, seinem Haushalt und den Bewohnern des Anwesens das Evangelium des Lebens zu predigen. Er und seine Frau nahmen mich mit freudigem Herzen und Dankbarkeit auf. [...]
>
> Ich freute mich auch über die Neuigkeit, die mir Mr. Benbow

gab, daß es da eine Gesellschaft von Männern und Frauen gab – über sechshundert an der Zahl –, die sich von den *Wesleyan Methodists* abgespalten und den Namen *United Brethren* angenommen hatten. [...]

Ich stand am Morgen des 5. auf, nahm ein Frühstück und sagte Mr. Benbow, daß ich gerne mit der Angelegenheit meines Meisters anfangen und den Leuten das Evangelium predigen würde. Er hatte in seinem Haus eine große Halle, die zum Predigen amtlich lizenziert war, und er ließ in der Nachbarschaft verkünden, daß ein amerikanischer Missionar in seinem Haus an diesem Abend predigen würde.»

Wilford Woodruffs erste Predigt wurde von den *United Brethren* gut aufgenommen. Nach einer weiteren Predigt am nächsten Tag ließen sich sechs Personen taufen, unter ihnen befanden sich Benbow und seine Gattin.

> «Ich verbrachte den größten Teil des nächsten Tages damit, einen Teich zu säubern und ihn für die Taufe herzurichten, da ich sah, daß viele sich dieser Verordnung unterziehen würden. Nachher taufte ich sechshundert Personen in diesem Teich.»[55]

John Taylor trug die Botschaft auch nach Irland und auf die Insel Man, ohne jedoch einen größeren Erfolg zu erzielen. Auch an die Sammlung des Stammes Juda wurde gedacht. Orson Hyde wurde berufen, nach Jerusalem zu reisen und Palästina für die Rückkehr der Juden zu weihen. Seinen Auftrag konnte er am 24. Oktober auf dem Ölberg mit Gebeten um den Wiederaufbau Jerusalems und die Sammlung der Juden erfüllen. Als Altar und Denkmal errichtete er einen Steinhaufen. – Heute erinnert der «Orson Hyde Memorial Garden», der am 24. Oktober 1979 in Jerusalem eingeweiht wurde, an den Aufenthalt und den Auftrag des Apostels.

8. Von der Mehrzahl der Götter und der Frauen

Während der Nauvoo-Periode entwickelte sich das Mormonentum rasch weiter und nahm die Züge an, durch die es sich von den anderen christlichen Gemeinschaften absonderte und die es in gewisser Hinsicht zu einer neuen Religion werden ließen. Joseph Smith betonte, daß alle Lehren, die er verkündete, bereits in früheren Epochen bekannt waren, im Laufe der Zeit jedoch verlorengegangen waren und nun, in der Zeit der Wiederherstellung der alten Ordnung, von neuem offenbart wurden.

Die Gottesauffassung der christlichen Hauptkirchen ist nach Meinung der mormonischen Theologen eine Korrumpierung der ursprünglichen Gotteserkenntnis, die bereits Adam, Abraham, Moses und die anderen Patriarchen des Alten Testaments hatten. «Das Evangelium ist also von hohem Alter. Älter als die Hügel, älter als die Erde; denn es wurde im himmlischen Reich formuliert, bevor die Grundfesten der Erde gelegt wurden.»[56] Die Mormonen sprechen von verschiedenen Dispensationen, Bekanntmachungen des Willens Gottes in den Perioden der Weltgeschichte. Die Periode von Adam bis Noah wird als die patriarchalische, die von Noah bis Abraham als die noachische Dispensation bezeichnet. Die letzte ist die alle anderen umschließende «Dispensation der Fülle der Zeiten», «[...] eine ganze und vollkommene Vereinigung, ein Zusammenschmelzen von Dispensationen, Vollmachten, Gewalten und Herrlichkeiten von Adam bis auf die gegenwärtige Zeit. [...] Und nicht nur dies, sondern diejenigen Dinge, die von der Grundlegung der Welt an niemals geoffenbart wurden, die den Weisen und Klugen verborgen blieben, sollen den Unmündigen und Säuglingen in dieser Dispensation der Fülle der Zeiten geoffenbart werden.» (Lehre und Bündnisse 128:18)

Wohlwissend, daß manche unter den Offenbarungen nicht nur die Nichtmormonen, sondern sogar viele unter den Heiligen abschrecken würden, sollten die problematischeren unter den neuverkündeten Wahrheiten zuerst in einem engen Zirkel von Vertrauten verbreitet werden. Die Missionare sollten aus der Bibel lehren, von der Entdekkung des Buches Mormon Kunde geben und die Wiederherstellung der Kirche Jesu Christi verkündigen, die «Mysterien des Reiches» sollten jedoch nur im Kreise der Auserwählten besprochen werden.

Das Mormonentum wird oft als eine polytheistische Religion bezeichnet (die Mormonen selbst sprechen von der «Mehrzahl der Götter»). In Wirklichkeit handelt es sich um Monolatrie, um die Verehrung nur eines Gottes (nämlich Gott-Vaters), obwohl mehrere Götter angenommen werden. Gebetet wird nur zum Vater im Himmel, allerdings im Namen Jesu Christi, wie es im Neuen Testament empfohlen wird.

Es ist jedoch vor allem dieses völlig andere Gottesverständnis, das die Mormonen von den Christen der Hauptströmungen unterscheidet und das viele Religionswissenschaftler in der Annahme bestärkt, daß es sich beim Mormonentum eigentlich nicht um einen Zweig des Christentums handelt, sondern um eine neue Religion, die sich aus dem Christentum entwickelte, wobei es, ähnlich wie das Christentum aus dem Judentum oder der Islam aus dem Judentum und dem Christentum, dessen Begriffe und Bezeichnungen übernommen, ihnen aber gleichzeitig einen anderen Bedeutungsinhalt verliehen hat. So schreibt Rodney Stark: «Sie haben eine kulturelle Kontinuität mit dem Christentum beibehalten (genauso wie das Christentum eine Kontinuität mit dem Judentum und dem klassischen Heidentum beibehielt), aber die Mormonen sind eine neue Religion.»[57]

Die meisten Mormonen sehen das anders. «Selbstverständlich sind wir auch Christen», sagen sie, «wir glauben auch an Christus.» – Es ist eine Sache der Definition, was man unter dem Begriff Christentum versteht. Christus mag als Beispiel dafür dienen, wie ein Name mit einem anderen Bedeutungsinhalt gefüllt werden kann. Der gottgleiche Christus der großen Kirchen ist ein anderer als der menschliche Jesus der Judenchristen in den ersten Jahrhunderten. Genauso unterscheidet sich der Jesus-Jehova der Mormonen in seinem Wesen, seiner Funktion und seiner Bedeutung von dem Jesus, der den Anhängern der großen Kirchen vertraut ist.

Die Mormonen sehen sich als die einzigen wirklichen Christen. Sie gestehen den anderen christlichen Gruppen zwar auch zu, Wahrheiten zu besitzen, sogar eine positive Rolle im Heilsplan zu spielen, aber nur sie allein besitzen die Fülle des Evangeliums und nur ihre Kirche ist die von Christus gegründete.

Vieles in der Theologie der Mormonen wird Menschen, die in einem anderen kulturellen Umfeld erzogen wurden und unter dem Einfluß einer anderen religiösen Tradition aufgewachsen sind, als exotisch, als seltsam erscheinen. Selbst Personen, die sich als irreligiös oder sogar atheistisch bezeichnen, sind in ihrer Beurteilung anderer Religionen stark von dem Glauben geprägt, aus dessen Kulturkreis sie kommen. Ist es nicht «seltsam», daß sich die Mormonen stellvertretend für Tote taufen lassen oder daß sie glauben, Gott habe einen faßbaren Körper? Und doch stößt sich keiner daran, daß die Katholiken meinen, die Hostie würde sich buchstäblich in den Leib Christi verwandeln. Der französische Autor eines Buches über die Mormonen wies auf angebliche «Mängel der mormonischen Theologie» hin. Doch woher nahm er den Maßstab für seine Bewertung? Doch wohl aus der religiösen Kultur, von der er bestimmt wurde. Wenn man erzählt, wie viele Wissenschaftler und erfolgreiche Menschen dem Mormonentum angehören, kommt oft Erstaunen auf, daß so intelligente Menschen diesem Glauben treu geblieben sind. Aber niemand wundert sich darüber, daß es auch erfolgreiche und intelligente Menschen gibt, die zum Beispiel gläubige Christen, Juden oder Moslems sind.

Woher hatte aber Joseph Smith seine religiösen Vorstellungen? Eine Theorie besagt, daß Religionsgründer psychisch erkrankte Menschen sind, die ihre Ideen und Visionen in Anfällen ihrer Krankheit erlangen. Dies ist bei Joseph Smith keinesfalls zutreffend. Joseph Smith hatte eine Quelle für seine Ideen, die ihm von Kindheit an zur Verfügung stand: die Bibel. Wer dieses Buch liest, versteht auch, woher seine Ideen kamen. Wenn man die Bibel wortwörtlich nimmt, zeigt sich, daß sich viele Auffassungen der Mormonen durch die Schrift genauso belegen lassen wie diejenigen der anderen Christen. Jesus spricht in den Evangelien von Gott als seinem Vater, aber auch als «eurem Vater im Himmel». Und wenn Jesus ein buchstäblicher Sohn Gottes ist, so müssen es folglich auch die Menschen sein, und damit sind sie auch die Geschwister Jesu. Wenn Jesus nach seiner Auferstehung einen Leib aus Fleisch und Blut hatte, den man berühren und an dem man noch die Wundmale sehen konnte, und Jesus doch gemäß Paulus der erste unter den Auferstandenen war und mit diesem Körper in den Himmel aufgefahren ist, so muß das gleiche für die Menschen bei ihrer Auferstehung gelten. Wenn nun Jesus einen Leib hat, so muß auch sein Vater einen Leib haben. Tatsächlich werden in der Bibel immer wieder Körperteile Gottes erwähnt. Mit «ausgestrecktem Arm» führte er Israel aus Ägypten, und im Garten Eden waren seine Schritte zu vernehmen, als er sich beim Tagwind erging. In einem seiner Briefe (2. Kor 12:2–4) behauptet Paulus, jemanden zu kennen, der bis in den dritten Himmel, in dem sich das Paradies befindet, gekommen sei, und im ersten Korintherbrief (15:35–44) schreibt er von verschiedenen Herrlichkeiten nach der Auferstehung der Toten, die voneinander verschieden sind wie der Glanz der Sonne, des Mondes und der Sterne (die *King James Version* spricht von *celestial bodies* und *terrestrial bodies,* während statt dessen in neueren Übersetzungen die Ausdrücke *heavenly* und *earthly* verwendet werden); die Mormonen nehmen drei Himmel an, mit dem Paradies, dem celestialen Reich, als höchster Stufe. Im Hebräerbrief wird das Priestertum des Melchisedek erwähnt; die Mormonen führten es ebenso wie das alttestamentarische aaronische Priestertum ein. Die Totentaufe wird ebenfalls in einem Paulusbrief erwähnt. Man könnte für jede weitere Lehre der Mormonen eine Stelle in der Bibel finden. Was dabei auffällt, ist, daß Joseph Smith die Bibel konsequent wortwörtlich akzeptierte. Was bedeuten zum Beispiel die Tiere, die Johannes im Himmel schaute? Wenn Johannes im Himmel Tiere sah, so meinte Joseph, dann befanden sich dort auch richtige Tiere.

Diese Liste könnte man zu einem ganzen Buch erweitern. Die ersten Missionare der Mormonen benutzten die Bibel allein, um ihren Glauben darzulegen und ihn mit Schriftstellen zu unterstreichen, und sie hatten damit Erfolg. – Die Absicht hier soll jedoch nicht sein, die Glaubenssätze des Mormonentums durch die Bibel zu beweisen oder sie zu verteidigen, sondern zu zeigen, daß vieles, was auf den ersten Blick als sonderbar und abwegig erscheint, aus einer anderen Sicht als selbstverständlich angesehen werden kann.

Diejenigen, die das religiöse Weltbild der Mormonen verkünden, fühlen sich dazu nicht durch eine kompetentere Bibelauslegung oder durch Traditionen autorisiert, sondern sie verweisen in erster Linie auf Offenbarungen Gottes, die dem Präsidenten der Kirche direkt zuteil wurden. Damit besteht eine Gemeinsamkeit mit einer anderen weit verbreiteten und schnell wachsenden religiösen Gruppierung innerhalb des Christentums, nämlich den Siebenten-Tags-Adventisten, und mit einer großen Weltreligion, dem Islam. Ein Unterschied besteht jedoch in der Art und Weise, wie die verschiedenen «Propheten» ihre Botschaften von sich gaben. Ellen G. White und Mohammed fielen in Trance, wenn Gott zu ihnen sprach. Beide hatten eine Krankheitsgeschichte hinter sich. Joseph Smith dagegen war eine andere Art von Prophet. Er war kerngesund und sprach wie die Seher des Alten Testaments: «So spricht der Herr...» Seine Prophetie hatte nichts Magisches, Esoterisches oder Übernatürliches an sich, sondern Gott redete zu ihm wie ein Mensch. Sein Stil war durch und durch von der *King James Version* geprägt. Er beinhaltet Floskeln aus dem Neuen Testament («wahrlich, wahrlich, ich sage euch») genauso wie Drohungen von «gänzlicher Zerstörung» aus dem Alten Testament. Auch dadurch, daß er in einer Sprache seine Botschaft von sich gab, die bereits veraltet war und als eine Art «Hochsprache» angesehen werden kann, entsprach er den biblischen Propheten, die ebenfalls die Umgangssprache mieden und dadurch dem, was sie sagten, eine Aura von Heiligkeit verliehen. Genauso wie Joseph Smith Ausdrücke aus den beiden Teilen der Bibel miteinander mischte, lehnte er auch die Vorstellung einer Entwicklung von der Religion des Alten zu der Religion des Neuen Testaments ab. Adam war für ihn der erste Christ.

Zwischen Mohammed und Joseph Smith besteht, von der Prophetie abgesehen, eine weitere Gemeinsamkeit. Beide schufen Religionen, die der eigenen Nation eine zentrale Rolle im Heilsplan zukommen ließen. Beide Propheten rückten Teile des biblischen Geschehens in ihren eigenen Kulturkreis. Nach dem Koran erbauten Abraham und sein Sohn Ismael die Kaaba in Mekka, die zum religösen Mittelpunkt der Welt werden sollte. Nach einer arabischen Überlieferung war der Garten Eden in Südarabien, in Aden. Für Joseph Smith befand sich der Garten Eden in Missouri. In Adam-ondi-Ahman hatte Adam seine Nachkommenschaft zusammengerufen und einen Altar erbaut. Hier wird Christus bei seinem zweiten Kommen erscheinen, und Adam wird seine Kinder von neuem zusammenrufen. Wo das heutige Kansas City liegt, erschlug Kain seinen Bruder. Die ganze biblische Geschichte vor der Sintflut spielte sich in Amerika ab, dort wird auch das neue Zion entstehen und wird Christus im Jüngsten Gericht über die Taten der Menschen urteilen. «Diese Nation», schrieb der 1994 verstorbene Präsident der Mormonenkirche, Ezra Taft Benson, an Präsident Reagan, «ist der Ausgangspunkt für das Wirken des Herrn in den letzten Tagen. Hier wurde das Evangelium Jesu Christi wiederhergestellt. Hier erschienen Gottvater und Sein Sohn, Jesus Christus, dem jungen Mann Joseph Smith, was für mich das größte Ereignis ist, das sich seit der Auferstehung des Meisters in dieser Welt zugetragen hat.»[58]

Mohammed erhob durch den Koran das Arabische zu einer Sakralsprache. Bei den Mormonen sind die englisch verfaßten «Standardwerke» Joseph Smiths, im Gegensatz zu der mit Fehlern behafteten Bibel, die «zuverlässigsten» Bücher in der Welt. Mit dem Islam breitete sich nicht nur Mohammeds Religion aus, sondern auch die arabische Sprache und Kultur. Der amerikanische Industrialist und Senator Wallace F. Bennett schreibt in seinem Buch «Why I am a Mormon»:

> «Es wurde darauf hingewiesen, daß die Mormonenkirche eine vorwiegend amerikanische Kirche ist. Dies wird immer so sein, und zwar in zwei wichtigen Aspekten: Das Hauptquartier wird immer in Übereinstimmung mit den Offenbarungen, die dem Gründer, Joseph Smith, gegeben wurden, in Nordamerika liegen. Und das Evangelium des Wachstums durch Dienst, das den ewigen Fortschritt als Ziel hat, ist im wesentlichen mit der amerikanischen Vorstellung über Leben und Freiheit verbunden. Die meisten Missionare der Mormonen sind Amerikaner; und wenn sie die mormonische Vorstellung von Christentum in fremde Länder tragen, tragen sie auch den Geist Amerikas mit sich. Bis zum Jahr 2000, oder früher, wird die Mormonenkirche als Weltreligion anerkannt worden sein. Sie wird Amerika als eines der religiösen Zentren der Welt begründet haben.»[59]

Die Tatsache, daß das Mormonentum eine amerikanische Religion ist, ist nicht in allen Ländern, vor allem in denen der Dritten Welt, für deren Verbreitung förderlich. Missionare der Mormonen und Einrichtungen der Kirche werden immer wieder Ziele terroristischer Anschläge und gegen die Vereinigten Staaten gerichteter Gewalttaten. In einigen Staaten der Dritten Welt wurde die Mormonenkirche verboten, weil deren Angehörige beschuldigt wurden, Agenten des CIA zu sein. Sozialistische Politiker und «Befreiungstheologen» werfen den Mormonen vor, das kapitalistische Ideal der individuellen Eigenverantwortung zu predigen und dadurch der Befreiung der Massen hinderlich zu sein. Doch auch diejenigen, die sich in den verschiedenen Ländern der Kirche der Heiligen der letzten Tage angeschlossen haben, können nicht mit allen typisch amerikanischen Eigenschaften des Mormonentums übereinstimmen. Daß den Vereinigten Staaten eine besondere Rolle zufällt, kann in den meisten Fällen problemlos akzeptiert werden, wenn aber ein Sprecher der Brigham-Young-Universität, wie es passiert ist, erklärt, die Fahne der Vereinigten Staaten sei die Flagge Gottes, so kann dies in manchen Ländern nur Befremden auslösen. Doch mit dem schnellen Wachstum der Kirche außerhalb der USA wird zunehmend das Bemühen deutlich, den in anderen Ländern herrschenden Umständen gerecht zu werden. In den letzten Jahrzehnten wird vom «mehrfachen Zion» gesprochen, das heißt, die Kirche soll sich der jeweiligen Landeskultur anpassen, dabei aber trotzdem eine gewisse mormonische Eigenart bewahren.

Im Folgenden soll ein Überblick über den Glauben der Mormonen gegeben werden. Die Entwicklung der mormonischen Theologie fand ihren Abschluß mit dem Tod Joseph Smiths. Obwohl auch seine Nachfolger als Propheten bezeichnet werden, wurden bis jetzt keine entscheidenden Neuerungen eingeführt.

Von Gott und dem Ursprung des Menschen

Gottvater, Jesus Christus und der Heilige Geist werden nach der Lehre der Heiligen der letzten Tage als drei verschiedene Wesen gesehen, die eine je eigene Persönlichkeit haben, die jedoch in ihrer Zielsetzung, ihren Absichten und in ihren Attributen der Vollkommenheit vereinigt sind, und deshalb als eins betrachtet werden können. Gott ist in der mormonischen Theologie ein Wesen aus Materie:

> «Der Vater hat einen Körper von Fleisch und Bein, so fühlbar wie der des Menschen; der Sohn desgleichen; aber der Heilige Geist hat nicht einen Körper von Fleisch und Bein, sondern ist eine Person aus Geist. Wäre es nicht so, so könnte der Heilige Geist nicht in uns wohnen.» (Lehre und Bündnisse 130:22)

Gott selbst war einst wie ein Mensch, hat sich jedoch selbst fortentwickelt, bis er die Stufe einer Gottheit erreichte. Das Mormonentum weicht auch hierin vom traditionellen Christentum entscheidend ab.

Gott ist nicht seit Ewigkeit, und er ist nicht immer gleich, er ist eine «self-made»-Gottheit, ein Wesen, das in der Vergangenheit nicht die jetzige Stellung innehatte, sich aber in fortdauernder Entwicklung befand, bis es «das allerhöchste Wesen, das Wesen mit dem größten Wissen, dem vollkommensten Willen und damit der unbegrenzten Macht über alle Kräfte des Weltalls»[60] wurde.

Joseph Smith sagte 1844 in der Trauerrede für King Follett:

> «Gott selbst war einst so, wie wir jetzt sind, und er ist ein erhöhter Mensch, und er sitzt auf einem Thron dort oben in den Himmeln! Das ist das große Geheimnis. Wenn der Schleier heute zerrissen würde und der große Gott, der diese Welt in ihren Bahnen hält und der alle Welten und alle Dinge durch seine Macht aufrechterhält, sich selbst sichtbar machen würde – ich sage euch, wenn ihr ihn heute sehen könntet, ihr würdet ihn in der Gestalt eines Menschen erblicken – wie ihr selbst, in seiner Person, seiner Erscheinung und seiner ganzen Gestalt wie ein Mensch; denn Adam wurde genau nach der Gestalt, der Erscheinung und dem Bild Gottes geschaffen, und empfing von ihm Unterweisungen, ging, redete und verkehrte mit ihm, wie ein Mensch mit dem anderen redet und sich bespricht.»[61]

Es gibt auch andere Wesen, die mehr oder weniger den Status einer Gottheit erlangt haben:

> «Aus drei einzelnen Personen – Vater, Sohn und Heiliger Geist – besteht die Gottheit. [...] Für uns, im korrekten begrenzten Sinn, sind diese drei die einzigen Götter, die wir verehren. Aber zusätzlich gibt es eine unendliche Anzahl von heiligen Personen, die von zahllosen Welten kommen, zur Erhöhung übergegangen und so Götter sind.»[62]

Keines der anderen Wesen, die danach streben, die Kräfte des Weltalls zu beherrschen, hat jedoch genau den gleichen Grad der Erhöhung erreicht wie der den Menschen bekannte Gott, sondern es wird eine unendliche Abstufung vom niedrigsten bis zum höchsten erreichten Entwicklungsgrad angenommen. Auch der Mensch kann diese Entwicklung durchmachen.

Auf diese heiligen Personen, die Gerechten, die sich in diesem Leben bewährt haben und nach ihrem Tod in der himmlischen Welt erhöht werden, wird auch in Lehre und Bündnisse hingewiesen:

> «Dann werden sie Götter sein, weil sie kein Ende haben; deshalb sollen sie von Ewigkeit zu Ewigkeit bestehen, weil sie fortdauern; dann werden sie über alles sein, weil ihnen alle Dinge untertan sind; dann werden sie Götter sein, weil sie alle Macht haben und die Engel ihnen untertan sind.» (Lehre und Bündnisse 132:20)

Auch in der Welt der Götter gibt es ein weibliches und ein männliches Geschlecht. Aus diesem Grund wird auch die Existenz einer himmlischen Mutter angenommen, die jedoch nicht wie Gott verehrt wird. Die Seele des Menschen, die schon vor der Geburt existierte, wurde von Gott und der himmlischen Mutter gezeugt und aufgezogen. Der Mensch hat also nicht im übertragenen, sondern im wortwörtlichen Sinn Eltern im Himmel, und alle Menschen sind buchstäbliche Geschwister. In dem berühmten Gedicht von Eliza R. Snow wurde dieser Vorstellung zum ersten Mal Ausdruck verliehen:

> «Sind Eltern im Himmel einzeln?
> Nein. Der Gedanke läßt die Vernunft erstaunen,
> Wahrheit ist Vernunft, ewige Wahrheit,
> sie sagt mir, ich hab' eine Mutter dort.
>
> Wenn ich dieses gebrechliche Leben verlasse,
> wenn ich diese sterbliche Hülle ablege,
> Vater, Mutter, darf ich euch begegnen
> in eurem Königshof dort oben?
> Wenn ich schließlich vollendet habe
> alles, wofür ihr mich ausgesandt habt,
> dann, mit eurer beider Zustimmung,
> laßt mich kommen und mit euch wohnen.»[63]

Jesus Christus ist ein Sohn des göttlichen Vaters und der himmlischen Mutter, das erstgeborene und das mächtigste unter vielen Kindern, der Bruder aller Menschen. Jesus ist identisch mit Jehova, dem Gott des Alten Testaments. Die Welt wurde von Jesus-Jehova unter der

Anleitung des Vaters geschaffen. Genauso wie Jesus-Jehova von Eltern gezeugt wurde, so hatte auch Gott-Vater göttliche Eltern, und diese Eltern hatten wiederum Eltern. Die Kinder Gottes werden aus einem Element des Geistes «gezeugt», das schon immer existierte und ewig ist, ähnlich wie die Materie, aus der die Welt organisiert wurde. «Geist» darf in diesem Sinn jedoch nicht als etwas Nichtmaterielles verstanden werden. Diese Auffassung von Geist wird in der mormonischen Lehre strikt abgelehnt. Etwas Nichtmaterielles gibt es nicht:

> «Es gibt nichts dergleichen wie unverkörperter Stoff (Materie). Aller Geist ist Stoff, doch ist er feiner oder reiner und kann nur mit reinen Augen unterschieden werden. Wir können ihn nicht sehen, doch wenn unsre Körper verklärt worden sind, dann werden wir sehen, daß alles Stoff ist.» (Lehre und Bündnisse 131:7–8)

Die Menschen sind ebenfalls Kinder Gottes, die nach seinem Bilde und aus der ewig vorhandenen Intelligenz geschaffen wurden:

> «Der Mensch war im Anfang auch bei Gott. – Intelligenz oder das Licht der Wahrheit wurde nicht erschaffen oder gemacht, noch könnte es gemacht werden. [...] Denn der Mensch ist Geist. Die Urstoffe sind ewig, und Geist und Urstoff, unzertrennlich verbunden, empfangen eine Fülle der Freude.» (Lehre und Bündnisse 93:29,33)

Die Präexistenz des Menschen ist eine Zeit der Bewährung, der Ausbildung und des Fortschritts. Sie ist eine Vorstufe zum Leben in dieser Welt, in die der Mensch freiwillig kommt, um sich zu vervollkommnen:

> «Nun hatte der Herr, mir, Abraham, die intelligenten Wesen gezeigt, welche organisiert waren, ehe die Welt war. [...] Und es stand einer unter ihnen, der war Gott gleich, und er sprach zu denen, die bei ihm waren: Wir wollen hinuntergehen, denn dort ist Raum, und wir wollen von diesen Materialien nehmen, und wir wollen eine Erde machen, worauf diese wohnen können; und wir wollen sie hierdurch prüfen, ob sie alle Dinge tun werden, die im-

mer der Herr ihr Gott ihnen gebieten wird.» (Abraham 3:22,24, 25)

Die Erde ist nicht die erste und einzige bewohnte Welt, sondern es existiert eine Unzahl von ihnen. Viele von diesen Welten sind von Wesen bewohnt. Sie unterliegen den örtlichen Gesetzen, unter denen sich die Gotteskinder bewähren sollen:

> «‹Und Welten ohne Zahl habe ich erschaffen; und ich schuf sie zu meinem eignen Zweck; und ich schuf sie durch den Sohn, welcher mein Eingeborner ist. [...] Denn siehe, es sind viele Welten, welche durch das Wort meiner Macht vergangen sind. Und es sind viele, welche jetzt bestehen und für den Menschen unzählbar sind. [...] Und so wie die Erde und ihre Himmel vergehen werden, so wird eine andre kommen, und es gibt kein Ende für meine Werke und auch nicht für meine Worte.› (Moses 1:33,35,38)
>
> Es gab nie eine Zeit, in der die Erschaffung der Welten anfing. Sie sind von Ewigkeit zu Ewigkeit in ihren Erschaffungen und Erlösungen. Nachdem sie organisiert worden sind, erfahren sie das Gute und das Böse, das Licht und die Dunkelheit, das Bittere und das Süße, so wie ihr und ich es tun. Es gab nie eine Zeit, in der keine Welten wie diese existierten, und sie durchlaufen ähnliche Veränderungen von ihrer Erschaffung bis zu ihrer Erhöhung. Welten waren immer in der Entwicklung und werden es in Ewigkeit sein.
>
> Jede Welt hatte einen Adam und eine Eva. [...] Jede Welt wurde erschaffen und wurde nach dem gleichen Prinzip erschaffen. Sie mögen sich in ihrer Mannigfaltigkeit unterscheiden, doch die Ewigkeit ist eins; und es ist ein ewiger Kreislauf.»[64]

Der Mensch kann durch eigenes Bemühen den gleichen Status erreichen, den Gott heute innehat, kann aber Gott zugleich nie einholen, was unter den Mormonen sprichwörtlich wurde: «Wie der Mensch jetzt ist, so war Gott einmal; wie Gott jetzt ist, so kann der Mensch werden.»[65]

Die wichtigsten Mittel, um sich weiterzuentwickeln, sind die Beachtung der Gebote der Mormonenkirche, das Meistern von Aufgaben, die Entwicklung der erhaltenen Talente und das Erwerben von Wissen. Wissen geht niemals verloren, auch nach dem Tod behält der Mensch sein Wissen und kann sich durch Intelligenz und Willen vervollkommnen:

> «Gott selbst, als er sich inmitten von Geistern und von Herrlichkeit sah, fand es für richtig, da er intelligenter [als die anderen] war, Gesetze zu errichten, die es den übrigen ermöglichen würden, ebenso fortzuschreiten wie er selbst. Unser Verhältnis zu Gott versetzt uns in die Lage, Fortschritte in unserem Wissen zu machen. Er hat die Macht, Gesetze zu errichten, um die schwächeren Intelligenzen zu unterweisen, damit sie mit ihm erhöht werden können.»[66]

Als der Mensch noch bei seinen Eltern im Himmel lebte, entwickelte er bereits seine persönlichen Eigenschaften, Fähigkeiten und Talente. Bereits in dieser Präexistenz wählte Gott aus seinen Kindern die zukünftigen Führer der Kirche aus, zum Beispiel Jesus, Adam und Abraham. Er teilte jedem seiner Kinder die Umstände zu, unter denen es geboren und mit denen es aufwachsen würde, und die Rolle, die es übernehmen sollte. Der Mensch hat aber einen freien Willen. Es ist ihm freigestellt, inwiefern er die ihm zugewiesene Rolle übernimmt und seine ihm gegebenen Talente entwickelt und vermehrt. Bei seiner Geburt vergißt der Mensch die Erinnerung an sein vorhergehendes Leben im Himmel.

Wenn der Mensch Fortschritte macht, das Leben meistert, die Gebote befolgt und sein Wissen mehrt, so kann er die gleichen göttlichen Eigenschaften entwickeln wie seine himmlischen Eltern. Nach seinem Tod wird er selbst erhöht und kommt in das celestiale Reich, die höchste Stufe des jenseitigen Glücks. Um dieses Ziel, die Erhöhung zum Status eines Gottes, zu erreichen, muß der Mensch jedoch zuerst aus freiem Willen sein celestiales Heim, in dem er aufgewachsen ist, verlassen und eine Prüfungszeit auf der Erde durchmachen, wo er zwischen Gut und Böse wählen kann. Der sterbliche Körper, den der Mensch bei seiner Geburt bekommt, wird beim Tod von der Seele verlassen und bei der Auferstehung der Toten wieder zum Leben erweckt und in einen unsterblichen Leib verwandelt, wie ihn auch Jesus hat.

Die Menschen waren in ihrem vorgeburtlichen Zustand bei Gott. Um aber an dem Gesetz der ewigen Progression teilhaben zu können, mußten die Kinder Gottes einen sterblichen, materiellen Leib annehmen und in dieser Welt leben. Im Anfang wurden in einer großen Versammlung im Himmel zwei Pläne vorgelegt, wie dies ablaufen sollte. Der eine stammte vom Satan. Er bot sich an, als Sohn Gottes und Erlöser in die Welt zu kommen: «Siehe, hier bin ich, sende mich, ich will dein Sohn sein, und ich will die ganze Menschheit erlösen, daß nicht eine Seele verloren gehe.» (Moses 4:1) Der Haken an Satans Vorschlag war, daß die Menschen keinen freien Willen haben sollten.

Der andere Plan wurde von Jehova vorgebracht: Nur diejenigen, die die Gebote Gottes beachteten, sollten zurück zur Präsenz des himmlischen Vaters kommen, dafür würde ihnen jedoch der freie Wille gelassen.

Gott-Vater entschied sich für Jehovas Plan. Satan, der sich mit seiner Niederlage nicht abfand, zettelte eine Rebellion an. Ein Drittel der himmlischen Heerscharen folgte ihm. Die Gegenseite wurde von Michael, der in seinem sterblichen Zustand Adam heißen würde, angeführt. Es kam zu einer großen Schlacht, die mit einem überwältigenden Sieg Michaels und der Ausstoßung Satans endete.

Michael kam als Adam zur Welt. Seine Sünde im Garten Eden war notwendig, daß Menschen würden und somit Leiber für die anderen Gotteskinder zur Verfügung stünden. Der sogenannte Sündenfall, der im Christentum als Heilsverlust gesehen wird, ist im Mormonentum ins Gegenteil gekehrt: «Wäre es nicht um unserer Übertretung wegen, so hätten wir nie Samen gehabt und hätten nie Gutes und Böses und die Freude unserer Erlösung und das ewige Leben, welches Gott allen Gehorsamen gibt, gekannt.» (Moses 5:11)

Adam mußte sündigen und dadurch den Tod in die Welt bringen, damit das ewige Leben gewonnen werden konnte. Es war von nun an das Schicksal aller Menschen, zu sterben und nicht mehr zurück zu Gott zu können. Durch den Opfertod Jehovas, der im irdischen Leben Jesus hieß, würden schließlich alle Menschen vom physischen Tod erlöst werden. Sie würden die Möglichkeit haben, einen unsterblichen Körper zu erwerben, wie ihn auch Gott-Vater hat. Dies ist eine Voraussetzung, um wie Gott zu werden. Nicht alle Menschen würden jedoch zu Gott zurückkehren, denn sie haben den freien Willen, die Gebote Gottes zu beachten oder zu sündigen. Alle Menschen sündigen, aber es gibt trotzdem einen Weg zurück, nämlich durch den Glauben an Jesus Christus, durch Bußfertigkeit, Taufe und das Empfangen des Heiligen Geistes. Für die letzten beiden Punkte ist jedoch Autorität nötig, die nur von der wahren, von Christus gegründeten Kirche übertragen werden kann.

Die Totentaufe

Die Kirche Christi existierte schon zu Adams Zeiten. In der Menschheitsgeschichte gab es immer wieder Perioden, in denen der Abfall vom Glauben so groß war, daß die Kirche und damit die Autorität, zu taufen und die Hände aufzulegen, von der Erde verschwand. Bereits zweihundert Jahre nach dem Erscheinen Jesu kam es zur Großen Apostasie, in der die christliche Kirche von der wahren Lehre abfiel.

Wie aber sollen Menschen in das celestiale Reich kommen, wenn sie nicht die Möglichkeit haben, getauft zu werden und den Heiligen Geist zu empfangen? Nach dem Ersten Petrusbrief stieg Jesus nach seinem Kreuzestod hinab zu den Geistern im Kerker und predigte ihnen. Die christlichen Großkirchen interpretieren diese Stelle so, daß sich Jesus in die Hölle begab, wo sich alle vor seinem Opfertod verstorbenen Menschen aufhielten, also auch Propheten wie Moses oder Elija. Nach diesem Glauben konnte ein Mensch nach seinem Tod wegen der Sünde Adams nur in die Hölle kommen. Nach der Theologie der Mormonen muß jedoch kein Mensch wegen des Sündenfalls leiden. Die Verstorbenen befinden sich vielmehr in einer Welt der Geister, wo sie auf die leibliche Auferstehung warten.

In dieser Geisterwelt organisierte Jesus nach Meinung der Mormonen ebenfalls seine Kirche. Die Verstorbenen hatten noch einmal Gelegenheit zur Umkehr und zur Erfüllung aller Anforderungen, die nötig sind, um in die Gegenwart Gottes zurückzukehren. Nur eines war in diesem Jenseits nicht möglich, nämlich die Taufe und das Auflegen der Hände. Dies muß stellvertretend von lebenden Personen vollzogen werden.

Ein gewagter Schritt in dem Bemühen, die biblische Ordnung wiederherzustellen, war die Einführung der Polygamie oder der «Mehrzahl der Frauen», wie sie von den Mormonen genannt wurde. Joseph Smith schien nicht viel für die paulinische Forderung nach geschlechtlicher Enthaltsamkeit übrig zu haben. Was ihm mehr lag, waren die Verheißungen an die alttestamentlichen Patriarchen, denen eine Nachkommenschaft so zahlreich wie der Sand am Meer oder die Sterne am Firmament versprochen worden war.

Die Lehre von der Mehrzahl der Frauen besagte, daß die alten Propheten, wie Abraham und Jakob, mehrere Frauen hatten, weil Gott es ihnen befahl, und daß es durchaus moralisch vertretbar wäre, wenn Gott es wieder befehlen würde. Polygamie wurde in Nauvoo nur im engsten Kreis um den Propheten praktiziert und streng geheimgehalten. Gerüchte, die immer wieder auftraten, wurden heftig dementiert. Wahrscheinlich hatte der Prophet bereits seit 1835 oder sogar 1831 Beziehungen zu mehreren Frauen. Offiziell begann die Praktik 1841 mit der «Siegelung» von Louisa Beaman an Joseph Smith. Andere Frauen folgten in rascher Reihenfolge, unter ihnen die beiden Töchter des verstorbenen Edward Partridge. Bis zum Tode Josephs hatte ihre Zahl die Vierzig überschritten. Es ist jedoch nicht klar, ob Joseph zu allen Frauen, die an ihn gesiegelt wurden, wirklich sexuellen Kontakt hatte, da ihm wahrscheinlich nur Emma Kinder gebar. Vielleicht waren die meisten unter ihnen nur für das nächste Leben gedacht, als «spirituelle Ehefrauen». Es wurde auch vorgeschlagen, daß John C. Bennett, der einige medizinische Kenntnisse besaß und für einige Zeit Berater Josephs war, ein Mittel zur Abtreibung zur Verfügung gestellt hatte. Dies scheint jedoch wenig plausibel zu sein, denn Bennett wäre ein wahrer Wunderdoktor gewesen, hätte er ein so komplikationslos funktionierendes Mittel besessen. Es würde die moderne Abtreibungspille überflüssig machen.

In der kritischen Literatur über das Mormonentum wird allgemein angenommen, daß Joseph Smith die Ehe mit den an ihn gesiegelten Frauen vollzog, und zum Beleg werden die Berichte der Frauen selbst herangezogen. Diese Aussagen stammen jedoch aus einer Zeit, in der in Utah bereits die Polygamie offen praktiziert wurde. Es ging darum, erstens diese Eheform vor den eigenen Mitgliedern zu rechtfertigen und sie zu fördern, zweitens bildete damals die gegen die Mehrehe gerichtete Reorganisationsbewegung noch eine ernsthafte Herausforderung. Zu beweisen, daß der Prophet selbst ein sexuelles Verhältnis mit mehreren Frauen hatte, allerdings in dem vorgeschriebenen Rahmen, lag also auch im Interesse der Mormonenkirche.

Wenn auch nicht mit Bestimmtheit gesagt werden kann, welcher Art Joseph Smiths Verhältnis zu den an ihn gesiegelten Frauen war, so kann doch als sicher gelten, daß die Vielehe in dem engsten Kreis der Eingeweihten praktiziert wurde und daraus auch Nachkommenschaft entsproß. Es sollen auch Fälle von Polyandrie vorgekommen sein, wobei bereits verheiratete Frauen die Ehe auf Ewigkeit mit führenden Personen der Kirche eingingen.

Doch selbst Joseph Smiths treueste Anhänger hatten Schwierigkeiten mit den neuen Ehepraktiken. Als Orson Pratt, der Bruder Parley P. Pratts, von einer Missionsreise aus England zurückkam, erfuhr er von seiner Frau, daß Joseph Smith sie zur «spirituellen Frau» nehmen wollte, sie ihn aber zurückgewiesen habe. Pratt, der einen großen Teil seines Lebens der Gemeinschaft der Heiligen gewidmet hatte, wurde von Zweifeln geplagt und war sogar dem Selbstmord nahe. Er und seine Frau verließen für kurze Zeit die Kirche, bis sie sich mit der neuen Lehre abgefunden hatten. Orson heiratete schließlich neun weitere Frauen und wurde der Vater von fünfundvierzig Kindern.

Ähnlich erging es Heber C. Kimball. Er hatte sein ganzes Leben der Kirche gewidmet, hatte Jahre auf langen Missionsreisen verbracht und darauf verzichtet, einen bescheidenen Wohlstand zu erwerben. Das einzige, was neben seinem Glauben für ihn Bedeutung hatte, war seine Frau Vilate. Aus erhaltenen Briefen geht hervor, daß zwischen Heber und Vilate tatsächlich eine Liebesbeziehung bestand, wie sie nur selten in langjährigen Ehen zu finden ist. Doch es war gerade Vilate, die Joseph Smith für sich forderte, als Heber 1841 von England zurückkam.

Heber mußte sich gefühlt haben wie einst Abraham, als Gott von ihm seinen Sohn Isaak als Opfer verlangte. Eine über mehrere Ecken überlieferte Geschichte berichtet, daß er für drei Tage und drei Nächte keinen Bissen anrührte, keinen Schluck trank, sondern unablässig im Gebet Rat von Gott suchte. Am Ende des dritten Tages ging er mit seiner Frau Vilate zu Joseph Smiths Haus. Er hatte sich entschieden, auch dieses Opfer zu bringen.

Als sie das Zimmer im ersten Stock betraten, soll Joseph Smith geweint haben. Er wollte Vilate nicht zur Frau nehmen. Es war ein Test gewesen, wie weit dieser treue Apostel gehen würde. Am gleichen Abend wurden Heber und Vilate von Joseph Smith aneinandergesiegelt. Sie würden nun nach ihrem Glauben auch im nächsten Leben, für alle Ewigkeit, zusammenbleiben können.

Die Lehre von der Ehe auf Ewigkeit war von den meisten Gläubigen leichter zu akzeptieren als die Polygamie. Diese Form der Ehe war nun eine Voraussetzung, um in das celestiale Reich eingehen und die Erhöhung zur Gottheit erfahren zu können. Nur so war es möglich, wie Gott Geisteskinder zu zeugen und die neugeschaffenen Welten damit zu bevölkern. Die Siegelung auf Ewigkeit ermöglichte es allen Menschen, an dieser Verheißung teilzuhaben. Celestiale Ehen konnten auch mit bereits verstorbenen Personen geschlossen werden. Eine nicht unbeträchtliche Anzahl von Frauen ließ sich nach dem Tod des Propheten für die Ewigkeit an ihn siegeln.

Problematischer dagegen war die Mehrehe bereits in diesem Leben. Die Reaktionen derjenigen, die in das Geheimnis von der Mehrheit der Frauen eingeweiht wurden, waren geteilt. Nicht alle fanden sich mit der neuen Lehre ab. Für einige war es eine Zeit der Prüfung. Es war auch nicht so, daß nun jeder mehrere Frauen heiraten «konnte», sondern manchen wurde es durch eine Offenbarung «befohlen». Mit der Einführung der Polygamie begann sich ein Riß durch die Kirche zu ziehen, der sich nach dem Tod des Propheten zu einer Spaltung der Gemeinschaft erweitern sollte.

Eine zweite Prüfung Hebers ließ nicht lange auf sich warten. Joseph forderte von ihm, eine weitere Frau zu ehelichen, und zwar nicht für das celestiale Reich, sondern für dieses Leben. Heber willigte nach einigem Zögern ein. Um Rücksicht auf die Gefühle Vilates zu nehmen, entschloß er sich, zwei ältere Frauen zu heiraten, eine im Alter von zweiundfünfzig, die andere von fünfundvierzig Jahren. Joseph erlaubte ihm jedoch nicht, sich so einfach aus der Affäre zu ziehen. Er befahl ihm, die einunddreißig Jahre alte Sarah Noon zur Frau zu nehmen. Sarah Noon war mit zwei Töchtern aus England gekommen. Ihr Mann hatte sie verlassen und war nach Europa zurückgekehrt. Eine Scheidung schien niemand für nötig befunden zu haben.

Die Trauung wurde heimlich vollzogen. Aber wie sollte Heber Vilate beibringen, daß er nun neben ihr noch eine zweite Frau hatte?

«Meiner Mutter war die Veränderung in seinem Aussehen und seinem Auftreten aufgefallen», berichtet Hebers Tochter, «und wenn sie sich nach der Ursache erkundigte, versuchte er ihrer Frage auszuweichen, indem er sagte, es wäre nur in ihrer Einbildung, oder, er fühle sich nicht wohl usw.»[67] Heber ging es sowohl körperlich als auch seelisch von Tag zu Tag schlechter. Er brachte es nicht übers Herz, seiner Frau das so schwer auf ihm lastende Geheimnis zu beichten. Das brauchte er auch nicht. Der Legende nach wurde ihm aus der Klemme geholfen, indem Vilate in einer Vision das Prinzip der Mehrehe offenbart und ihr auch die Frau, die Heber geehelicht hatte, gezeigt wurde.

Heber C. Kimball blieb ein widerstrebender Polygamist. Er würde schließlich an über vierzig weitere Frauen gesiegelt werden, und seine Familie sollte sich auf mindestens hundertacht Personen vergrößern. Seine einzige Liebe blieb jedoch Vilate. Die anderen Frauen bezeichnete er in seinen Briefen als «liebe Freunde». Vilate wurde eine der eloquentesten Verteidigerinnen der Polygamie.

Anderen Eingeweihten ging es nicht viel besser. «Was mich als Individuum betrifft», sagte Brigham Young, «ich habe nicht darum gebeten; ich habe es nie gewünscht; und wenn es jemals eine Prüfung meines Glaubens in dieser Welt gab, dann war es, als Joseph mir diese Lehre offenbarte; und ich mußte unablässig beten und meinen Glauben vor dem Herrn üben, bis Er mir die Wahrheit offenbarte und ich zufrieden war.»[68]

«Ich hatte immer feste Vorstellungen von Tugend gehabt», schrieb John Taylor, der dritter Präsident der Kirche werden sollte, «und ich fühlte als verheirateter Mann, daß sie außerhalb meines Grundsatzes und ein abscheuliches Ding war: die Vorstellung, zu einer jungen Dame zu gehen und sie zu fragen, ob sie mich heiraten wolle, wo ich doch schon eine Frau hatte!»

Einige Tage nachdem er in die neue Doktrin eingeweiht worden war, verließ er zu Pferde Nauvoo und traf dabei auf den Propheten, der gerade in die Stadt zurückkam.

> «Ich begrüßte Joseph, und als er das gleiche getan hatte, sagte er: ‹Halt!› Und er schaute mir sehr fest in die Augen. ‹Schau her›, sagte er, ‹diese Dinge, von denen gesprochen wurde, müssen erfüllt werden, und wenn sie nicht sofort begonnen werden, wird der Schlüssel umgedreht.›

> Nun, was habe ich getan? Wollte ich diesem großartigen, ewigen Prinzip im Wege stehen und die Dinge Gottes leichtnehmen? Nein. Ich antwortete: ‹Bruder Joseph, ich werde es versuchen und diese Dinge durchführen.› »[69]

John Taylor führte das Versprochene erfolgreich durch und erhöhte die Zahl seiner Frauen in Nauvoo auf vier, später in Utah auf sieben. Auf ihn beziehen sich die modernen Polygamisten, wenn sie behaupten, diese Einrichtung müsse unbedingt weitergeführt werden.

Die umfangreiche Offenbarung, die sich auf die Mehrheit der Frauen und die Siegelung auf Ewigkeit bezieht, bildet heute den Abschnitt 132 von Lehre und Bündnisse. Sie wurde Joseph gegeben, als er Gott fragte, warum Abraham und die anderen Patriarchen und Propheten mehrere Frauen haben durften.

> «Gott gebot dem Abraham, und Sarah gab Hagar dem Abraham zum Weibe. Und warum tat sie es? Weil dies das Gesetz war, und von Hagar kamen viele Völker. Dies erfüllte daher mit anderem zusammen die Verheißungen. War Abraham deshalb unter Verdammnis? Wahrlich, ich sage dir: Nein, denn ich, der Herr, gebot es. [...] Abraham erhielt Beischläferinnen, und sie gebaren ihm Kinder, und es wurde ihm zur Gerechtigkeit gerechnet, weil sie ihm gegeben waren und er in meinem Gesetz verblieb, so wie auch Isaak und Jakob nichts andres taten als das, was ihnen geboten wurde; und weil sie nichts andres taten als das, was ihnen befohlen war, sind sie, nach den Verheißungen, in ihre Erhöhung eingegangen und sitzen auf Thronen und sind nicht Engel, sondern Götter. [...] Wenn ein Mann eine Jungfrau zum Weibe nimmt und wünscht, noch eine andre zum Weibe zu nehmen, und die erste gibt ihre Einwilligung; und wenn er die zweite zum Weibe nimmt und sie Jungfrauen sind und haben keinem andren Mann ein Gelübde gemacht, dann ist er gerechtfertigt; er kann keinen Ehebruch begehen, denn sie sind ihm gegeben; denn er kann nicht Ehebruch begehen mit dem, was ihm gehöret und keinem andern. Und wenn ihm durch dieses Gesetz zehn Jungfrauen gegeben werden, so kann er nicht Ehebruch begehen, denn sie gehören ihm, und sie sind ihm gegeben, deshalb ist er gerechtfertigt.» (Lehre und Bündnisse 132:34,35,37,61,62)[70]

An die Frau des Propheten erging die Warnung:

> «Und laß meine Magd Emma Smith alle diejenigen aufnehmen, die meinem Diener Joseph gegeben worden und die vor mir tugendhaft und rein sind. [...] Und ich gebiete meiner Magd Emma Smith, bei meinem Diener Joseph zu bleiben und ihm anzuhangen und keinem andern. Wenn sie aber dieses Gebot nicht befolgen wird, soll sie vernichtet werden, spricht der Herr, denn ich bin der Herr, dein Gott, und werde sie vernichten, wenn sie nicht in meinem Gesetze bleibt.» (Lehre und Bündnisse 132:52,54)

Über die Weise, wie Emma die Offenbarung aufnahm, berichtet William Clayton:

> «Am Morgen des 12. Juli 1843 kamen Joseph und Hyrum Smith in das Büro im oberen Stockwerk des Backsteinladens am Ufer des Mississippi. Sie redeten über die Mehrehe. Hyrum sagte zu Joseph: ‹Wenn du die Offenbarung über die celestiale Ehe niederschreibst, werde ich sie nehmen und sie Emma vorlesen, und ich glaube, ich kann sie von der Wahrheit überzeugen, und du wirst nachher Ruhe haben.› Joseph lächelte und bemerkte: ‹Du kennst Emma nicht so gut wie ich.› Hyrum wiederholte seine Ansicht und bemerkte weiter: ‹Die Lehre ist so klar, und ich kann jeden vernünftigen Mann oder jede vernünftige Frau von deren Wahrheit, Reinheit und himmlischem Ursprung überzeugen.›»

Joseph willigte ein, die Offenbarung, die er auswendig kannte, niederzuschreiben.

> «Hyrum nahm die Offenbarung, um sie Emma vorzulesen. Joseph blieb mit mir im Büro, bis Hyrum zurückkam. Als er zurückkam, fragte ihn Joseph, wie es ihm ergangen sei. Hyrum erwiderte, daß er in seinem Leben nie eine gründlichere Schelte bekommen habe und daß Emma erbittert und voller Groll und Ärger sei.
>
> Joseph erwiderte ruhig: ‹Ich habe dir gesagt, daß du Emma nicht so gut kennst wie ich.›»

Die Offenbarung wurde weiteren Personen vorgelesen und kopiert.

«Zwei oder drei Tage nachdem die Offenbarung niedergeschrieben worden war, erzählte Joseph mir und mehreren anderen, daß ihm Emma so in den Ohren gelegen und ihn dringend angefleht habe, ihr das Recht einzuräumen, sie [die Offenbarung] zu vernichten, daß er der Belästigungen so überdrüssig geworden sei, und, um den Ärger, den sie ihm machte, loszuwerden, habe er ihr gesagt, sie könne sie zerstören.»[71]

Was Emma zerstört hatte, war nur ein Stück Papier. Die Mehrehe zog hingegen im geheimen immer weitere Kreise. Wie sich die Frau des Propheten mit ihren Nebenbuhlerinnen abfinden mußte, so ergaben sich auch die Frauen der anderen Polygamisten in ihr Schicksal, manchmal unter Protest, oft aus Überzeugung. Menschen, die einen so weiten Weg gegangen waren und so viele Opfer für ihre Religion gebracht hatten, machten wegen einer Eheform, die sie aus der Bibel kannten und die dort nie abgelehnt wurde, nicht kehrt.

Helen Kimball berichtet über ihre Gefühle, als sie erfuhr, daß ihr Vater sie Joseph Smith als Frau angeboten hatte:

«Mein Vater hatte nur ein Lamm, aber er legte es bereitwillig auf den Altar. Wie grausam dies der Mutter erschien, deren innerste Seele zum Zerreißen gespannt war, denn er hatte Sarah Noon zur Frau genommen, und sie dachte, daß sie genug Opfer gebracht hatte, aber der Herr verlangte mehr.»

Eines Abends kam Joseph und erklärte ihr und ihren Eltern das Prinzip der Mehrehe und der Ehe auf Ewigkeit. Dieser Schritt, sagte Joseph, würde ihr die ewige Erlösung und die Erhöhung, ihrem Elternhaus Segen bringen. Daraufhin änderten sich Helens Gefühle:

«Dieses Versprechen war so großartig, daß ich mich bereitwillig für den Erwerb einer so wunderbaren Belohnung hingab. Niemand anders als Gott und seine Engel konnten das blutende Herz meiner Mutter sehen, als Joseph sie fragte, ob sie einwillige. Sie antwortete: ‹Wenn Helen gewillt ist, habe ich nichts weiter zu sagen.›»[72]

Dazu muß noch erwähnt werden, daß die Polygamie im Buch Mormon eindeutig verurteilt wird:

> «Denn sehet, so spricht der Herr: Dieses Volk nimmt an Sünden zu; es versteht die Schrift nicht, denn es sucht seine Hurerei mit dem zu entschuldigen, was über David und Salomo, seinen Sohn, geschrieben steht. Sehet, David und Salomo hatten wirklich viele Frauen und Nebenfrauen, was mir ein Greuel war, spricht der Herr. [...] So hört mich nun, meine Brüder, und horcht auf das Wort des Herrn: Es soll kein Mann unter euch mehr als eine Frau haben; und Nebenfrauen soll er keine haben.» (Jakob 2:23–24, 27)

Theologen der Mormonen deuten darauf hin, daß das Verbot der Polygamie in der Vergangenheit nicht notwendigerweise auch für die Zukunft gilt, wenn Gott ein anderes Gebot gibt, und verweisen dabei auf einen Vers im gleichen Buch: «Denn wenn ich mir Samen erwecken will, sagt der Herr der Heerscharen, werde ich meinem Volk gebieten, sonst aber soll es auf diese Dinge hören.» (Jakob 2:30)

«Ich habe beständig gesagt», schrieb Joseph Smith, «daß kein Mann zur gleichen Zeit mehr als eine einzige Frau haben soll, außer der Herr gibt eine anderslautende Weisung.»[73]

Charlotte Haven war eine junge, nichtmormonische Frau, die zusammen mit ihrem Bruder und dessen Frau ein Jahr in Nauvoo verbrachte. In ihren Briefen schildert sie die Lebensumstände und Entwicklungen in Nauvoo, einschließlich des Aufkommens der Polygamie.

«Vor einem oder mehreren Monaten kam einer der Apostel, Adams mit Namen, von einer zweijährigen Mission in England zurück. Er brachte eine Frau und ein Kind mit, obwohl er eine Frau und eine Familie hier zurückgelassen hatte, als er wegging; und mir wurde gesagt, daß sich seine erste Frau mit diesem anfangs sicherlich unwillkommenen Gast in ihrem Hause ausgesöhnt hat, denn ihr Ehemann und einige andere haben sie zu überzeugen versucht, daß die Mehrheit der Frauen in der Bibel gelehrt wird, daß Abraham, Jakob, Salomon, David und tatsächlich alle alten Propheten und guten Männer mehrere Frauen gehabt hatten, und wenn es für sie recht war, ist es auch für die Heiligen der letzten Tage recht. Darüber hinaus wird die erste Frau immer die erste in der Zuneigung des Ehemannes und das Haupt des Haushalts sein, wo sie größeren Einfluß haben wird. Arme, schwache Frau!»[74]

9. Der Märtyrertod

Der Bruch mit Bennett, dem Bürgermeister von Nauvoo, erfolgte, als bekannt wurde, daß dieser eine Familie in Ohio zurückgelassen, sich aber in Nauvoo als Junggeselle ausgegeben hatte; außerdem wurde bekannt, daß er aus der Freimaurerloge in Ohio wegen pöbelhaften Benehmens ausgeschlossen worden war. In Nauvoo hatte Bennett versucht, mehrere Frauen zu verführen, indem er behauptete, eine Beziehung mit ihm wäre völlig in Ordnung, wenn es nur geheimgehalten würde, und daß die Mysterien des Himmelreiches erst geoffenbart würden, wenn die Menschen dazu bereit wären. Für den Fall einer Schwangerschaft erklärte er sich bereit, die weiter oben schon erwähnte Medizin zur Verfügung zu stellen. Zweifellos war Bennett als Bürgermeister und engster Berater Josephs in die neuen Lehren eingeweiht worden, und zweifellos nutzte er sie aus.

Bennett konnte seine Exkommunikation durch mehrmalige öffentliche Bekundung der Reue und durch seinen Rücktritt als Bürgermeister hinausschieben, bis sie im Juni 1842 doch in Kraft trat. Als es soweit war, behauptete er, daß er sowieso austreten wollte und daß die Kirche seiner Mitgliedschaft gar nicht würdig sei. Er verließ Nauvoo und rächte sich mit einer beispiellosen Verleumdungskampagne, die ihm zugleich als Broterwerb diente. In Briefen an die Redaktionen verschiedener Zeitungen kündigte er an, die Machenschaften der Mormonenführer in Nauvoo aufzudecken. Dies war natürlich vor allem in einer Zeit des wachsenden Mißtrauens gegenüber den Heiligen für viele Zeitungen ein gefundenes Fressen. In den Artikeln, die Bennett nun serienweise verfaßte, schilderte er Joseph Smith als einen rücksichtslosen Tyrannen, der seinen Einfluß auf die ihm hörigen Mitglieder der Kirche nutzte, um sich selbst zu bereichern, seine Macht zu vergrößern und Frauen zu verführen.

Zwischen Heiligen und *Gentiles* verschlechterten sich die Beziehungen immer mehr. Die Ursache dafür lag nicht allein in Bennetts Zeitungsartikeln, die dazu beitrugen, die Auflagenzahlen der Zeitungen zu erhöhen, sondern auch in der Weise, wie die Mormonen ihr ständig wachsendes Stimmenpotential bei den Wahlen einsetzten. Keine der beiden Parteien, weder die Demokraten noch die Whigs, wollte auf die Unterstützung der Kirche verzichten, andererseits würde ihnen eine zu promormonische Politik die Stimmen der anderen Wähler kosten. Die Politik spaltete sich zusehends in zwei Lager, diejenigen, die den Heiligen freundlich gegenüberstanden, und diejenigen, die ihr Wahlziel durch antimormonische Rhetorik zu erreichen hofften.

Die Nauvoo-Legion, so wurde behauptet, sollte bald eine Stärke von zwanzig- bis vierzigtausend Mann erreichen. Nauvoo sollte zu einer Festung ausgebaut werden, behauptete Bennett in seinen Artikeln. Dazu konnten die Mormonen genug Stimmen aufbringen, um alle öffentlichen Ämter in Hancock County mit ihren Leuten zu besetzen.

Der Kandidat der Whigs für das Gouverneursamt, Joseph Duncan, gab bekannt, daß er, falls er gewönne, die Waffen der Mormonenmiliz einziehen und die Stadtverfassung Nauvoos aufheben würde.

Nauvoo war inzwischen zur größten Stadt Illinois' geworden, und die Heiligen stellten einen nicht unerheblichen und schnell wachsenden Teil der Bevölkerung des Staates dar. Einzelne Zeitungen, vor allem diejenigen, die den Whigs nahestanden, begannen vor dem großen Einfluß der Mormonen zu warnen und forderten die Wähler auf, gegen den «Mormonenblock» zu stimmen. Die Demokraten, die befürchteten, immer mehr in die Rolle der Fürsprecher der unbeliebten Religionsgemeinschaft abgedrängt zu werden, beteuerten ihre Unabhängigkeit.

Die Wahl zum Gouverneur des Staates Illinois gewann schließlich trotz aller Angstkampagnen der Kandidat der Demokraten, Thomas Ford. Ford war einer der wenigen unbestechlichen Politiker, die es ernst mit den demokratischen Idealen und den in der Verfassung verankerten Rechten nahmen. Er hatte keine Sympathien für Joseph Smith, bemühte sich aber, einerseits den Heiligen in Nauvoo die gleichen Rechte wie jeder anderen religiösen Gruppierung zu garantieren, ihnen andererseits jedoch keine Privilegien zukommen zu lassen. Sein Bemühen um Neutralität brachte ihm von keiner der beiden Seiten Freunde ein. Manche unter den *Gentiles* beschuldigten ihn, die Mormonen zu unterstützen, die Heiligen wiederum mißtrauten ihm und glaubten, er wolle sie aus Illinois vertreiben lassen.

Die Mormonen bildeten eine enggeknüpfte, solidarische Gemeinschaft, die sich von den Andersgläubigen absonderte. Sie arbeiteten hart, und sie waren in materieller Hinsicht erfolgreich, was den Neid ihrer Nachbarn weckte. Dazu betrachteten sie sich selbst als ein eigenes, ein auserwähltes Volk, als Angehörige der Stämme Israels, was ihre Stellung als Außenseiter noch bekräftigte. Ihre Loyalität galt in erster Linie der eigenen Gemeinschaft und, wie es viele in Illinois glaubten, ihrem Propheten. Aber konnten sie Gleichberechtigung verlangen, wenn sie selbst nicht bereit waren, Gläubige und Ungläubige gleich zu behandeln? Die Bürger von Illinois hatten sie mit offenen Armen aufgenommen, doch statt sich zu integrieren, hatten sie sich abgesondert und waren bestrebt, einen Staat im Staate zu bilden. Illinois war jedoch bedeutend toleranter als Missouri. Es war kein Sklavenhalterstaat, hatte eine geringere Analphabetenrate und ein höheres Bildungsniveau, und damit weniger verrohte Sitten. Der Haß auf andersartige Menschen konnte in diesem Teil der Vereinigten Staaten nie das Ausmaß erreichen wie im Süden.

Missouri blieb weiterhin ein Problem für die Mormonen. Im Mai 1842 war auf Lilburn Boggs, der inzwischen seine Amtszeit als Gouverneur beendet hatte, ein Mordanschlag verübt worden, den er jedoch überlebte. In Verdacht geriet sofort Orrin Porter Rockwell, ein Leibwächter Joseph Smiths, der sich zu dieser Zeit in Missouri aufgehalten hatte. Der Prophet selbst wurde bezichtigt, den Auftrag dazu erteilt zu haben.

Die Justiz des Nachbarstaates versuchte dann, des Mormonenführers mit allen Mitteln habhaft zu werden. Als die Gerichte Illinois' eine Auslieferung ablehnten, wurde von zwei Sheriffs eine regelrechte Entführung unternommen, die jedoch durch das Eingreifen der Nauvoo-Legion und des berühmtesten Anwalts im Staate Illinois scheiterte. Joseph war nun seines Lebens nicht mehr sicher. In Missouri wurden gegen ihn weitere Anklagen im Zusammenhang mit dem Mormonenkrieg erhoben. Er wußte, daß es nur eine Frage der Zeit war, bis die Pläne seiner alten Feinde gelingen und sie ihn zurück in ihren Machtbereich schaffen würden, wo er kein faires Verfahren zu erwarten hatte.

Aber auch die Existenz Nauvoos stand auf dem Spiel. Während die antimormonischen Kräfte stärker wurden, diskutierte das Parlament Illinois', der Mormonensiedlung die Stadtrechte zu entziehen und ihre Miliz aufzulösen. In diesen Zeiten zunehmender Unsicherheit entschloß sich Joseph, in den anstehenden Wahlen für das Amt des Präsidenten der Vereinigten Staaten zu kandidieren. Über die Absichten, die er mit diesem Schritt verfolgte, kann nur spekuliert werden, denn jeder realistisch denkende Mensch war sich sicher, daß er außerhalb Nauvoos kaum eine Stimme bekommen würde. Nichtsdestotrotz verfaßte er zusammen mit W. W. Phelps ein Wahlprogramm und sandte die Apostel in den Osten, um für ihn Wahlwerbung zu betreiben.

Zur Unterstützung der politischen Ambitionen des Propheten wurde ein Rat der Fünfzig gegründet. Dieser Rat hatte auch die Aufgabe, ein neues Siedlungsgebiet für die Heiligen weiter im Westen zu finden. Im Juli und August 1843 wurde zu diesem Zweck eine Expedition in den westlichen Teil des Territoriums Iowa geschickt. Anfang des folgenden Jahres reiste eine Abordnung in das damals noch mexikanische Kalifornien. Aber auch mit dem unabhängigen Staat Texas wurden Verhandlungen aufgenommen.

Der Mann, der schließlich den Prozeß, der zum Sturz des Propheten führte, in Gang brachte, war keiner seiner politischen Gegner und auch keiner unter denen, die das Mormonentum am liebsten ausgelöscht gesehen hätten, sondern William Law, einer seiner beiden Berater, ein seriöser und den Grundsätzen des Mormonentums, so wie er es verstand, mit ganzem Herzen zugetaner Mensch. Law war ein wohlhabender Bekehrter aus Kanada, der sich 1839 in Nauvoo niedergelassen, dort eine erhebliche Summe investiert und viel zum wirtschaftlichen Aufschwung der Stadt beigetragen hatte. Er hatte Hyrum Smiths Stelle in der Ersten Präsidentschaft übernommen, nachdem dieser zuvor Frederick G. Williams ersetzt hatte. Es ist jedoch unsicher, wieweit Law zum Kreis der Eingeweihten gehört hatte.

Die ersten Risse in der Beziehung zwischen dem Propheten und seinem Berater entstanden durch Unstimmigkeiten in wirtschaftlichen Angelegenheiten. Joseph hatte gedroht, jeden zu exkommunizieren, der in oder um Nauvoo Land kaufte, ohne ihn vorher zu konsultieren. Law fand dieses Verhalten für einen Propheten Gottes ungehörig. Außerdem weigerte er sich, in den Druck der von Joseph überarbeiteten Version der Bibel zu investieren. Weitere Streitpunkte waren der Bau des Tempels und des Nauvoo-Hauses, eines Hotels, der nach Meinung Laws verschoben werden sollte, bis für die Menschen genügend Wohnraum vorhanden sei.

Zum endgültigen Bruch mit dem Propheten kam es, als dieser Laws Frau Jane angeblich überreden wollte, mit ihm die celestiale Ehe einzugehen. William Law gehörte nicht zu denen, die ihrem Propheten unter allen Umständen folgten. Als er von seiner Frau hörte, was Joseph ihr vorgeschlagen hatte, forderte er ihn auf, vor den Hohen Rat zu treten, seine Sünden zu bekennen, zu bereuen und vor der ganzen Welt seine Verführungen zu gestehen. Die Kirche sollte dann von Grund auf erneuert werden.

Nach Laws Version erwiderte Joseph:

> «‹Ich soll verdammt werden, wenn ich das tue. Wenn ich die Anschuldigungen, die du auf mich häufst, zugebe, würde sich dies als der Ruin der Kirche herausstellen!›
>
> ‹Ist das nicht schon unvermeidlich?›
>
> ‹Dann können wir alle miteinander zur Hölle gehen und sie in einen Himmel umwandeln, indem wir den Teufel hinauswerfen! Die Hölle ist keinesfalls der Platz, für den man sie in dieser Welt der Narren hält, sondern ganz im Gegenteil, sie ist ein sehr angenehmer Platz.›
>
> Law rief zurück: ‹Du kannst sie genießen. Aber was mich betrifft, ich werde dem Herrn, unserem Gott, dienen!›»[75]

Joseph stellte den Vorfall jedoch anders dar. Seine Version ist nicht direkt, sondern nur aus den Erzählungen anderer überliefert. Danach wollte Law an seine Frau auf Ewigkeit gesiegelt werden. Joseph lehnte jedoch ab, die Zeremonie durchzuführen, nachdem er durch eine Offenbarung erfahren hatte, daß sein Berater ehebrecherisch war. Als Jane Law ihn fragte, warum er sie nicht auf ewig mit ihrem Mann verheiraten wolle, brachte er es nicht übers Herz, ihr den Grund zu sagen. Einige Tage später, als Joseph an ihrer Tür vorbeiging, umarmte ihn Jane und zog ihn in ihr Zimmer. Sie verlangte, wenn es schon nicht möglich wäre, die celestiale Ehe mit ihrem Mann einzugehen, wenigstens an Joseph gesiegelt zu werden. Joseph lehnte ab, schob sie von sich und ging fort. Als William Law nach Hause zurückkehrte, erzählte ihm Jane, Joseph habe sie ehelichen wollen.

Im April 1844 wurden William und Jane Law wegen «unchristlichen Verhaltens» aus der Kirche ausgeschlossen. Zweihundert andere Mitglieder folgten ihnen freiwillig. Für sie war Joseph ein gefallener Prophet. Das Buch Mormon und die früheren Offenbarungen waren für sie weiterhin wahr. Was sie ablehnten, waren die Polygamie, die inzwischen fast zu einem offenen Geheimnis geworden war, und die Ausschweifungen, deren die Führer der Kirche beschuldigt wurden. Sie waren auch nicht bereit, Nauvoo zu verlassen, sondern gründeten eine Reformkirche innerhalb der Stadt und versuchten auch andere Heilige vom Fall des Propheten zu überzeugen. Am 7. Juni brachten die «Abtrünnigen» die erste Ausgabe ihrer Zeitung, des *Nauvoo Expositor,* heraus, die vor allem die Machenschaften der obersten Hierarchieebene der Kirche aufdecken wollte. In den Artikeln wurde beschrieben, wie ledige und verheirate Frauen dazu gebracht wurden, sich in die Mehrehe zu begeben. Die Verbindung von Politik und finanziellen Interessen mit Religion wurde scharf verurteilt.

Die Antwort auf das Erscheinen der Zeitung kam schnell und entschieden. Der Stadtrat traf sich am Samstag, dem 8. Juni, und am folgenden Montag. Joseph, der seit der Abdankung Bennetts Bürgermeister war, entschied, daß das Blatt ein öffentliches Ärgernis war, und befahl, die Presse zu zerstören, die Lettern zu zerstreuen und alles Papier zu verbrennen.

Abspaltungen und Apostasien hatte es immer wieder gegeben, doch diesmal blieben die Gegner in der Stadt. Sie dachten gar nicht daran, sich selbst als die Abtrünnigen zu betrachten, sondern entwikkelten einen missionarischen Eifer, mit dem sie alle anderen von der Schuld des Propheten überzeugen wollten. In ihnen sah Joseph Smith eine größere Gefahr als in allen äußeren Feinden miteinander. Wenn sie nicht aus der Stadt verschwinden wollten, mußten sie dazu gebracht werden. Ein Teil der Nauvoo-Legion marschierte daraufhin zum Büro der Zeitung und führte den Auftrag gründlich aus.

Die Herausgeber des *Nauvoo Expositor* fürcheten um ihr Leben und flohen nach Warsaw und Carthage. Robert Foster, einer der Geflohenen, veröffentlichte im *Warsaw Signal* einen Bericht über die Zerstörung der Presse und beschuldigte Joseph Smith einer Reihe von anderen Missetaten. Dies goß Öl ins Feuer der Mormonengegner. In einem Leitartikel vom 12. Juni hieß es:

> «Krieg und Ausrottung sind unvermeidlich! BÜRGER, ERHEBT EUCH ALLE ZUSAMMEN!!! Könnt ihr dabeistehen und solche HÖLLISCHEN TEUFEL ertragen, die Menschen ihres Eigentums

und ihrer Rechte BERAUBEN, ohne sie zu rächen? Wir haben keine Zeit für Kommentare; jeder Mensch soll sich seinen eigenen bilden. Laßt ihn aus PULVER UND KUGELN bestehen!!!»[76]

In den folgenden Tagen überschlugen sich die Ereignisse. Joseph Smith sandte Botschaften an die Apostel, daß sie sofort nach Nauvoo zurückkehren und Waffen mit sich bringen sollten. In der Zwischenzeit wurde bekannt, daß Beute riechende Banden aus Missouri und Iowa den Fluß überquert hatten. Von weiter außen liegenden Ansiedlungen trafen die ersten Flüchtlinge in der Stadt ein. In Carthage und Warsaw machte sich Lynchstimmung breit. Der Bürgerkrieg, den so viele befürchtet hatten, schien nun zum Greifen nahe.

Gouverneur Ford begab sich persönlich nach Carthage, um eine Entspannung herbeizuführen. Nach einem Gespräch mit Law, Foster und den anderen Geflohenen verlangte er, daß sich alle, die an der Zerstörung des *Nauvoo Expositor* beteiligt waren, einem fairen Gerichtsverfahren in Carthage, dem Countysitz, unterziehen müßten. Joseph hatte dieser Forderung bereits zugestimmt, aber er hatte verlangt, einen Begleitschutz zu seiner Sicherheit mitnehmen zu dürfen. Eine Abordnung der Nauvoo-Legion wäre jedoch von der Bevölkerung von Carthage als Mittel zur Einschüchterung aufgefaßt und in ihrer Stadt niemals geduldet worden. Ford, weiterhin bemüht, dem Gesetz auf eine faire Weise Geltung zu verschaffen, schrieb an Joseph: «Wenn Sie, indem Sie sich weigern, sich zu fügen, es notwendig werden lassen, die Miliz herbeizurufen, habe ich die große Befürchtung, daß Ihre Stadt zerstört und Ihre Leute ausgelöscht werden. Sie kennen die Aufregung in den Köpfen der Leute. Fordern Sie das Schicksal nicht zu sehr heraus.»[77]

Nachdem Joseph den Brief seinem Bruder und einigen Vertrauten vorgelesen hatte, sagte er: «Da ist kein Erbarmen – kein Erbarmen hier.»

Hyrum erwiderte: «Nein, sobald wir ihnen in die Hände fallen, sind wir tote Männer.»

«Ja», stimmte Joseph zu. «Was sollen wir tun, Bruder Hyrum?»

«Ich weiß es nicht.»

Plötzlich hellte sich Josephs Gesicht auf. «Der Weg ist offen. Mir ist klar, was wir tun müssen. Sie wollen nur Hyrum und mich. Sagt darum allen, sie sollen ihrer Arbeit nachgehen und sich nicht in Gruppen versammeln, sondern sich verteilen. Es gibt keinen Zweifel, daß sie herkommen und nach uns suchen werden. Sie sollen nur suchen; sie werden weder euch selbst noch euer Eigentum verletzen, nicht einmal das Haar auf eurem Kopf. Wir werden heute nacht den Fluß überqueren und nach Westen fortgehen.»[78]

Am 23. Juni nach Mitternacht setzten Joseph, Hyrum, Willard Richards und Orrin Porter Rockwell über den durch Regengüsse angeschwollenen Mississippi. Sie verbargen sich in der Hütte eines treu gebliebenen Bruders. Auch in Iowa waren sie nicht sicher, dort drohte ihnen die Auslieferung nach Missouri, falls sie erkannt werden würden.

Am gleichen Tag wurde Rockwell mit einem Brief an Emma und der Anordnung, Josephs beste Pferde über den Fluß zu schaffen, nach Nauvoo zurückgeschickt. Dort erfuhr er, daß sich die Stadt seit der Flucht des Propheten im Chaos befand. Die Bürger wußten nicht, ob sie fliehen oder die Stadt verteidigen sollten. Drei- bis viertausend Männer hatten sich in der Erwartung eines bevorstehenden Angriffs bewaffnet. Hunderte anderer hatten ihre Habseligkeiten gepackt und die Stadt verlassen. Die Apostel befanden sich noch immer im Osten, so daß niemand da war, der die Stelle des Propheten hätte einnehmen können.

Ein Dampfschiff stand bereit, um Josephs und Hyrums Angehörige in Sicherheit zu bringen. Doch Emma nutzte die Chance nicht. Sie gab Rockwell einen Brief mit, in dem sie die Situation in Nauvoo schilderte und Joseph aufforderte, zurückzukommen und sich dem Gouverneur zu stellen. Einige bezichtigten ihn der Feigheit und verglichen ihn mit dem Hirten, der von der Herde floh und die Schafe den Wölfen preisgab.

«Wenn mein Leben keinen Wert für meine Freunde hat», war Josephs Reaktion, «dann hat es auch keinen für mich.»

An Rockwell gewandt, sagte er: «Was soll ich tun?»

«Du bist der ältere und solltest es am besten wissen», erwiderte dieser, «aber so, wie du dich bettest, werde ich mit dir liegen.»

«Bruder Hyrum, du bist der älteste; was sollen wir tun?»

«Laß uns zurückgehen und uns überliefern», riet Hyrum, «wir wollen die Sache durchstehen!»

Nachdem er einige Momente überlegt hatte, sagte Joseph: «Wenn du zurückgehst, werde ich mit dir gehen. Aber sie werden uns abschlachten.»

«Nein, nein», erwiderte Hyrum. «Laß uns zurückgehen und unser

Vertrauen auf Gott setzen, dann wird uns kein Leid zugefügt werden. Der Herr ist daran beteiligt. Ob wir leben oder zu sterben haben, wir werden uns in unser Schicksal ergeben.»[79]

Nach Nauvoo zurückgekehrt, entsprach Joseph der Forderung des Gouverneurs, die Miliz aufzulösen und alle an sie ausgehändigten staatlichen Waffen zurückzugeben. Am 24. Juni machten sich die beiden Smiths und eine Handvoll weiterer Männer auf den Weg nach Carthage.

In einer Vorverhandlung wurde der Fall vertagt und wurden die Angeklagten auf Kaution freigelassen. Die Männer zogen sich nach der Entlassung mit ihren Freunden in ein Hotel zurück. Am Abend wurden jedoch Joseph und Hyrum von neuem verhaftet. Die Anklage lautete diesmal auf Verrat. Sie wurden in eine Zelle des örtlichen Gefängnisses gebracht. John Taylor, Willard Richards, Dan Jones, Stephen Markham und John S. Fullmer begleiteten sie und leisteten ihnen Gesellschaft. Am 26. Juni besuchte der Gouverneur die Gefangenen. Die Miliz von Carthage war von Ford aufgelöst worden, von zwei Kompanien, die das Gefängnis bewachten, und einer dritten, die den Gouverneur nach Nauvoo begleiten sollte, abgesehen. Als Joseph hörte, daß Ford sich nach Nauvoo begeben wollte, wußte er, daß es um seine Sicherheit geschehen war. Er bat den Gouverneur, ihn mit nach Nauvoo zu nehmen, da nur seine Anwesenheit in Carthage die Miliz zurückhalten konnte. Ford versprach dies zu tun.

Am Abend las Hyrum aus dem Buch Mormon vor und erläuterte Schriftstellen. Joseph redete zu den Wachen über die Wiederherstellung des Evangeliums. Als sie zu Bett gegangen waren, flüsterte Joseph zu Dan Jones: «Hast du Angst vor dem Sterben?»

«Meinst du, daß die Zeit gekommen ist?» fragte dieser. «Ich denke, wenn man an einer solchen Sache beteiligt ist, hat der Tod nicht viele Schrecken.»

«Ehe du stirbst», prophezeite ihm Joseph, «wirst du Wales wiedersehen und die Mission erfüllen, zu der du berufen bist.»[80]

Am nächsten Tag erfuhren die Gefangenen, daß Ford sein Versprechen gebrochen hatte und ohne sie nach Nauvoo abgereist war. Die Befürchtung der Gefangenen, daß sie ohne die Anwesenheit des Gouverneurs nicht sicher waren, schien sich zu bestätigen. Nach und nach wurden die Freunde des Propheten von der Miliz aus der Stadt gedrängt. Sobald einer von ihnen das Gefängnis verlassen hatte, gelang es ihm nicht mehr, dorthin zurückzukehren. Bald befanden sich nur noch John Taylor und Willard Richards bei den beiden Brüdern.

Um etwa drei Uhr nachmittags fand eine Wachablösung statt. Die neuen Wachen zeigten sich unnachsichtiger gegenüber den Häftlingen und stießen Drohungen aus. Die Gefangenen ließen eine Flasche Wein kommen, nippten davon und teilten sie mit den Wächtern. John Taylor sang auf Verlangen Josephs und Hyrums das von ihm komponierte Lied «A poor wayfaring man of grief», das von einem armen Wanderer handelt, der sich am Ende als Christus offenbart. Etwa zur gleichen Zeit versammelten sich zwei Meilen von der Stadt entfernt Angehörige der aufgelösten Milizen von Carthage und Warsaw und andere, die glaubten, mit den Mormonen abrechnen zu müssen. Sie beschmierten ihre Gesichter und zogen dann zum Gefängnis. Die Wächter hatten ihre Gewehre nur mit Pulver geladen. Sie feuerten auf den herannahenden Mob, ohne daß jemand verletzt wurde, und ließen sich überwältigen.

Es war ungefähr fünf Uhr, als die Gefangenen den Lärm hörten. Vom Fenster aus konnten sie sehen, daß das Gebäude vom Mob umringt war. Die Angreifer stürmten die Treppe zu den Zellen hinauf und begannen zu schießen. Joseph und Hyrum hatten Pistolen zu ihrer Verteidigung bei sich. Taylor und Richards versuchten, an der Tür stehend, mit ihren Stöcken die Gewehrläufe der Angreifer abzulenken. Mehrere Kugeln wurden in die Zelle gefeuert und bohrten sich in die Wände und die Decke.

Hyrum, der mit seiner Waffe Ziel nahm, wurde von einem Geschoß neben der Nase getroffen und stöhnte: «Ich bin ein toter Mann.» Während er zu Boden fiel, durchbohrten ihn vier weitere Kugeln.

Joseph beugte sich über seinen Bruder und rief: «Oh, mein lieber Bruder Hyrum!»

Als er sah, daß sein Bruder tot war, sprang er auf und feuerte die sechs Schuß seiner Pistole in den Gang, wobei er drei oder vier der Angreifer verwundete. Als Antwort hagelte es Kugeln durch die Tür, fünf davon verwundeten John Taylor schwer. Willard Richards blieb, von einem Streifschuß abgesehen, wie durch ein Wunder unverletzt. Auch von außerhalb des Gefängnisses wurden Schüsse durch das Fenster gefeuert. Die meisten der Geschosse blieben jedoch in der Decke stekken.

Joseph schmiß seine leergeschossene Waffe in den Gang und sprang zum Fenster. Außen stand der Mob mit Gewehren und Bajonetten bereit, ihn zu empfangen. In diesem Augenblick traf ihn eine Kugel, die von der Tür her abgefeuert worden war, in den Rücken. Levi Williams, ein Oberst der Miliz von Warsaw, rief: «Erschießt ihn! Der Teufel hole ihn! Erschießt den verdammten Schurken!»

Joseph kippte langsam nach vorne, und während er aus dem ersten Stock fiel, rief er: «Oh Herr, mein Gott!»

Joseph war noch am Leben. Angehörige der Miliz packten ihn und lehnten ihn an einen Brunnenrand, wo er sich bewegte und die Augen öffnete. Williams befahl vier Männern, auf ihn zu feuern. Die Milizionäre befolgten die Anordnung ihres Kommandeurs ohne Widerrede. Unter den abgeschossenen Kugeln, die in seinen Körper schlugen, sackte Joseph nach vorne und fiel mit dem Gesicht auf den Boden.

Während der Mob draußen seine Arbeit verrichtete, waren Richards und der schwer verwundete John Taylor in der Zelle zurückgeblieben. Richards schleifte seinen Glaubensbruder weiter in die Zelle und versuchte ihn, in der Erwartung einer Rückkehr der Angreifer, unter einer alten, schmutzigen Matratze zu verbergen. «Es tut mir leid, daß ich nicht mehr für dich tun kann», sagte er, «aber ich erwarte, daß sie mich in wenigen Augenblicken umbringen werden.»[81]

Richards wartete auf sein sicheres Ende und hoffte, daß Taylor überleben würde, um der Nachwelt zu berichten, was sich im Gefängnis von Carthage zugetragen hatte. Doch plötzlich hallte der Ruf durch die Stadt, daß die Mormonen kämen. In Sekundenschnelle zerstreute sich der Mob, die Menschen flohen, eine schreckliche Rache befürchtend, in panischer Angst aus ihren Häusern. Nur ein paar Familien blieben zurück; in sehr kurzer Zeit verwandelte sich Carthage in eine Geisterstadt. Doch es war ein falscher Alarm gewesen, die Mormonen blieben friedlich.

Einen Tag nach ihrer Ermordung wurden die Leichen der beiden Brüder in einer Prozession nach Nauvoo zurückgebracht. Samuel Smith hatte sich im Laufe der vorangegangenen Aufregungen eine Erkrankung zugezogen, der er wenige Wochen später erlag.

Für einen Tag hatte die Menge Gelegenheit, dem Propheten und dem Patriarchen im *Mansion House* die letzte Ehre zu erweisen. Am nächsten Tag wurden die Leichen heimlich, um eine etwaige Schändung zu verhindern, im noch unfertigen *Nauvoo House* begraben. Ein paar Monate später ließ sie Emma Smith wieder exhumieren und an einer Stelle in der Nähe der *Nauvoo Mansion,* die den Mississippi überschaut, wieder begraben. Dort ruhten sie bis 1928, als ihr Grab hinter das einstige Haus der Smiths verlegt wurde.

ZWEITER TEIL: DAS ZION IN DEN BERGEN 1844–1890

In Zions Land wird Ruhe sein,
Für alle Heil'gen, die man hier bedrückt,
Auf Zions Berg wird Freiheit sein,
Und dort ist unser Glück.[1]

10. Exodus

Mit dem Tod Joseph Smiths tritt ein Mann in den Vordergrund der Geschichte des Mormonentums, dessen Prominenz die Grenzen seiner Glaubensgemeinschaft weit überschreiten sollte. Brigham Young machte nicht nur als religiöser Führer, sondern auch als Politiker, Pionier, Unternehmer und Ehemann einer Unzahl von Frauen von sich reden. Er erwarb sich nicht nur eine zentrale Rolle in der Geschichte des amerikanischen Westens, sondern fand auch Eingang in Balladen, Romane und Erzählungen der *Gentiles.* Wie einst Menschen nach Jerusalem zogen, um den weisen König Salomon zu bestaunen, so würden in späteren Jahren Journalisten und Schriftsteller, wie Mark Twain, Ralph Waldo Emerson und der Herausgeber der *New York Daily Tribune,* Horace Greeley, Abenteurer und Entdecker, wie der britische Orientalist Richard Burton und Grenville M. Dodge, Generäle und Politiker, wie Ulysses Grant und William Sherman, den beschwerlichen Weg in die Rocky Mountains auf sich nehmen, um den schillernden Führer der Mormonen kennenzulernen. Brigham Young war und blieb ein Rätsel. War er ein diktatorischer und demagogischer Führer, der sein Volk in eine Konfrontation trieb, die es nicht gewinnen konnte, oder eine fürsorgliche, Rat erteilende Vaterfigur? War er ein organisatorisches und unternehmerisches Genie, oder trugen seine Fehlentscheidungen zum Leid unzähliger Menschen bei? War er Fanatiker oder Pragmatiker? Je mehr man sich mit seiner Biographie beschäftigt, desto schwieriger wird es, ihn in eine Kategorie einzuordnen. Es scheint, als hätte er von allem etwas gehabt.

Wie viele andere frühe Anhänger Joseph Smiths stammte auch Brigham Young ursprünglich aus den Neuenglandstaaten. Am 1. Juni 1801 erblickte er in dem kleinen Dorf Whitingham im südlichen Vermont das Licht der Welt. Seine Eltern hießen John und Nabby Young. Sie waren erst drei Monate vor der Geburt ihres neunten Kindes arm und mittellos in diese Gegend gezogen und lebten bis zur ersten Ernte auf ihrem erworbenen Land hauptsächlich von Nüssen, Eichhörnchen, wilden Beeren, Vögeln und erlegtem Wild. Bereits 1804 zog es die Familie wie viele andere Neuengländer auf der Suche nach besserem Land und Auskommensmöglichkeiten ins westliche New York. Ein richtiges Zuhause fanden sie jedoch nie. Nach zahlreichen Wohnsitzwechseln, die schon fast den Charakter einer Odyssee hatten, zog es Brigham Ende 1828, nun bereits verheiratet und Vater einer Tochter, nach Mendon – nur etwa fünfzehn Meilen von Joseph Smiths Heimatort entfernt –, wo sich auch die meisten anderen Angehörigen der Familie Young wieder zu sammeln begannen und wo er seinen lebenslangen Freund und Gefährten, Heber C. Kimball, kennenlernte. Heber stammte ebenfalls aus Neuengland und würde während der Präsidentschaft Brigham Youngs die zweitwichtigste Rolle in der Mormonenkirche spielen.

Brigham Young war wie die meisten seiner Zeitgenossen sehr religiös erzogen worden. Wie er später erzählte, hatte ihn seine Mutter ständig ermahnt, die Bibel zu lesen und ihre Grundsätze zu befolgen. Glaube und Frömmigkeit waren damals jedoch nicht gleichbedeutend mit Mitgliedschaft in einer Kirche. Es waren gerade die religiösesten unter den damaligen Amerikanern, die mit Mißtrauen auf die organisierten Glaubensgemeinschaften blickten. Gerade weil sie die Bibel als Richtschnur ihrer Religion sahen, konnten sie sich den bestehenden Kirchen nur unter Vorbehalt anschließen. 1861 sagte Brigham Young:

> «Ich war in den Tagen meiner Jugend in meinem äußeren Bekenntnis selbst nicht sehr religiös, obwohl ich all die Ehrfurcht in meinem Herzen hatte, die ein Mensch haben soll. Doch ich wurde ein Ungläubiger genannt. Ich hörte niemanden, der die vageste Vorstellung vom Menschen oder von der Ursache seines Seins auf dieser Welt vor den Leuten darlegen, vorzeigen, drucken konnte. Ich hörte die Großen und die Guten. Ich suchte, bemühte mich, selbst herauszufinden, wo die Weisheit Gottes war, wenn sie überhaupt auf dieser Erde war. Ich fand sie nicht.»[2]

Für die Youngs und Heber C. Kimball bahnte sich ein entscheidender Einschnitt in ihrem Leben an, als im April 1830 ein zwanzigjähriger Mann Tomlinson's Inn in Mendon betrat und behauptete, sein Bruder hätte in einem Hügel verborgene Platten entdeckt und sie mit göttlicher Hilfe übersetzt. Das daraus entstandene Buch sei eine Ergänzung zur Bibel. Er berichtete von Erscheinungen eines Engels, die sein Bruder gehabt habe, und von der Wiedererrichtung der wahren Kirche Christi.

Der junge Prediger war niemand anders als Samuel Smith, und einer seiner Zuhörer war Phinehas Young, ein älterer Bruder Brighams. Die Youngs hatten bereits durch undeutliche Gerüchte von verborgenen Schätzen und einer Goldbibel gehört, ohne sich jedoch näher mit der Sache zu beschäftigen. Phinehas war selbst ein Prediger der Methodisten. Sein erster Eindruck war, daß es sich beim Buch Mormon um ein Mittel handelte, die Menschen zu verführen. Er entschloß sich, es zu lesen, seine Irrtümer aufzudecken und die Leute, die es als wahr akzeptiert hatten, aus ihrer Verblendung zu befreien. Er studierte das Buch ein paar Wochen, konnte aber keine der Fehler entdecken, die er zu finden erwartet hatte. Er lieh das Buch seinem Vater und nachher einigen seiner Geschwister.

Ob Brigham das gleiche Exemplar oder ein anderes in die Hände bekam, ist unklar. Seine Konversion zum Mormonentum erfolgte nicht plötzlich, sondern reifte langsam heran. In einer Rede erklärte er 1852:

> «Als das Buch Mormon zum ersten Mal gedruckt wurde, kam es zwei oder drei Wochen später in meine Hände. Habe ich es auf den ersten Blick hin geglaubt? [...] Ich habe die Sache zwei Jahre lang mit Bedacht untersucht, bevor ich mich entschloß, dieses Buch anzunehmen. Ich wußte, daß es wahr war, genauso wie ich wußte, daß ich mit meinen Augen sehen konnte oder mit der Berührung meiner Finger fühlen konnte oder das wahrnehmen konnte, was mir meine Sinne zeigten.»[3]

Im April 1832 ließen sich Brighams Vater John und seine Brüder Phinehas und Joseph von einem Ältesten der Mormonenkirche taufen. Am 15. April unterzog sich Brigham selbst dem Ritual in einem eiskalten Weiher. Einen Tag später folgte ihm sein Freund Heber. Beide hatten endlich eine Heimat gefunden.

Das Buch Mormon mochte zwar eine entscheidende Rolle in seiner Bekehrung zum Mormonentum gespielt haben, aber Brigham Young war kein Mann, der viel vom gedruckten Wort hielt. Für Brigham, der kaum die englische Orthographie beherrschte, von Grammatik nicht viel wußte und dem das Lesen von Büchern Schwierigkeiten bereitet haben mußte, war ein Prophet aus Fleisch und Blut wichtiger. Die anderen Kirchen mochten zwar gelehrte Exegeten der heiligen Schriften vorweisen können, aber nur die Mormonen hatten einen von Gott berufenen Seher. Im September des gleichen Jahres machten sich Brigham, sein Bruder Joseph und Heber C. Kimball auf die Reise nach Kirtland, um den leibhaftigen Propheten kennenzulernen.

«Wir gingen zum Haus seines Vaters und erfuhren, daß er im Wald beim Holzhacken war», berichtete Brigham. «Wir begaben uns sofort in den Wald, wo wir den Propheten und zwei oder drei seiner Brüder fanden, wie sie Holz hackten und es schleppten.» Diese Begegnung mußte Brigham stark beeindruckt haben, denn er selbst war harte Arbeit gewohnt und stand mit beiden Beinen auf der Erde. Ein Prophet, der nicht vor der Welt geflohen war, sondern wie ein gewöhnlicher Mensch arbeitete, um seinen Lebensunterhalt zu verdienen, traf seinen Geschmack. War nicht auch der Prophet Amos ein Hirte gewesen, und hatte nicht Elischa gerade Felder gepflügt, als er von Elija berufen worden war?

> «Meine Freude war groß über das Vorrecht, dem Propheten Gottes die Hand schütteln zu dürfen, und ich erfuhr ein sicheres Zeugnis durch den Geist der Prophetie, daß er all das erfüllte, was ein Mensch von ihm als einem wahren Propheten erwarten konnte. Er war froh, uns zu sehen, und hieß uns willkommen. Wir gingen bald zu seinem Haus zurück, wobei er uns begleitete.»[4]

Brigham blieb zeit seines Lebens ein treuer Anhänger und Bewunderer Joseph Smiths. Er war bereit, ihn unter Gefahr seines eigenen Lebens zu verteidigen. «Ich weiß nicht, ob meine Feinde mir das Leben nehmen werden oder nicht», sagte er in einer Rede nach dem Tod des Propheten, «und es ist mir auch egal, denn ich möchte mit dem Mann sein, den ich liebe.»[5]

Es ist nicht sicher, was passiert wäre, wenn Joseph Smith nicht der Lynchjustiz zum Opfer gefallen wäre. Hätte sich das Mormonentum immer weiter von den herrschenden religiösen Anschauungen entfernt und wäre es dadurch gesellschaftlich immer unakzeptabler geworden? Wäre es mit einem großen Knall auseinandergebrochen, und wären die Schafe vor ihrem Hirten geflohen? Obwohl Brigham Young später selber den Titel eines Propheten und Sehers übernahm, ließ er diese Rolle mehr im Hintergrund. Auf die Frage, ob er sich selbst als einen Propheten sehe, antwortete er: «Ich bin ein Profit für mein Volk» *(I am of profit to my people)*.[6] Er war mehr ein Nachlaßverwalter, der beständig suchte, was der Wille seines Vorgängers hinsichtlich gewisser Fragen hätte gewesen sein können. Das Mormonentum wurde zwar von ihm entscheidend geprägt, aber nur insofern, als es auf eine individuelle Auslegung der Lehren Joseph Smiths zurückzuführen war. Hinzugefügt wurde von ihm nichts, aber auch nichts weggenommen. In Hinsicht auf die Rassenfrage führte seine eigene Auslegung, die jedoch auf falsche Informationen beruhte, zu tragischen Folgen, die erst 1978 durch einen Nachkommen Heber C. Kimballs ausgebügelt wurden. Von allen Anwärtern auf die Führerrolle in der Kirche nach dem Tod des Propheten war jedoch Brigham Young – aus neutraler Sicht gesehen – derjenige, der den Fußspuren des hinweggenommenen Hirten am treuesten zu folgen versuchte.

Die Herde der Gläubigen hatte sich nach dem Tod des Propheten wider Erwarten nicht zerstreut. Für die Tausenden von Menschen, die mit bangem Erwarten in Nauvoo ausharrten, stellte sich die Frage, wer die Nachfolge des ermordeten Hirten übernehmen sollte. Von der Ersten Präsidentschaft war nur noch Sidney Rigdon übrig. William Law war exkommuniziert worden. Der Patriarch der Kirche hatte ebenfalls den Märtyrertod erlitten. Nach der Ersten Präsidentschaft kam in der kirchlichen Hierarchie der Rat der Zwölf. Er stand in seiner Autorität und Vollmacht gemäß Sektion 107 von Lehre und Bündnisse der Ersten Präsidentschaft gleich, jedoch nur so lange, wie diese funktionsunfähig war. Die Frage stellte sich, ob die Apostel die Autorität besaßen, den Präsidenten aus ihrer Mitte zu ernennen, oder ob dieses Amt auf einen leiblichen Nachkommen Josephs überging. Galt die Erste Präsidentschaft als aufgelöst, wenn der Stuhl des Präsidenten leer geworden war, oder behielten die Überlebenden ihre Position als Berater? Was die Heiligen beschäftigte, war aber auch, an was sie überhaupt glauben sollten. Die Gerüchte, daß Polygamie in einem engen Kreis innerhalb der Kirche praktiziert wurde, waren allgemein bekannt. Aber stammte diese Offenbarung wirklich von Gott? Für viele hatte sich das Mormonentum schon zu weit vom traditionellen Christentum entfernt. War Joseph Smith zum Schluß ein gefallener Prophet gewesen, oder stammte diese Lehre von jemand anderem aus seinem Umkreis, vielleicht von Hyrum Smith oder Brigham Young?

Die erste Auseinandersetzung, die Brigham Young und die anderen der Zwölf Apostel um die Führung und die richtige Interpretation des Mormonentums auszufechten hatten, wurde mit Sidney Rigdon geführt. Er war ein Gegner der Polygamie und glaubte auch, daß Joseph Smith in seinen letzten Jahren ein gefallener Prophet gewesen sei. Rigdon war zwar unter den Gläubigen sehr beliebt, konnte aber das nötige Charisma, mit dem er die Autorität der Apostel hätte übertreffen können, nicht mehr aufbringen. Nach seiner Exkommunikation zog er sich nach Pittsburgh zurück. Die «Kirche Christi», die er dort gründete, überlebte jedoch nur wenige Jahre.

Eine ganz andere Herausforderung an die Führerschaft der Apostel kam aus einer kleinen Siedlung in Wisconsin und noch dazu von einem völlig unbekannten Mitglied, das bisher weder eine führende Position innerhalb der Hierarchie innegehabt noch jemals zuvor von sich reden gemacht hatte. James J. Strang aus Voree in Wisconsin war erst zwölf Monate vor dem Tod des Propheten der Kirche beigetreten. Er war von Joseph Smith selbst getauft und von Hyrum zum Ältesten ordiniert worden. Nun legte er einen angeblichen Brief von Joseph Smith vor, den er am 9. Juli erhalten hatte und in dem er zum Präsidenten und Propheten der Kirche ernannt wurde.

Um seinen Anspruch auf die Führerschaft in der Kirche zu unterstreichen, gab Strang an, am Todestag des Propheten, dem 27. Juni 1844, eine Vision gehabt zu haben, in der Joseph ihn zu seinem Nachfolger ordinierte. Er stieß mit seinen Angaben durchaus nicht auf Unglauben. Es gelang ihm immerhin, die Unterstützung prominenter Persönlichkeiten der Kirche zu finden, wie die von William Smith, dem einzigen noch lebenden Bruder des ermordeten Propheten, dessen Mutter Lucy Mack Smith, dem Apostel John E. Page, von George Miller, dem Bischof von Nauvoo, von William Marks, Nauvoos Pfahlpräsidenten, und sogar von John C. Bennett, der eine Haßkampagne gegen die Mormonen in Nauvoo geführt und behauptet hatte, der Kirche nur beigetreten zu sein, um die Machenschaften ihrer Führer aufzudecken.

Es gelang Strang jedoch nicht, die entscheidende Instanz in der kirchlichen Hierarchie, nämlich den Rat der Zwölf, hinter sich zu bringen. Dieser lehnte das angebliche Schreiben Joseph Smiths als Fälschung ab und schloß Strang von der Kirche aus. 1845 gründete Strang seine eigene Kirche. Im Januar dieses Jahres offenbarte ihm ein Engel einen Ort, an dem beschriebene Platten vergraben sein sollten. Mit vier Begleitern machte er sich am 13. September daran, die Platten zu bergen. Sie fanden vier Messingplatten, in die Hieroglyphen und Zeichnungen graviert waren. Strang übersetzte sie mit Hilfe der Urim und Thummim, die ihm der Engel übergeben hatte. Sie berichteten von einem Volk, das in einer Schlacht vernichtet worden war und nicht mehr existierte. Strangs vier Begleiter wurden als die «vier Zeugen» bekannt.

Strang akzeptierte alle offiziellen Lehren Joseph Smiths, und später auch die Polygamie. Sein autoritärer Führungsstil ließ seine anfangs beträchtliche Anhängerschar schnell schrumpfen und kostete ihn auch die Unterstützung der prominenten Kirchenmitglieder. 1856 wurde er auf Beaver Island im Lake Michigan, wo er seine Anhänger sammeln wollte, von zwei ehemaligen Gefolgsleuten ermordet.

Die größte und dauerhafteste Herausforderung für Brigham Young kam jedoch nicht von charismatischen Einzelpersonen, sondern von einer breiten Schicht innerhalb der Kirche, die sich vor allem gegen die Polygamie wandte, den Sohn des Propheten, Joseph Smith III, als legitimen Nachfolger des Propheten betrachtete und die Kirche von Grund auf reorganisieren wollte. Sie sahen Joseph Smith jedoch nicht als gefallenen Propheten an, wie es andere Gruppen taten. Die in Nauvoo eingeführten Praktiken, die sie als unchristlich betrachteten, wurden statt dessen anderen Personen angelastet oder überhaupt geleugnet.

Es war nicht zuletzt Emma Smith, die Interesse daran hatte, ihren Sohn die Nachfolge seines Vaters antreten zu lassen. Emma erkannte Brigham nie als Führer der Kirche an. Er beanspruchte ihrer Meinung nach eine Stellung, die dem jungen Joseph zustand. Zudem behauptete sie, ihr Mann habe nicht in Vielehe gelebt, sondern die Polygamie sei vielmehr eine Erfindung Youngs gewesen. Brigham nannte die Witwe des Propheten im Gegenzug «die verdammteste Lügnerin, die ich auf dieser Erde kenne»[7]. Er beschuldigte sie, gestohlen und versucht zu haben, Joseph zu vergiften.

Die eigentliche Reorganisationsbewegung begann jedoch unter denjenigen Heiligen, die sich dem Zug nach Westen unter Brigham Young nicht anschlossen. Die Reorganisierte Kirche Jesu Christi der

Heiligen der letzten Tage, die von ihnen gegründet wurde und bis heute von den Nachkommen Joseph Smiths geleitet wird, ist die mit Abstand bedeutendste Gemeinschaft von Mormonen außerhalb der Hauptkirche.

Nach dem Tod Joseph Smiths hatte die Feindseligkeit gegenüber den Mormonen für kurze Zeit nachgelassen. Doch die «Mormonenfrage» war nicht gelöst. Die Heiligen hatten sich nicht in alle Winde zerstreut, wie es viele Nichtmormonen gehofft hatten, sondern waren in Nauvoo geblieben und folgten ihren neuen Führern, wie sie einst Joseph Smith gefolgt waren. Zudem stellten sie noch immer einen bedeutenden politischen und wirtschaftlichen Faktor in Illinois dar.

Die Führer der Kirche in Nauvoo machten sich über ihre Situation keine Illusionen. Sie wußten, daß ihnen nur ein kurzer Aufschub beschieden war. Früher oder später würden die Angriffe gegen die Heiligen von neuem beginnen. Zudem würden sie diesmal keinen Rückhalt im Parlament von Illinois mehr haben. Keine der beiden Parteien konnte es sich leisten, sich für ihren Schutz einzusetzen. Außerdem sahen die Apostel es als ihre Aufgabe an, das Werk des ermordeten Propheten weiterzuführen. Das auserwählte Volk mußte nach Westen geführt werden, in die Rocky Mountains, wie es der Rat der Fünfzig bereits geplant hatte. Zuerst mußte jedoch alles unternommen werden, um die Heiligen in Nauvoo und Umgebung zu schützen. Nur durch das Zeigen von Stärke konnte ein Wiederaufflammen der Aggressionen vorerst verhindert werden. Öffentlich wurde verkündet, daß die Heiligen in Nauvoo bleiben und die Stadt weiter ausbauen würden, im geheimen jedoch machten sich die Zwölf und der Rat der Fünfzig daran, die Pläne einer Emigration nach Westen in die Tat umzusetzen.

Vor seinem Tod hatte Joseph seinen Leuten das Endowment versprochen, ein geheimes Ritual, das nur im Tempel vollzogen werden konnte und das eine weitere Etappe auf dem Weg zum celestialen Reich darstellen sollte. Brigham Young, als Nachfolger des ermordeten Propheten, setzte nun alles daran, diese Verheißung zu erfüllen.

> «Wir wollen den Tempel an diesem Ort bauen, selbst wenn wir es wie die Juden bei der Errichtung des Tempels in Jerusalem machen müssen: die Arbeit mit dem Schwert in der einen und der Kelle in der anderen Hand zu verrichten.»[8]

Es wurden alle Anstrengungen unternommen, obwohl schon zu diesem Zeitpunkt klar war, daß das Gebäude aufgegeben werden müsse. Dies zeigt, wie wichtig die verheißene Segnung für die Gläubigen war und welche Bedeutung für sie darin lag, die von Joseph Smith begonnenen Vorhaben zu Ende zu führen. Die Arbeiten wurden sogar noch fortgesetzt, als bereits die ersten Gruppen die Stadt verließen. Insgesamt kostete der Tempel die Heiligen nach Schätzungen rund eine Million Dollar, was eine beträchtliche Summe war, wenn man bedenkt, daß viele unter ihnen so verarmt waren, daß sie sich die nötige Ausrüstung, um sich dem Hauptkontingent der Auswanderer anzuschließen, nicht leisten konnten.

Innerhalb von achtzehn Monaten machte die Errichtung des Gotteshauses größere Fortschritte als in den vorangegangenen drei Jahren. Über zweihundert Arbeiter waren ständig damit beschäftigt, das Heiligtum zu errichten. Am 10. Dezember 1845 war das Erdgeschoß so weit fertiggestellt, daß das Endowment zum ersten Mal im Tempel vollzogen werden konnte. Bis zum 7. Februar 1846 wurden fünftausendsechshundert Personen in fast ununterbrochen durchgeführten Zeremonien mit dem Sakrament ausgestattet.

Da das Endowment ein geheimes Ritual ist und sich dessen Inhalt und Ablauf über die letzten einhundertfünfzig Jahre hinweg geändert haben, sind sie im Detail Außenseitern unbekannt. Von ehemaligen Mormonen wurden jedoch hin und wieder Beschreibungen veröffentlicht, deren Zuverlässigkeit und Genauigkeit nicht überprüft werden kann. Sicher ist nur, daß beim Endowment eine Art Spiel aufgeführt wird, in dem biblische Personen auftreten. Es werden Segen erteilt, der Körper wird gesalbt, jeder erhält einen celestialen Namen und es kommt zum *passing through the veil* (durch den Schleier hindurchtreten), dem Hinübergehen in das Reich Gottes. Während der Verordnung trägt jeder eine besondere Kleidung, die *endowment garments,* die auch nachher oft getragen werden und einen besonderen Schutz bieten sollen.

Der Tempel diente auch zur Schließung von celestialen Ehen. Brigham Young ließ sich in dem Gotteshaus mit mindestens fünfunddreißig Frauen verheiraten. Davon waren acht Witwen Joseph Smiths. Brigham zeigte sich auch hier als treuer Nachfolger seines geliebten Propheten.

Die Bewohner Nauvoos taten auch anderweitig so, als hätten sie nicht die geringste Absicht, die Stadt aufzugeben. Ein Komitee, das die Industrialisierung fördern sollte, wurde von John Taylor gegründet. Infrastrukturverbesserungen wurden durchgeführt und neue öffentliche Gebäude und Wohnhäuser errichtet. Nauvoo erreichte seine größte Ausdehnung und Einwohnerzahl. Auch unter der Regierung der Apostel hatte das Mormonentum seine Anziehungskraft nicht verloren. Konvertiten aus dem Osten und Europa schlossen sich den Heiligen am Mississippi an. Das Mormonentum zeigte nicht die geringsten Anstalten, wie ein unerwünschter Spuk zu verschwinden, sondern es wurden weiterhin Missionare ausgesandt, die Joseph Smiths Lehre von der Restauration verkünden sollten. Wilford Woodruff und Dan Jones, dem Joseph im Gefängnis von Carthage vorhergesagt hatte, daß er seine Heimat Wales wiedersehen würde, begaben sich von neuem auf die Reise zu den Britischen Inseln. Innerhalb kurzer Zeit konnten sie sechstausend Menschen für ihren Glauben gewinnen; Dan Jones war alleine innerhalb von dreieinhalb Jahren für dreitausendsechshundert Taufen verantwortlich.

Zu einem neuen Missionsgebiet wurden die Inseln des Südpazifiks. Bereits im Oktober 1843 waren vier Missionare auf einem Walfängerschiff von Massachusetts aus in die Südsee aufgebrochen. Sie stießen auf erbitterte Feindschaft der dort bereits tätigen christlichen Missionare und wurden durch Schikanen der von den Kolonialbehörden eingesetzten Verwaltungen in ihrer Arbeit behindert. Die Polynesier, die als Nachkommen Lehis betrachtet werden, nahmen hingegen die vier Amerikaner freundlich auf. Von allen Missionsfeldern sollten sich die Inseln der Südsee, gemessen an dem prozentualen Anteil derjenigen, die sich zum Mormonentum bekehrten, als das fruchtbarste erweisen.

In Nauvoo verkündete Brigham Young unterdessen: «Bleibt hier, pflügt, sät und baut. Setzt eure Pflugscharen in die Prärie. Eine Pflugschar tut mehr, um den Mob zu vertreiben, als zwei Waffen.»[9]

Doch je weiter sich die Türme des Tempels in den Himmel zu erheben begannen, desto mehr wurden die Pläne für eine Emigration in den Westen vorangetrieben. Vorerst waren die Heiligen in Nauvoo noch sicher, aber weiter entfernt liegende Farmen fielen dem brandschatzenden Mob zum Opfer. Bis zum 1. Oktober 1845 waren einhundertfünfzig Häuser der Mormonen niedergebrannt und geplündert worden. Zudem hatte das Parlament Illinois' die *Nauvoo Charter* aufgehoben und durch die Auflösung der Miliz die Stadt ihres legalen Schutzes beraubt.

Am Abend des 9. September hatten Unbekannte durch ein Fenster in das Innere eines Schulhauses geschossen, in dem sich Mormonengegner versammelt hatten. Der Anschlag hatte keine Opfer gefordert, bot aber einen Anlaß zu Vergeltungsschlägen gegen abgelegene Gehöfte.

«Im Herbst», schrieb Parley P. Pratt, «begannen die Mobs an den Grenzen unseres Landes und sonstwo wieder mit ihrem Morden, ihren Raubüberfällen, Brandstiftungen an Häusern und Getreidefeldern und Vertreibungen von Familien von ihrem Land und aus ihren Heimen.»[10]

> «Die ‹Mormonen› des ganzen umliegenden Landes sammelten sich», berichtete Mary Mount Tanner. «Einige waren von Mobs vertrieben worden, andere kamen, um dies zu vermeiden. Und viele, die nicht wirklich verletzt waren, litten viel unter dem Terror und der Aufregung. [...] Es waren Tage der Wachsamkeit und Nächte der Angst. Viele Leute versteckten ihre wertvollsten Dinge im Garten unter den Erbsenpflanzen oder an anderen Orten, von wo sie leicht fortgetragen werden konnten, für den Fall, daß das Haus in Brand gesteckt würde.»[11]

Bereits im Frühjahr 1845 hatten die Zwölf eine Expedition unter Lewis Dana, einem Indianer, nach Westen geschickt, um nach einem neuen Siedlungsplatz zu suchen. Mitte desselben Jahres lag fest, daß nur das Gebiet um den Großen Salzsee in Frage kam. In Texas, Kalifornien und Oregon lebten bereits zu viele *Gentiles*. Die Heiligen brauchten einen Ort, der für die anderen so unattraktiv war, daß es zu keinen Reibereien mehr kommen konnte.

Es war nun auch kein Geheimnis mehr, daß die Stadt aufgegeben werden würde. Um zur Entspannung beizutragen, hatten die Mormonen zugesichert, bis zum Frühjahr 1846 fünf- bis sechstausend Bürger zu evakuieren. Es wurde ein Komitee gegründet, das den Exodus vorbereiten sollte. In Carthage trafen sich Vertreter Nauvoos mit Repräsentanten der neun umliegenden Counties, um einen Frieden zwischen den beiden Seiten herbeizuführen und die erhitzten Gemüter zu beruhigen. Die Mormonen hofften auf Kooperation beim Verkauf ihres Eigentums. Die andere Seite lehnte jede Zusammenarbeit ab und bekräftigte ihre Forderung auf einen Abzug aus Illinois.

Mittlerweile arbeiteten die Handwerker der Stadt unablässig. Bis Ende November 1845 waren etwa tausendfünfhundert Wagen fahrbereit, tausendneunhundert weitere befanden sich im Bau. Obwohl das Ziel des Exodus bereits feststand, wurden in den in der Öffentlichkeit geführten Diskussionen die Insel Vancouver in Kanada oder Oregon als neues Siedlungsgebiet angegeben. Das Gebiet um den Großen Salzsee war damals ein Teil des Oberen Kaliforniens und gehörte zu Mexiko. Der Zug in mexikanisches Gebiet wäre weder von den Vereinigten Staaten noch von der Regierung in Mexiko geduldet worden.

Zur Planung des Exodus konnte das dafür zuständige Komitee auf Berichte früherer Forschungsreisender, wie John C. Frémont, zurückgreifen. Eine Pflichtlektüre war Landsford Hastings «Emigrant Guide to Oregon and California». Aber gleichzeitig wurden alle aus dem Westen kommenden Reisenden und Abenteurer begierig ausgehorcht.

Etwa zur gleichen Zeit charterte Samuel Brannan in New York das Schiff «Brooklyn», um den im östlichen Teil der Vereinigten Staaten lebenden Heiligen die Auswanderung zu ermöglichen. In dem Glauben, daß die Westküste des nordamerikanischen Kontinents das endgültige Ziel des Exodus sein würde, sollte das Schiff die Emigranten auf dem Weg über Kap Horn nach Kalifornien bringen. Eine kleinere Gruppe von Heiligen bereitete sich im Staat Mississippi auf die Reise in den Westen vor.

Als Zeitpunkt für den Aufbruch des ersten Kontingents war ursprünglich das Frühjahr 1846 vorgesehen, da zu dieser Jahreszeit die Prärie Iowas relativ gut passierbar und bereits genug Gras vorhanden wäre, um die Tiere damit zu füttern. Doch selbst so kurze Zeit vor dem geplanten Abzug wurden die Mormonen daran erinnert, daß sie von den staatlichen Stellen keinen Schutz, sondern nur zusätzliche Bedrohung zu erwarten hatten. In Nauvoo machte sich das – höchstwahrscheinlich unzutreffende – Gerücht breit, die Armee der Vereinigten Staaten wolle den Abzug gewaltsam verhindern. Zudem wurden Brigham Young und acht andere Apostel angeklagt, sie unterstützten und beherbergten in Nauvoo Fälscherbanden. Brigham Young entging nur knapp einer Verhaftung.

Der Beginn des Exodus mußte angesichts dieser plötzlich aufgetauchten Gefahren trotz der denkbar ungünstigen Witterungsbedingungen vorverlegt werden. Am 4. Februar überquerte die Vorhut, hauptsächlich aus Kirchenführern und ihren Familien bestehend, in Booten und Fähren den Mississippi. Am gleichen Tag lief die «Brooklyn» mit etwa zweihundertdreißig Passagieren an Bord aus dem Hafen von New York.

Am 14. Februar war der Fluß so weit zugefroren, daß die Eisdecke die Wagen tragen konnte, was die Überquerung bedeutend beschleunigte. Diejenigen, die Illinois hinter sich gelassen hatten, sammelten sich in einer provisorisch angelegten Siedlung mit dem Namen Sugar Creek. An ein schnelles Weiterkommen war vorerst nicht zu denken. Das bald darauf einsetzende Tauwetter und die beständigen Regenfälle ließen die Planwagen in den Schlammassen, in die sich die Prärie verwandelt hatte, versinken.

James S. Brown schreibt in seiner Autobiographie *Life of a Pioneer:*

«Es war am 4. Mai, glaube ich, daß wir Nauvoo erreichten. [...] Als wir durch die Stadt kamen, sahen wir viele Häuser, die verlassen worden waren – die Stadt sah tatsächlich fast verlassen aus. Bei einigen Häusern standen Planwagen, in die Leute Sachen in Vorbereitung auf ihre Flucht in die Wildnis packten. Sie wußten nicht, wohin es ging.

Als wir westwärts über den großen Mississippi schauten, sahen wir einen großen Zug von Wagen, der sich über die hochwellige Prärie dahinzog. [...] Alles in und um die Stadt hatte früher von Betriebsamkeit gewimmelt, aber das Leben hier war nun einsam, traurig und verloren und still, von den Vorbereitungen des Überrestes für die Flucht abgesehen.

Am 8. Mai überquerten wir den großen ‹Vater der Wasser› und schlossen uns dem ‹Reich auf Rädern› auf seiner Reise nach Westen an. [...] Nachdem wir auf eine Anhöhe geklettert waren, von wo wir nach Osten und Westen schauten, konnte man Planwagen sehen, so weit das Auge reichte.»[12]

Bis Mitte Mai hatten etwa zwölftausend Heilige den Fluß überquert. Ungefähr sechshundert blieben in Nauvoo zurück. Viele von ihnen waren zu arm, um sich einen Wagen und Zugtiere leisten zu können. Das Dahinschwinden der Zahl potentieller Verteidiger bestärkte die

Mormonengegner in ihrer Absicht, auch noch die restlichen Einwohner der einst größten Stadt Illinois' zu vertreiben und sich deren Habe anzueignen. Jeder, der Lust hatte, zu morden und zu plündern, konnte dies nun tun, indem er sich den sogenannten «Wolfsjagden» anschloß. Es gab keine staatliche Autorität, die ihn daran gehindert hätte.

Im Juni marschierten vierhundert Mann gegen Nauvoo und verlangten die Übergabe der Stadt. Das entschiedene gemeinsame Handeln der verbliebenen Mormonen und der sogenannten «Neubürger», die den Besitz der Emigranten aufgekauft hatten, verhinderten die geplante Invasion. Es dauerte jedoch nur sechs Monate, bis von Carthage erneut ein Mob heranzog, diesmal achthundert Mann stark und mit sechs Kanonen bewaffnet. Zwei Tage lang schossen Angreifer und Verteidiger aufeinander. Am dritten Tag setzte der Mob zum Sturmangriff an. Auf beiden Seiten kam es zu Todesopfern, doch die zahlenmäßig weit unterlegenen Verteidiger konnten eine Eroberung der Stadt verhindern. Aber ihre Aussicht war hoffnungslos. Schließlich handelte eine Delegation aus Quincy einen Waffenstillstand aus, nach dem ein Komitee ernannt werden sollte, das den Verkauf des Eigentums und den Abzug der restlichen Mormonen überwachen sollte.

Die «Altbürger» der Stadt verkauften ihren restlichen Besitz zu einem Spottpreis, ließen eine Plünderung über sich ergehen und begaben sich schließlich auf die andere Seite des Flusses. Der Legende nach soll sich eine Schar vom langen Flug ermüdeter Wachteln am Ufer niedergelassen haben und so das Lager der ärmsten unter den Emigranten vor dem Verhungern gerettet haben. Als das Haupkontingent unter Brigham Young vom Schicksal der Zurückgelassenen erfuhr, wurden sofort mehrere Wagen mit Hilfsgütern losgeschickt.

Mit der Vertreibung der letzten Mormonen endet auch die Geschichte Nauvoos. Der Tempel, für den die Heiligen so viele Opfer gebracht hatten, diente dem Mob als Quartier. Schließlich geriet er aus ungeklärten Gründen in Brand. Der Schein der Flammen konnte noch in dreißig Meilen Entfernung gesehen werden. Für die Emigranten in den Prärien von Iowa war es ein Zeichen, daß es für sie kein Zurück mehr gab, sondern nur noch den Weg nach Westen.

Was erhofften sich die Mormonen von ihrer Flucht nach Westen? Zum ersten wollten sie natürlich einen Ort finden, an dem sie ihre Religion in Frieden leben konnten, möglichst weit weg von allen *Gentiles*. Aber das Gebiet, in das sie wanderten, war unter mexikanischer Herrschaft. Die Auswanderer hingegen kamen aus den Vereinigten Staaten oder von den Britischen Inseln. Als Mexikaner würden sie sich nie fühlen. Trotz ihrer schlechten Erfahrungen sahen sie sich als Amerikaner und führten auch die Fahne ihres Landes mit sich.

Zum anderen wollten sie aber auch nichts Geringeres als das irdische Königreich Gottes, das Zion, in dem sich alle Gläubigen sammeln würden, gründen. Aber würde ein eigener Staat in den Rocky Mountains überleben können? Im Norden waren die Engländer, im Osten die Amerikaner und im Süden die Mexikaner. Selbst wenn sie die Unabhängigkeit von Mexiko erringen könnten, wäre die Wahrscheinlichkeit immer noch sehr hoch, zwischen den Vereinigten Staaten und den Engländern in Kanada und Oregon, die auch ein Auge auf die südlichere Pazifikküste geworfen hatten, zerrieben zu werden. Brigham Young war ein pragmatischer Führer. Er machte sich vermutlich keine Illusionen über die politischen Gegebenheiten. Was ihm, den Aposteln und dem Rat der Fünfzig wahrscheinlich vorschwebte, war ein semiautonomer Staat unter der Herrschaft der Vereinigten Staaten. Doch all das bleibt Spekulation. Denn während die Heiligen glaubten, aus den Vereinigten Staaten, das ihnen so wenig Schutz geboten hatte, zu fliehen, wurden sie sozusagen von dessen Grenze überholt.

In Abteilungen von fünfzig und zehn Familien organisiert, quälte sich das «Lager Israels» vorwärts. Im Durchschnitt legten sie nur drei Meilen am Tag zurück. Sechzehntausend Menschen verteilten sich auf einen Wagenzug von mehreren hundert Meilen Länge. Im Juni erreichten sie schließlich den Missouri, der die westliche Grenze Iowas bildete. Zu beiden Seiten des Flusses war Indianerland. Die Mormonen vertrugen sich gut mit den Indianern. Beide sahen sich als verfolgte Völker an. Die Indianer erlaubten den Mormonen, so lange auf ihrem Land zu bleiben, wie sie es für nötig erachteten. Vor dem Winter waren die Berge nicht mehr zu erreichen. Man begann damit, das mitgebrachte Saatgut in die Erde zu setzen, um im nächsten Jahr Verpflegung für die Weiterreise zu haben, und Unterkünfte zu errichten. Zwei Hauptsiedlungen entstanden am Missouri: am Ostufer Kanesville, benannt nach einem einflußreichen Freund der Mormonen, das spätere Counsel Bluffs, und am Westufer das größere Winter Quarters, aus dem sich Florence im heutigen Nebraska entwickeln sollte.

In der Zwischenzeit war jedoch zwischen den Vereinigten Staaten und Mexiko Krieg ausgebrochen. Die Mormonen wurden durch einen Vertreter in Washington und durch den bereits erwähnten Freund, Colonel Thomas L. Kane, bei Präsident Polk vorstellig, um ein eigenes Freiwilligenbataillon in den Krieg schicken zu dürfen. Die Mormonen taten dies nicht aus Kriegsbegeisterung oder gar Patriotismus – der war ihnen vergangen. Sie brauchten dringend Geld, das sie durch den Sold der Freiwilligen bekommen konnten. Außerdem würden die Soldaten nach ihrer Entlassung die Ausrüstung und ihre Waffen behalten können. Zudem würde dadurch ein Teil der Auswanderer, nämlich die Freiwilligen, auf Staatskosten in den Westen befördert werden.

Präsident Polk hingegen war ebenfalls an einer Beteiligung der Mormonen am Krieg interessiert. Nicht so sehr, weil es ihm an Freiwilligen gefehlt hätte. Die Missourier hatten sich zu Tausenden gemeldet. Aber Polk war sich bewußt, daß in den Prärien Iowas Tausende von Menschen waren: auf dem Weg in das umstrittene Gebiet und bitter von der amerikanischen Regierung enttäuscht. Würde er sie nicht auf seine Seite ziehen, könnten sie im Westen die militärischen Gegebenheiten zugunsten Mexikos verändern.

So geschah es, daß die amerikanische Regierung von den Mormonen in Winter Quarters fünfhundert Freiwillige anforderte. Viele unter den Heiligen protestierten empört. Ihnen war es völlig unverständlich, daß sie für die Vereinigten Staaten kämpfen sollten. Sie wußten nicht, daß ihre Führer mit der Regierung in Washington Kontakt aufgenommen hatten. Bis heute heißt es in der mormonischen Folklore, daß die Vereinigten Staaten in Bedrängnis waren und daß ihnen die Heiligen, obwohl sie es nicht verdient hatten, geholfen hätten.

Man hatte nicht vor, das Mormonenbataillon kämpfen zu lassen, weder gegen die Mexikaner noch gegen die Missourier. Obwohl sie in keine Kämpfe verwickelt waren, vollbrachten sie einen Rekord, nämlich den bis dahin oder vielleicht sogar in der Geschichte der amerikanischen Armee längsten Infanteriemarsch. Sie marschierten durch das heutige Kansas, nach Santa Fe in Neumexiko, entlang dem Gila River in Arizona und trafen schließlich in San Diego ein. Sie durchquerten auf ihrem Marsch Wüsten, kletterten über Berge und bahnten Pfade in das frisch eroberte Kalifornien.

Manche unter den aus dem Militärdienst Entlassenen ließen sich von einem gewissen Johann August Suter (auf englisch John August Sutter) aus Baden anheuern, um in der Nähe des heutigen Sacramento eine Sägemühle zu errichten. Während der Arbeiten wurde im Fluß Gold entdeckt, was den berühmten Goldrausch von 1849 auslöste.

In der Zwischenzeit wurden John Taylor, Parley P. Pratt und Orson Hyde nach England gesandt, um die aufgetretenen finanziellen Unregelmäßigkeiten in der dortigen Mission aufzuklären.

In Winter Quarters veröffentlichte Brigham Young am 14. Januar 1847 seine erste und zugleich letzte offizielle Offenbarung. Sie trägt den Titel: «Das Wort und der Wille des Herrn betreffend das Lager Israel auf dessen Wanderungen nach dem Westen». Darin wird geboten, daß sich das Lager Israel in Abteilungen formiert, die von Hauptleuten über hundert, über fünfzig und über zehn geführt werden sollen. Außerdem sollen die nötigen Vorbereitungen für den Weiterzug getroffen werden. Am Ende wird erklärt, daß der Tod Joseph Smiths nötig war, damit sein Zeugnis durch sein Blut besiegelt würde.

«Das Wort und der Wille des Herrn» bildet heute die Sektion 136 von Lehre und Bündnisse. Sie ist wie die Offenbarungen Joseph Smiths in der Sprache der King-James-Bibel geschrieben. Während jedoch die früheren Offenbarungen durch die Übernahme zahlloser Floskeln aus der Bibel überladen wirken, zeigten sich hier sowohl ein sorgfältiger Sprachstil als auch eine klare thematische Gliederung. Brigham Young hätten sicherlich die sprachlichen Fähigkeiten gefehlt, dieses Dokument allein zu verfassen. Vermutlich hatte er sich dabei der Hilfe seines späteren Beraters Willard Richards bedient.

Die Anordnungen, die in der Offenbarung enthalten sind, waren bereits auf der Reise bis Winter Quarters soweit wie möglich befolgt worden. Das eigentliche Ziel der Offenbarung lag darin zu zeigen, daß die Sammlung der Heiligen im Westen dem Willen Gottes entsprach. Viele der Flüchtlinge waren bereits der anstrengenden Wanderschaft müde geworden. Sie wußten nicht, was sie in den Bergen erwartete. Wie einfach wäre es doch gewesen, sich in den Prärien Iowas niederzulassen, und wie verlockend klangen doch die Stimmen James J. Strangs, Lyman Wights, Alphaeus Cutlers und anderer, die einen weniger abgelegenen Ort der Sammlung anboten. Die Apostel hatten nun ein Argument gegenüber den anderen Möchtegernführern, die das Volk zu sich nach Voree oder Texas ziehen wollten. Zudem hatte sich auch gezeigt, daß das Prophetenamt von Joseph auf Brigham übergegangen war. Die Kritik, daß Brigham Young nur Präsident der Zwölf Apostel, aber kein Prophet war, hatte nun ihre Wirkung verloren. Wenn Brigham ein Prophet war, konnte Strang nur ein falscher sein, und aus dem «jungen Joseph» konnte keiner werden.

Im Frühjahr des Jahres 1847 erlaubten es die Witterungsverhältnisse, die Reise in den Westen fortzusetzen. Brigham wählte eine Pioniergruppe aus, die der Hauptabteilung voranziehen und den Weg bahnen sollte. Es waren die besten Zugtiere und Ausrüstungen, die den Pionieren zugestanden wurden. Hundertvierundvierzig Männer wurden aufgrund ihrer Fähigkeiten als Schmiede, Maurer, Steinmetze oder auch wegen der Erfahrungen, die sie bei dem langen Marsch des Lagers Zions gewonnen hatten, für die Vorhut ausgewählt. Sie wurden von drei Frauen und zwei Kindern begleitet. Unter den Teilnehmern befanden sich insgesamt sechs Apostel.

Am 5. April brach die Pioniergruppe schließlich auf. Brigham Young stellte hohe Anforderungen an die Disziplin seiner Genossen. Manche unter ihnen zeigten nach Brighams Geschmack zuwenig Gottesfurcht und haderten miteinander. Erst als er drohte, mit zehn gläubigen Männern das Lager zu verlassen und irgendwo im Ausland wirkliche Heilige zu berufen, gewann die Selbstzucht die Oberhand über die Ausgelassenheit.

Für die Pioniere bildeten entgegenkommende Trapper wichtige Informationsquellen. Die meisten unter ihnen äußerten sich skeptisch über eine mögliche landwirtschaftliche Betätigung im Tal des Salt Lake. In Fort Laramie (das jedoch nicht mit der heutigen Stadt Fort Laramie identisch ist) erfuhren die Pioniere, daß erst kurze Zeit vorher der ehemalige missourische Gouverneur Lilburn Boggs vorbeigezogen sei. Er war auf dem Weg nach Kalifornien, wo er das Amt eines Bürgermeisters übernahm. Es ist nicht auszudenken, was hätte passieren können, wenn die beiden Gruppen aufeinandergestoßen wären.

Am 30. Juni kamen sie am Green River an, nahe der Grenze des heutigen Utah, wo sie zu ihrer Überraschung auf Sam Brannan und zwei Begleiter stießen. Die «Brooklyn» hatte in der Zwischenzeit die Hafenstadt Yerba Buena (das heutige San Francisco) erreicht. Als sie in den Hafen eingelaufen war, hatte bereits die amerikanische Fahne über den Dächern der Stadt geweht. Da sie eine Druckerpresse mit sich führten, gründeten die Mormonen die erste Zeitung Kaliforniens. Brannan vollzog die erste (amerikanische) Trauung in dem neuerworbenen Territorium. Brannan war überzeugt, daß Kalifornien der richtige Platz für die Heiligen war. Aus diesem Grund hatte er sich auf den Weg gemacht, Brigham Young zu überzeugen, nach Kalifornien weiterzuziehen. Er pries das milde Klima und das fruchtbare Land. Er hatte das *Great Basin* durchquert und schilderte es als wüst und lebensfeindlich. Brigham Young ließ sich nicht beeindrucken. Die Heiligen, sagte er, könnten mit Gottes Hilfe und eigenem Fleiß überall ein Paradies errichten. Hätte Brannan den Goldrausch und den dadurch ausgelösten Zustrom von *Gentiles* vorausgesehen, hätte er vermutlich Brigham recht gegeben. Enttäuscht machte er sich auf den Rückweg nach Kalifornien. Er erwarb ein Vermögen und verlor es wieder. Kurz vor seinem Tod kam er noch einmal zu Geld. Er bezahlte seine Schulden damit und starb.

Am 23. Juni tauchten im Blickfeld der Pioniere zum erstenmal die Rocky Mountains auf:

> «Vor uns, in einer großen Entfernung, sind die Umrisse von Bergen zu sehen, höher als wir jemals welche gesehen haben. Die untergehende Sonne, die ihre flüchtigen Strahlen schräg auf ihre Gipfel warf, offenbarte unseren Augen, daß sie mit Schnee bedeckt sind.»[13]

Die Berge bildeten nicht nur in physischer Hinsicht eine schwierige Hürde. Viele unter den Pionieren wurden von dem sogenannten *mountain fever,* dem Bergfieber, befallen. Die Krankheit wurde vermutlich durch Zecken übertragen. Sie äußerste sich in extremen Kopf-, Rücken- und Gliederschmerzen. Brigham Young wurde nach eigenen Worten «fast verrückt vor Schmerzen». Er konnte die Reise nicht fortsetzen. Man fürchtete um sein Leben. Von der Pioniergruppe spaltete sich nun selbst eine Vorhut ab, die den Weg weiterzog, während andere bei Brigham zurückblieben.

Am 21. Juli schließlich war es soweit. Orson Pratt und Erastus Snow konnten die ersten Blicke auf das verheißene Land werfen:

> «Nachdem wir aus den Bergen, die uns so lange eingeschlossen hatten, hervorgekommen waren und in einem Augenblick solch

eine ausgedehnte Landschaft offen vor uns sahen, konnten wir einen Juchzer nicht unterdrücken. Er kam uns in diesem Moment des grandiosen und herrlichen Landschaftsbildes fast unwillkürlich von den Lippen.»[14]

Brigham Young konnte das Tal erst zwei Tage später sehen. Bei dieser Gelegenheit soll er die Worte gesprochen haben: «Das ist der Ort!» Die Folklore der Mormonen schmückt dieses Ereignis natürlich noch mehr aus: Brigham lag krank im Bett auf einem Wagen. In einer Vision hatte er jedoch das Tal des Großen Salzsees bereits gesehen. Als nun seine Gruppe aus den Bergen hervorkam, bat er, aufgerichtet zu werden. Das Tal vor seinen Augen, soll er den berühmten Ausruf getätigt haben. Man half ihm aus dem Wagen, und er soll, auf einen Stock gestützt, noch dreimal gerufen haben: «Das ist der Ort!»

Die Historiker sind geteilter Meinung, ob Brigham diese Worte wirklich gesagt hatte. Das Ziel der Reise war von Anfang an festgestanden. Man hatte möglichst genaue Erkundigungen über das *Salt Lake Valley* eingezogen. Brigham hätte also keine Vision benötigt, um zu wissen, was der richtige Ort war. Vielleicht hatte aber Brigham es tatsächlich vor seinem geistigen Auge gesehen, als er mit hohem Fieber darniederlag. Auf jeden Fall ziert heute den Ort, an dem er diese Worte gesprochen haben soll, das riesige «This-Is-The-Place»-Monument.

Im verheißenen Land angekommen, wurde keine Zeit versäumt, Vorbereitungen für die Ankunft nachfolgender Emigranten zu treffen. Die ersten Felder wurden bestellt, Bewässerungsgräben gezogen, notdürftige Unterkünfte gebaut und Pläne für eine Stadt entworfen, für ein neues Zion, mit einem Platz für einen Tempel in dessen Mitte. Dieses Land sollte das Gegenstück zum Heiligen Land der Bibel sein. Man konnte das *Salt Lake Valley* tatsächlich so sehen, daß es Ähnlichkeiten mit dem Land Israel hatte. Es gab zwei Seen, den kleineren Lake Utah, der ein Süßwassersee war und der dem See Genezareth entsprechen sollte, und den Großen Salzsee, das Tote Meer Nordamerikas. Von Lake Utah ergoß sich ein Fluß in den Salzsee, der von den Heiligen der letzten Tage in Anspielung auf das östliche Vorbild Jordan genannt wurde. Das Jerusalem im Osten sollte seine Entsprechung in Salt Lake City finden.

Nicht alle waren von dem neuen Land begeistert. Die Erde war so trocken, daß man nur durch künstliche Bewässerung eine Ernte erzielen konnte. Bäume fehlten völlig. Man mußte das Bauholz entweder aus den Bergen herschaffen oder auf die gewohnten Blockhütten verzichten und statt dessen Häuser aus getrockneten Lehmziegeln, *adobe* genannt, bauen.

Den Heiligen der letzten Tage erging es wie den Israeliten, die Joshua nach Kanaan geführt hatte. Ihnen war ein Land, in dem Milch und Honig fließen, versprochen worden. Niemand hatte gesagt, daß man in diesem Land ums Überleben würde kämpfen müssen. Manche unter den Emigranten wollten gleich weiter nach Kalifornien ziehen, andere die Strapazen auf sich nehmen und wieder in den Osten zurückkehren. Ob das Land nun schön oder schrecklich war, hing von der jeweiligen Einstellung ab.

Die Pioniergruppe hatte keine Verluste an Menschen und Tieren zu beklagen, was erstens mit viel Glück und zweitens mit der hervorragenden Ausrüstung zusammenhing. Viel schwieriger würde es werden, die restlichen Emigranten, ein Großteil von ihnen Frauen und Kinder, ans Ziel zu bringen.

Bereits der Weg zurück nach Winter Quarters stellte sich als gefahrvoll heraus. Viele Pferde und Rinder wurden von den Indianern gestohlen, so daß der Treck nur noch langsam vorankam. Für einige Zeit war die ganze Pionierabteilung dem Verhungern nahe. Glücklicherweise kam ihnen Hilfe aus den Niederlassungen am Missouri entgegen. Auf ihrem Weg zurück nach Osten trafen sie auch auf die ersten fünf Emigrantenzüge, die kurz nach ihnen aufgebrochen und ihren Spuren gefolgt waren. Zu ihren Führern gehörten John Taylor und Parley P. Pratt.

Brigham Young führte in diesem Jahr keinen Treck mehr nach Westen. Statt dessen kümmerte er sich um andere Belange der Kirche. Er war nun bereit, vollends den Platz Josephs einzunehmen und sich zum Präsidenten, Propheten und Seher der Kirche ernennen zu lassen. Die Nachfolgefrage wurde von den Aposteln endgültig gelöst. Danach sollte der Präsident aus der Mitte der Zwölf gewählt werden. Er würde mit seinen beiden Beratern die Erste Präsidentschaft bilden. Sollte der Präsident sterben, würde sich die Erste Präsidentschaft wieder auflösen. Die Apostel sollten von Verwaltungsaufgaben entbunden werden und sich ihrer eigentlichen Berufung, nämlich der Verbreitung des Evangeliums, widmen.

Gegen Brighams Entscheidungen regte sich nur geringer Widerstand. Er wählte zu seinen Beratern seinen Freund Heber C. Kimball und Willard Richards aus. Die anderen Apostel bekamen ihre Aufgaben zugewiesen. Sie mußten entweder in die Missionsfelder gehen oder weitere Emigrantenzüge organisieren. Die Heiligen in Europa und im Osten der Vereinigten Staaten wurden in einer offiziellen Epistel aufgefordert, sich im neuen Zion zu sammeln und alles, was von Nutzen sein konnte, mitzubringen.

Im Frühjahr 1848 begann die eigentliche Auswanderung. Es wurden gemäß der Offenbarung Gruppen von hundert, fünfzig und zehn Familien gebildet. Jede Gruppe von fünfzig wurde mit einem Schmied und einem Wagenmacher ausgestattet, um nötige Reparaturen vornehmen und die Pferde beschlagen zu können. Den einzelnen Personen wurden Brotrationen zugeteilt, und die wehrfähigen Männer bekamen Gewehre mit jeweils hundert Schuß Munition. Jeder Wagen und jedes Gespann wurden vor dem Abmarsch von einem Komitee auf dessen Tauglichkeit hin überprüft.

Die Emigranten trieben Herden von Rindern mit. Diese Tiere erwiesen sich als besonders nützlich. Sie konnten als Zug- und Schlachttiere verwendet werden und bildeten gleichzeitig den Grundstock für die Viehzucht im Gelobten Land. Doch auch die Indianer wußten sie als Ersatz für die von den Weißen weggeschossenen Bisons zu schätzen. Andere Nutztiere, wie Schweine und Geflügel, wurden in am Wagen befestigten Käfigen gehalten. Jede Person hatte sich einer strikten Disziplin unterzuordnen. Niemand durfte sich, nach den aufgestellten Vorschriften, ohne Erlaubnis vom Zug entfernen. Nur dadurch konnten größere Unfälle und Unannehmlichkeiten mit Indianern vermieden werden.

Vom Missouri bis zum zukünftigen Salt Lake City war eine Strecke von tausendvierunddreißig Meilen zurückzulegen. Der Weg führte durch Wüsten und durch Indianerland. Niemand wußte, wie sich die Ureinwohner verhalten würden. Daß sie selbst Pferde und Rinder gut gebrauchen konnten, hatte sich bereits herausgestellt. Es war nicht selten vorgekommen, daß Tiere gestohlen wurden. Aus diesem Grund wurde nachts eine Wagenburg gebildet, mit den Rindern und Pferden im «Innenhof».

Samstagnachmittag wurde gewöhnlich mit Waschen, Backen und Reparaturen an den Wagen verbracht. Sonntag war ein Tag der Ruhe und des Gottesdienstes. Jeder Tag begann mit einem gemeinsamen Morgengebet und endete mit einem Abendgebet. Ab und zu, wenn es die Zeit erlaubte, gab es auch Tanzveranstaltungen.

Um nachfolgende Emigranten mit Nahrungsmitteln zu versorgen, wurden entlang dem Weg Farmstationen errichtet. Diejenigen, die im Herbst nachfolgten, würden das ernten können, was im Frühjahr von den Vorgängern gesät worden war.

Im biblischen Bericht des Auszugs der Israeliten aus Ägypten werden zwar die vielen Wunder und Zeichen, die Gott für sein Volk vollbrachte, aufgezählt, aber nur an einer Stelle (5 Mose 25:17) finden die zurückgelassenen, schwachen Nachzügler, die den Amalekitern zum Opfer fielen, Erwähnung. Der große Zug nach Westen spielt in der Geschichte der Mormonen eine ebenso zentrale Rolle. «O Babylon, o Babylon, wir sagen dir Lebewohl; in die Berge Ephraims ziehen wir, um dort zu wohnen», heißt es in einem Lied, das die Emigranten sangen. Sie ließen die große Hure Babylon, von der die Offenbarung des Johannes sprach, hinter sich zurück, und sammelten sich in ihrem Erbteil. Das babylonische Exil war nun endgültig vorbei, die Stämme Israels zogen in ihr verheißenes Land, bevor das Strafgericht über die anderen Völker losbrechen würde. Die Erzählungen über den Exodus sind voll mit wunderbaren Ereignissen, die entweder die ganze Gemeinschaft oder einzelne Personen betrafen. Auch in den «letzten Tagen» hatte Gott mit starker Hand sein Volk aus den Ländern der Heiden geführt und dabei wunderbare Zeichen gewirkt.

Das Wunder mit den Wachteln wurde bereits erwähnt. Ein ganz besonderes Zeichen vollbrachte Heber C. Kimball. Sein Pferd wurde von einer Klapperschlange gebissen. Ohne zu zögern beruhigte er das Tier und übergab die Zügel jemand anderem. Im Vertrauen auf die Kraft des Priestertums legte er seinem Pferd die Hände auf den Kopf, segnete es und wies das Gift zurück, woraufhin das Tier wieder gesund wurde. Ähnliche Heilungen von Pferden und Ochsen werden mehrfach überliefert.

Doch trotz aller Wunder blieben der Tod und das Leid beständige Mitreisende, was oft nur nebenbei erwähnt wird. Es sind meist nur wenige Sätze, die für manche Menschen unvorstellbare Tragödien beschreiben. «Stillman Pond begrub in diesem Winter eine Frau und sechs Kinder», schrieb Mary Jane Mount Tanner in ihren Memoiren über eine ansteckende Krankheit, die in Winter Quarters unter den Heiligen wütete, «und viele andere waren so glücklos wie er.»[15] Noch bevor das kalte Wetter einsetzte, gab es in Winter Quarters sechshundert Beerdigungen. Diejenigen, die verschieden, während der Treck weiterzog, wurden unter Erdhügeln am Wegesrand begraben. Rudel von Wölfen folgten den Wagen und scharrten die Leichen wieder aus.

Doch es waren nicht nur Menschen, die zu leiden hatten. Die Wagen wurden von Ochsen und Rindern gezogen. Oft gab es in der Prärie nicht genug zu fressen, und viele von den Tieren brachen vor Erschöpfung einfach zusammen. «Die Männer versammelten sich beim Tier; und durch Zureden und Schlagen, oder wenn es möglich war, dem verendenden Tier etwas Gras oder Wasser zu bringen, wurde es manchmal dazu gebracht, wieder aufzustehen und die Reise fortzusetzen; aber häufig wurde es tot oder sterbend aus dem Weg gezogen.»[16] Der *Mormon Trail* war, wie andere Emigrantenwege in den Westen auch, gesäumt von den Knochen verendeter Tiere.

11. Deseret

Es waren etwa tausendsiebenhundert Menschen, die den ersten Winter im Gelobten Land verbrachten. Sie ernährten sich hauptsächlich von mitgebrachten Vorräten, erjagten Tieren, wildwachsenden Pflanzen und Wurzeln.

Im Mai und Juni, als die aufgehende Saat die Hoffnung auf eine erfolgreiche Ernte weckte, begannen Heuschreckenschwärme – als sollte sich die Prophezeiung des Propheten Joel in diesem Tal erfüllen – die Felder zu bedecken und die jungen Pflanzen zu verschlingen. Die Menschen boten all ihren Einfallsreichtum auf, um das einfallende Insektenheer zu bekämpfen. Sie erschlugen die winzigen Gegner mit Schaufeln und warfen sie ins Feuer. Sie gruben Gräben und füllten sie mit dem Ungeziefer.

Die ganze Ernte, die das Überleben im nächsten Winter hätte sichern sollen, war dabei, zugrunde zu gehen. In diesem Augenblick höchster Verzweiflung, so berichtet die Legende, warfen die Siedler ihre Werkzeuge weg und begannen zum Himmel zu beten. Da geschah das Wunder. Vom See her kamen Tausende von Möwen und stürzten sich auf die Heuschrecken. Sie fraßen, bis sie nicht mehr konnten, spien die unverdaulichen Teile der Insekten aus und stürzten sich von neuem auf die Plagegeister.

An dieses Ereignis erinnert noch heute ein Monument in Salt Lake City, und zum Dank stehen die Möwen in Utah unter besonderem Schutz. In den Dokumenten und Biographien aus dieser Zeit findet jedoch dieses bedeutsame Ereignis keine Erwähnung. Das heißt jedoch nicht, daß es nicht stattgefunden hat. Tatsächlich wurde das *Salt Lake Valley* in den folgenden Jahrzehnten immer wieder von Heuschrekkenplagen heimgesucht. Die Möwen kamen ebenfalls immer wieder. Wenn sie auch die Insekten nicht vernichten konnten, so verringerten sie doch das Übel. In der Legende von den gottgesandten Möwen wird lediglich auf ein einziges Ereignis reduziert, was sich über viele Jahre hinweg abspielte.

Es waren jedoch nicht nur Nahrungsmittel, die die Siedler benötigten. Ihr Schuhzeug und ihre Kleidung nutzten sich ab. Das Werkzeug ging irgendwann einmal zu Bruch. Die Wagen konnten mit der Zeit nicht mehr repariert werden. Die Heiligen im Gelobten Land waren jedoch noch lange nicht in der Lage, die benötigten Materialien selbst herzustellen. Zudem waren sie zu weit von den Industriezentren entfernt, um sie importieren zu können. Für diejenigen, die in die Zukunft dachten, war es offensichtlich, daß sich eine Katastrophe anbahnte. Die Siedler würden sich vor die Wahl gestellt sehen, auf einer primitiveren Kulturstufe, ähnlich derjenigen der Indianer, in diesem Tal weiterzuleben, oder ihre Träume auf ein eigenes Land aufzugeben und weiterzuziehen, vielleicht nach Kalifornien oder Oregon.

Es waren wieder einmal die geschichtlichen Ereignisse, die zugunsten der Mormonen wirkten. Bereits der Krieg mit Mexiko und der daraus resultierende Friedensvertrag von Guadalupe Hidalgo, der den Vereinigten Staaten das gesamte Obere Kalifornien zusprach, hatten es ihnen ermöglicht, in dem von ihnen ausgesuchten Land zu bleiben. Nun war in Kalifornien Gold entdeckt worden. Aus allen Teilen der Vereinigten Staaten machten sich Goldsucher, die «Neunundvierziger», wie sie nach der Jahreszahl des Goldrausches genannt wurden, auf den Weg an die Pazifikküste. Die meisten unter ihnen benutzten den bereits von den mormonischen Emigranten ausgekundschafteten Weg, der sie ins Tal des Großen Salzsees führte. Von den Hafenstädten des Ostens machten sich auch Schiffe auf den Weg nach Kalifornien, und bald verbreitete sich die Nachricht, daß es zu einer Schwemme von Versorgungsgütern an der Westküste kommen würde. Zu viele hatten darauf spekuliert, mit dem Verkauf von Waren, die für die Suche nach dem begehrten Metall benötigt wurden, das große Geld zu machen. Nun wurden gerade diese Gegenstände zur Last. Im Tal bei den Mormonen angekommen, tauschten viele ihre Wagen gegen Packtiere ein. Ihre mitgeschleppten Möbel und Werkzeuge verkauften sie zu einem Spottpreis.

Doch die Siedler konnten die gleichen Waren sogar gratis haben. Sie brauchten nur mit einem Wagen den Weg der Goldsucher nach Osten zurückzufahren. Manche der Goldsucher und Händler hatten ihre zu schwer gewordenen Möbel und Ausrüstungsgegenstände einfach an den Wegrand geworfen. Die Siedler brauchten sie nur noch aufzuladen und nach Hause zu bringen.

Von den Mormonen selbst wurden nur wenige von dem Goldrausch ergriffen. Doch das von ihnen verachtete Gold wurde ihnen auf indirekte Weise zum Segen. In Nauvoo hatten sie ihren Besitz für einen symbolischen Preis hergeben müssen. Nun konnten sie selbst, noch dazu in einer Notsituation, bitter benötigtes Material für wenig Geld erwerben.

Vom unmittelbaren Überleben abgesehen, sahen die Mormonen ihre Aufgaben darin, die Heiligen von allen Ecken der Welt zu sammeln und das Königreich Gottes in den Bergen zu errichten. Für die Zeit bis zum Eintreffen der Ersten Präsidentschaft wurde eine Interimsregierung ernannt. John Smith, der Patriarch und Onkel des ermordeten Propheten, bekleidete das Präsidentenamt. Ihm standen zwei Berater und ein Hoher Rat zur Seite. Für die kirchlichen Belange waren John Taylor und Parley P. Pratt zuständig.

Als im September 1848 die Erste Präsidentschaft eintraf, war die Bevölkerung bereits auf Fünftausend angewachsen. Die legislativen Aufgaben wurden nun vom Rat der Fünfzig übernommen.

Das Gebiet des *Great Basin* gehörte zwar nun zu den Vereinigten Staaten, aber es war weder Teil eines organisierten Territoriums noch eines Bundesstaates. Wie bereits weiter oben erwähnt, war es von Anfang an das Ziel der Mormonen gewesen, mehr oder weniger mit den Vereinigten Staaten verbunden zu bleiben. Der Status eines Bundesstaates hätte ihnen bedeutend mehr Autonomie geboten, als derjenige eines Territoriums. Doch bis dahin war ein langer Weg. Mit fünftausend wahlberechtigten Einwohnern konnte den Bestimmungen gemäß ein Territorium gebildet werden. Ein Territorium konnte zwar eine legislative Versammlung wählen und einen Vertreter nach Washington senden, doch der Gouverneur und die obersten Richter würden von der Bundesregierung ernannt werden. Erst wenn das Gebiet eine Bevölkerung von sechzigtausend erreicht hatte, konnte es beantragen, zum Staat erhoben zu werden.

Die Mormonen umgingen fürs erste diesen Weg, indem sie auf amerikanischem Boden einen eigenen Staat gründeten: den Staat Deseret. Der Name, der aus dem Buch Mormon (Ether 2:3) stammt und «Honigbiene» heißen soll, signifiziert bereits die Eigentümlichkeit des neuen Staates. Es sollte kein heterogener, für alle offen stehender, pluralistischer Staat sein, sondern ein Land eigens für die Mormonen.

Da die amerikanische Verfassung als göttlich inspiriertes Dokument angesehen wurde, diente sie auch für die Verfassung Deserets als Muster, das heißt, es wurden ein Repräsentantenhaus und ein Senat gebildet. Auf dem Papier herrschte Gewaltenteilung; da jedoch die kirchliche Hierarchie die oberste von den Siedlern anerkannte Autorität war, existierte sie nur in der Theorie.

Die Fläche Deserets war beträchtlich. Das Gebiet umfaßte die heutigen Staaten Utah und Nevada, den größten Teil Arizonas, den südlichen Teil Kaliforniens und Stücke von Oregon, Idaho, Wyoming, Colorado und New Mexico. Diese Grenzen existierten nur in der Theorie, denn die Heiligen konzentrierten sich in einem relativ kleinen Gebiet, aber sie bildeten Siedlungsziele. Der südliche Teil Kaliforniens wurde als San-Bernardino-Korridor bezeichnet. Er sollte dem «Mormonenland» einen Zugang zum Meer ermöglichen.

Bei der ersten Wahl war nur eine Liste aufgestellt worden. Vermutlich hatte sich der Rat der Fünfzig für die Auswahl der Kandidaten verantwortlich gezeigt. Wie zu erwarten, wurde Brigham Young zum Gouverneur gewählt. Heber C. Kimball wurde oberster Richter, und Willard Richards bekleidete den Posten des Außenministers. Kirche und Staat waren zwar der Verfassung nach getrennt, befanden sich aber nach der ersten Wahl in Personalunion.

Die ersten Siedler in Deseret bildeten eine relativ homogene Gesellschaft. Sie hatten alle die strenge Werteordnung ihrer Religion als Richtschnur akzeptiert. Für die Richter und die Polizei gab es deshalb wenig zu tun. Gefängnisse existierten nicht. Kam es trotzdem einmal zu einer Verurteilung wegen einer Gesetzesübertretung, so wurde eine Geldstrafe verhängt oder, in schwereren Fällen, Peitschenhiebe.

Die Goldsucher waren die ersten der wenig geliebten *Gentiles,* die Unruhe ins Land brachten. Die meisten unter ihnen zogen so schnell weiter, wie es ihnen möglich war. Die Lebensweise der Mormonen behagte ihnen vermutlich wenig. Nur die Puritaner in Massachusetts hatten eine ähnlich strenge, moralistische Gesellschaft aufgebaut. Manche unter ihnen waren jedoch gezwungen, den Winter über im *Salt Lake Valley* zu verbringen. Sie wurden zwar von den Mormonen beherbergt, und sie fanden auch Arbeit, die ihnen den Aufenthalt finanzierte, aber sie waren gesellschaftliche Außenseiter. Die Kirchenführung warnte vor allem die Frauen und Mädchen davor, sich mit den Goldgräbern einzulassen. Trotzdem wurden Ehen geschlossen. Manche derjenigen, die gedacht hatten, in Kalifornien ihr Glück zu machen, blieben nun im kargen Mormonenland. Andere zogen nach dem Winter einfach weiter und ließen ihre Frauen zurück.

In diesem Teil der Erde konnte man die Saat nicht einfach in den Boden stecken und warten, bis sie aufging, sondern es mußte für künstliche Bewässerung gesorgt werden. Je weiter die Besiedlung fortschritt, desto karger wurde das verfügbare Land, desto längere Kanäle mußten angelegt werden. Eine gerechte Verteilung des Wassers konnte nicht durch den «rauhen Individualismus» des amerikanischen Westens bewerkstelligt werden. Nötig war die Zusammenarbeit der gesamten Gemeinschaft. Den Mormonen kam zugute, daß sie seit den Tagen der Vereinigten Ordnung Erfahrung in kooperativen Unternehmungen besaßen.

Die kirchliche Hierarchie war in den ersten Jahren auch für die wirtschaftlichen Angelegenheiten zuständig. In den wöchentlichen Priesterschaftstreffen wurde nicht nur über Religion gesprochen, sondern es wurde auch festgelegt, wer wieviel Wasser bekommen sollte oder wer für die Wartung der Gräben verantwortlich war. Für die korrekte Einhaltung der Beschlüsse war der örtliche Bischof zuständig.

Genauso planmäßig wurden neue Siedlungen errichtet. Die Teilnehmer der Pioniergruppen, die diese Siedlungen errichten sollten, wurden von der Kirchenführung berufen. Oft wurden ihre Namen einfach am Sonntag während oder nach dem Gottesdienst verlesen. Die Errichtung neuer Siedlungen diente, wie die Missionsarbeit, der Ausbreitung des Gottesreiches, weswegen das Einverständnis mit der Berufung als religiöse Pflicht gesehen wurde. Eine Pioniergruppe wurde meist von einem Bischof geleitet. An der Stelle der vorgesehenen Siedlung angekommen, wurde zuerst zum Schutz vor Indianerüberfällen ein Fort errichtet. Danach wurde das verfügbare Land vermessen und in Grundstücke aufgeteilt. Nicht jeder bekam einen gleich großen Teil. Männer mit mehreren Frauen (Polygamie wurde zwar noch nicht öffentlich gelehrt, jedoch offen praktiziert) bekamen Land gemäß der Zahl ihrer Familien zugeteilt. Junggesellen wurden diskriminiert. Sie erhielten die kleinsten und schlechtesten Grundstücke. Der Verteilung des Landes folgte der gemeinsame Bau von Kanälen und Straßen.

Zum Ziel der Siedlungspolitik gehörte, möglichst schnell die fruchtbarsten Gebiete zu besetzen und die vorgesehenen Grenzen des Staates Deseret zu sichern. Der Errichtung der Hauptstadt folgte die Gründung der Städte Brownsville (heute Ogden), nördlich von Salt Lake City, und Provo, im Süden. Später wurde der Siedlungsraum ausgedehnt durch die Gründung von Städten wie San Bernardino in Kalifornien, zur Sicherung des Korridors zum Meer, oder Fort Limhi in Idaho, das die nördliche Grenze bezeichnete.

Zur gleichen Zeit wurden weiterhin Missionare ausgesandt, um das Evangelium zu predigen und die Heiligen aufzurufen, aus Babylon zu fliehen und sich in Zion zu sammeln. Die ersten Missionare erreichten Indien und China. In China blieb wegen mangelnder Sprachkenntnisse jeglicher Erfolg aus. Die Missionare kamen nicht einmal über die Grenzen der britischen Kolonie Hongkong hinaus. In Indien interessierten sich nur ein paar Angelsachsen für die Botschaft. Parley P. Pratt betrat zum ersten Mal chilenischen Boden. Auch ihm gelang es nicht, an seine früheren Erfolge anzuknüpfen.

Ganz anders verlief die Mission auf den Britischen Inseln und seit 1850 in Dänemark. Hier schlossen sich die Menschen zu Tausenden den Heiligen der letzten Tage an und bereiteten sich auf die Emigration vor. Etwas mäßiger war der Erfolg in Deutschland und in den anderen skandinavischen Staaten, wo sich die Missionare einem wachsenden Widerstand der staatlichen Behörden gegenübersahen.

Nicht alle unter den Heiligen hatten jedoch die finanziellen Mittel für ihre Auswanderung. Um es auch den Armen zu ermöglichen, sich in Zion niederzulassen, wurde der *Perpetual Emigrating Fund* (PEF) gegründet. Dieser Fonds stellte die für die Emigration nötigen Geldmittel und Ausrüstungsgegenstände zur Verfügung und organisierte die Reise. Wenn die Auswanderer in Zion angekommen waren, mußten sie die angefallenen Kosten in Form von Geld, Naturalien oder öffentlichen Arbeiten zurückbezahlen. Dadurch konnte die Auswanderung weiterer Heiliger ermöglicht werden.

Die Emigrantenschiffe legten in den ersten Jahren in New Orleans an, von wo die Reise mit anderen Schiffen den Mississippi hinauf bis Saint Louis ging. Von dort wurden die Auswanderer auf dem Missouri bis zu einer Siedlung, meist Florence (das frühere Winter Quarters), gebracht, wo sie ihre Wagen und Ausrüstungen erhielten. Um der Cholera zu entgehen, legten die Schiffe in späteren Jahren in New York oder Boston an. Mit dem Bau der Eisenbahn verkürzte sich auch der beschwerlichere Teil der Strecke, der mit den Wagen zurückgelegt werden mußte.

Die Auswandererzüge des PEF blieben jedoch nicht von steigenden Transport- und Ausrüstungskosten verschont. Um mit den vorhandenen Mitteln möglichst viele Heilige nach Zion zu bringen, entschloß man sich 1856, anstatt Wagen Handkarren einzuführen. Nur die schweren Gegenstände sollten weiterhin auf Wagen befördert werden. Jede Familie würde nun aber einen Karren bekommen, der von einem Mann gezogen werden sollte. Frauen und Kinder sollten daneben herlaufen.

Noch im gleichen Jahr starteten von Florence aus fünf dieser Handkarrenzüge. Die ersten drei erreichten Salt Lake City sicher. Die vierte und fünfte Gruppe brach jedoch erst im August auf, was gefährlich spät war. Die Karren waren eilig aus grünem Holz gefertigt worden und bedurften häufiger Reparaturen, was das Vorwärtskommen zusätzlich verzögerte. Als sie Fort Laramie erreichten, fehlte der dort erwartete Proviant. Zudem wurden sie im Hochland Wyomings von einem frühzeitigen Schneesturm überrascht. Die fehlende Nahrung, die körperliche Anstrengung und das kalte Wetter verlangten ihren Zoll. «Der Tod beschränkte seine Verheerungen nicht länger auf die Alten und Kranken», berichtete ein Teilnehmer, «sondern die Jungen und naturgemäß Starken waren unter seinen Opfern. [...] Ich habe einige gesehen, die ihren Karren am Morgen zogen, während des Tages zusammenbrachen und vor dem nächsten Morgen starben.»[17] Viele erlitten Erfrierungen, die es ihnen unmöglich machten weiterzumarschieren. Sie mußten zu den Karren getragen werden und bildeten so eine zusätzliche Last. Als in Salt Lake City die Nachricht eintraf, daß noch etwa eintausend Emigranten in den Prärien wären, wurde sofort eine Hilfsexpedition in Marsch gesetzt. Für etwa zweihundert Menschen kam jedoch jede Hilfe zu spät.

«Wir kamen in Salt Lake City am 11. Dezember 1856 um neun Uhr nachts an», berichtet Mary Goble Pay. «Drei unter vier Überlebenden hatten Erfrierungen. Meine Mutter war tot im Wagen.»[18]

Auswanderer wurden noch bis 1860 mit Handkarren ausgestattet. Daneben wurden jedoch weiterhin Planwagen eingesetzt. Von nun an wurden die Emigranten mit Wagen und Zugtieren, die dem PEF gehörten, nach Salt Lake City transportiert, woraufhin diese leer wieder umkehrten und in Florence auf neue Emigranten warteten.

Alle Auswanderertrecks hatten Tote zu beklagen, auch die sogenannten «erfolgreichen». Zur Veranschaulichung der Strapazen und der Opfer sollen hier nur zwei Tagebucheinträge von Teilnehmern der günstig verlaufenen Handkarrenzüge zitiert werden:

> «15. Juni [...] stand etwa um vier Uhr auf, um einen Sarg für den Sohn meines Bruders John Lee, mit Namen William Lee, zwölf Jahre alt, zu machen [...] und gleichzeitig mußte ich einen anderen Sarg für Schwester Prattors Kind machen.»
> «3. August [...] Ich war so schwach vor Durst und Hunger und war vor Schmerzen im Unterleib so erschöpft, daß ich mich mehrere Male niederlegen mußte, und viele andere mußten das gleiche tun [...] und arme Kate [...] sie kroch auf ihren Händen und Knien, und die Kinder weinten vor Hunger und Erschöpfung.»[19]

Trotz der Unfälle und Krankheiten waren die Trecks der Mormonen in der Regel sicherer und weniger verlustreich als diejenigen der *Gentiles*. Zwar herrschte auch bei ihnen nicht nur Eintracht und Solidarität, aber der gemeinsame Glaube gab ihnen doch mehr Zusammenhalt in Notsituationen. Darüber hinaus waren sie besser organisiert und wurden von einer Organisation überwacht, die in Notfällen Rettungsaktionen starten konnte.

12. Der «Utah-Krieg»

Im September 1850 gelang es dem amerikanischen Kongreß, den Status der von Mexiko erworbenen Gebiete zu regeln. Kalifornien wurde als Bundesstaat in die Union aufgenommen, und die übrigen Gebiete wurden in zwei Territorien organisiert.

Das Bestreben der Mormonen war es gewesen, daß Deseret ebenfalls als Bundesstaat anerkannt würde. Thomas L. Kane, der Freund der Mormonen in Washington, hatte Brigham Young davor gewarnt, den Status eines Territoriums anzustreben, denn das hieße, daß Deseret von korrupten, von der Bundesregierung geschickten Beamten ausgebeutet würde.

Zum Leidwesen der Mormonen erfüllten sich ihre Hoffnungen auf Staatlichkeit nicht. Deseret wurde ein Opfer der Streitigkeiten zwischen den Nord- und den Südstaaten. Die Kongreßabgeordneten aus dem Norden wollten vermeiden, daß im Westen neue Sklavenhalterstaaten entstünden. Der Süden, der damit rechnete, daß die neuen Gebiete im Westen hauptsächlich von Auswanderern aus den Sklavenhalterstaaten besiedelt werden würden, hoffte, seinen Einfluß durch die Errichtung neuer Staaten im Senat zu vergrößern.

Man einigte sich auf einen Kompromiß, wonach New Mexico und Deseret Territorien bleiben sollten, die Frage der Sklaverei aber der Entscheidung der jeweiligen Bevölkerung überlassen würde. Was den Abgeordneten in Washington noch mißfiel, war der Name «Deseret». Nach Meinung einiger erinnerte er zu sehr an «Desert» (Wüste). Vermutlich wäre nach dem Geschmack mancher Volksvertreter durch ihn auch zu sehr der mormonische Charakter des Gebietes festgeschrieben worden. Aus diesem Grund wurde das Territorium in «Utah», nach den dort lebenden Indianern, umbenannt. Das Territorium Utah umfaßte etwa die heutigen Staaten Utah und Nevada sowie Teile Colorados und Wyomings.

Die Mormonen nahmen diese Entscheidungen mit Enttäuschung auf, aber sie akzeptierten sie. Sie versuchten zu retten, was noch zu retten war. Da die wichtigsten öffentlichen Ämter von der Regierung in Washington besetzt würden, hoffte man nun, daß diese Beamten aus der lokalen Bevölkerung ausgewählt würden. Der damalige Präsident der Vereinigten Staaten, Millard Fillmore, ging nur teilweise auf die Wünsche der Mormonen ein. Zwar wurde Brigham Young zum Gouverneur ernannt, vier andere der Ernannten waren jedoch Nichtmormonen aus dem Osten. Die Saat für eine Konfrontation war gelegt.

Die vier nichtmormonischen Beamten kamen im August 1851 in Utah an. Ihnen fehlte jegliches Verständnis für die Religion der Mormonen und deren Lebensweise. Broughton D. Harris, zum Beispiel, hatte seine Frau mit nach Utah gebracht. Sie wußte vermutlich nicht, was sie in Zion erwartete. Bei einer Einladung zum Tee fand sie sich mit sechs Frauen Heber C. Kimballs konfrontiert. Dies entsprach nicht ihrer Vorstellung einer zivilisierten Ordnung. Wieder zu Hause bei ihrem Mann, brach sie nach eigenen Worten in hysterische Anfälle aus. Doch dies war nur ein Ereignis am Rande. Harris selbst beschuldigte Brigham Young der Verschwendung von öffentlichen Geldern für eine Wahl und für den Bau von Gebäuden, wofür er keine Vollmachten gehabt habe.

Das Faß zum Überlaufen brachte jedoch der Richter Perry C. Brocchus aus Alabama. Bei einer Konferenz der Kirche im September bat er um die Erlaubnis zu sprechen. Diese wurde ihm von Brigham Young gewährt. Die Rede des Richters ist nicht überliefert. Es ist nur sicher, daß er die Frauen in der Zuhörerschaft dazu aufrief, «keusch» zu werden, was vermutlich eine Anspielung auf die Polygamie sein sollte. Dies war ein Affront, der nicht größer hätte sein können. Für die Mormonen hatte die Mehrehe nichts mit fleischlicher Lust zu tun. Sie wurde als Pflicht angesehen und verlangte Verzicht und Opfer von beiden Geschlechtern. Die Heiligen führten eine tugendhafte und puritanische Lebensweise wie nur wenige in den Vereinigten Staaten. Und nun kam dieser ignorante Beamte aus dem sittenlosen Babylon und beschuldigte sie der Unkeuschheit!

Brigham Young explodierte. Für ihn mußte die Bemerkung des Richters wie ein Schlag ins Gesicht gewesen sein. Er erklärte vor der Versammlung, daß Brocchus entweder zutiefst ignorant oder willentlich bösartig sei. Er verkündete, daß es entweder ein «Haareziehen» oder ein «Durchschneiden von Kehlen» geben würde, wenn solche Diskussionen weitergingen. Doch Brigham wollte Brocchus Gelegenheit geben, seinen Fehltritt wiedergutzumachen, und lud ihn ein, sich in einer anderen Versammlung zu entschuldigen. Dieser lehnte jedoch, sich keiner Schuld bewußt, entschieden ab.

Zwei Monate nach ihrer Ankunft verließen drei der nichtmormonischen Beamten fluchtartig das Territorium und kehrten nach Washington zurück. Sie fühlten sich ihres Lebens nicht mehr sicher. Die Vertreter und Freunde der Mormonen versuchten unterdessen, die Angelegenheit bei Präsident Fillmore so darzulegen, wie es ihrer Sichtweise entsprach. Sie hatten Erfolg. Die «entlaufenen Beamten» wurden vom Präsidenten gerügt und vom Dienst suspendiert. Der erste Zusammenstoß der Mormonen mit Vertretern der Bundesregierung war noch einmal glimpflich ausgegangen.

Anläßlich einer Konferenz am 29. August 1852 sah die Kirchenführung die Gelegenheit gekommen, die «patriarchalische Ordnung» der Ehe endlich offiziell zu verkünden und zu lehren. Die bis dahin geheimgehaltene Offenbarung Joseph Smiths wurde zum erstenmal öffentlich vorgelesen. Orson Pratt, dem «Philosophen» der Mormonen, fiel die Aufgabe zu, die Lehre von der «Mehrheit der Frauen» theologisch zu erläutern. Dies habe nichts mit Zügellosigkeit zu tun, erklärte er, sondern diene der Erfüllung des Gebotes «Seid fruchtbar und mehret euch».

In der Presse der Vereinigten Staaten brach ein Sturm der Entrüstung aus. Was schon immer vermutet worden war, hatte sich nun bestätigt. In den Vorstellungen vieler Menschen im Osten bestand das Mormonentum zum größten Teil aus despotischen Patriarchen, die ihre unterdrückten Frauen in Harems hielten. Zu diesem Bild trugen nicht zuletzt die zahlreichen, auf Sensation zielenden Bücher und Zeitungsberichte von Reisenden bei, die kaum mehr als ein Fünkchen Wahrheit in sich enthielten, jedoch für hohe Verkaufszahlen garantierten. Die Vielehe war sonst nur aus Berichten über den Orient bekannt, und man dachte nun, in Utah lägen die Verhältnisse ähnlich. Über die wirkliche Situation der Frauen wußte außerhalb Utahs kaum jemand Bescheid. Von daher ist es verständlich, daß die Polygamie neben der Sklaverei als ein Überbleibsel der Barbarei angeprangert wurde. Zudem hatten nun diejenigen, die schon immer für einen Kreuzzug gegen die ketzerischen Mormonen eingetreten waren, nun Munition erhalten.

Die Praxis der Polygamie war zwar in Utah selbst unübersehbar geworden, aber das öffentliche Eingeständnis und die Rechtfertigung führten auch dort zu Austritten aus der Kirche. Die Konsequenzen blieben fürs erste gering. In der Ferne begann sich jedoch ein Sturm anzubahnen, der, wenn er in den kommenden Jahrzehnten hereinbrechen würde, das Überleben des Mormonentums ernsthaft gefährden konnte.

Die Nachricht von der öffentlich gemachten Lehre der Polygamie erreichte auch die Länder, in denen das Mormonentum hauptsächlich seine Konvertiten sammelte, nämlich Großbritannien und Skandinavien. Vorerst waren zwar kaum Auswirkungen auf die Zahl der Neubekehrten zu verzeichnen, aber die Presse begann nun damit, unablässig, vor allem die Frauen, vor den Missionaren aus Utah zu warnen und ihr negatives Mormonenbild in die Köpfe der Menschen zu hämmern.

In Utah hatte sich in der Zwischenzeit Kanes Warnung vor korrupten Vertretern der Bundesregierung als berechtigt erwiesen. Einer dieser Beamten war Richter W. W. Drummond. Drummond war für dieses Amt die ungeeignetste Person, die man sich vorstellen kann. Er hatte in Illinois seine Familie verlassen und war wegen Betrugs und Meineids verurteilt worden. In New York hatte er eine Strafe abgesessen, weil er Briefmarken gestohlen hatte, um sich damit Alkohol zu kaufen. Seinen Dienst in Utah trat er in Begleitung einer Dirne aus Washington an, die sogar in den Gerichtsverhandlungen neben ihm saß. Seine Absichten lagen auch weniger in der Rechtsprechung als vielmehr darin, Brigham Youngs Position zu schwächen, in der Hoffnung, selbst das Gouverneursamt übertragen zu bekommen. Um dieses Ziel zu erreichen, schrieb er Briefe nach Washington, die die Situation in Utah so darstellten, als würde statt des Gesetzes die Kirchenhierarchie in diesem Territorium regieren.

Die meisten anderen Beamten waren nicht viel besser. Es gab auch wirtschaftliche Hintergründe für die Feindschaft den Mormonen gegenüber. Die Spannungen zwischen den Vertretern Washingtons und der einheimischen Bevölkerung verstärkten sich immer mehr, bis es zur Flucht der Beamten kam. Im Weißen Haus regierte in der Zwischenzeit James Buchanan. Er ließ sich von den Geflohenen überzeugen, daß sich die Bevölkerung Utahs im Zustand des Aufruhrs befand. Brigham Young wurde als Gouverneur abgesetzt, ohne jedoch über diese Entscheidung benachrichtigt zu werden. An Youngs Stelle wurde Alfred Cumming aus Georgia zum Gouverneur ernannt. Zur Absicherung der vom Präsidenten beschlossenen Maßnahmen und zum Schutz des neuen Gouverneurs wurden am 18. Juli 1857 etwa zweitausendfünfhundert Soldaten aus Fort Leavenworth in Kansas in Marsch gesetzt.

Brigham Young erreichte die Nachricht vom Anmarsch der Truppen am 24. Juli, während der Zehnjahrfeier der Ankunft der Pioniere im *Salt Lake Valley.* Die zu den Feierlichkeiten versammelten Menschen waren überrascht zu hören, daß sie sich in Aufruhr befinden sollten. In einer Besprechung der Kirchenführung brachte Brigham Young zum Ausdruck, daß der neue Gouverneur freundschaftlich empfangen werden sollte, daß aber die Truppen nicht das Tal betreten dürften. Er befürchtete, daß der Anmarsch der Armee Teil eines Plans war, die Heiligen von neuem zu vertreiben oder sie zu unterdrücken. Doch diesmal wollte er nicht mehr nachgeben. Wenn die Armee kommen würde, erklärte er in einer Predigt, wollte er sie vernichten. Und wenn sie weitere Truppen schickten, würden die Mormonen das ganze Territorium verwüsten und in die Berge fliehen. «Ich werde jeden grünen Baum und Strauch im Tal dieser Berge abschneiden. Ich werde jedes Stück Nutzholz und jedes Brett in den Tälern dieser Berge verbrennen. Glaubt ihr nicht, daß diese Täler dann den Gebeinen unserer Feinde angepaßt sein werden?» Brigham fragte seine Zuhörer: «Oh Israel, kannst du diese Dinge ertragen?» Die Menge bekundete ihre Zustimmung. «Alle, die gewillt sind, mir in diesen Dingen zu folgen, sollen die Hand heben!»[20] Ein Meer von Händen erhob sich.

In allen Siedlungen des Territoriums wurden Kriegsvorbereitungen getroffen. Alle wehrdienstfähigen Männer meldeten sich bei der Miliz. Die Familien begannen Lebensmittel zu speichern und sich für eine Evakuierung vorzubereiten. Die Missionare wurden zurückberufen, und die Nauvoo-Legion wurde reaktiviert. In den Zugangstälern wurden Barrikaden errichtet. Das Zion in den Bergen verwandelte sich in eine Festung und machte sich von neuem gegen einen Ansturm der Heiden bereit.

In dieser Zeit der Kriegsvorbereitungen und aufgepeitschten Emotionen hatte ein Treck von Emigranten aus Arkansas, der von Reitern aus Missouri, den «Missouri-Wildkatzen», begleitet wurde, das Unglück, auf seinem Weg nach Kalifornien durch Siedlungen Utahs zu ziehen. Alles wäre vielleicht ohne Komplikationen verlaufen, hätten sich die Missourier nicht ihrer alten Feindschaft mit den Mormonen erinnert. Ein Missourier soll nach Angaben der Mormonen geprahlt haben, daß Joseph Smith mit seinem Gewehr ermordet worden wäre. Andere gaben an, bei dem Massaker von Haun's Mill beteiligt gewesen zu sein. Sie drohten, in Kalifornien eine Armee aufzustellen und damit nach Utah zurückzukommen, um die Mormonen ein für allemal auszulöschen. Außerdem gaben sie einigen ihrer Ochsen die Namen von Führern der Mormonen und behandelten die Tiere hart. Die Heiligen ihrerseits lehnten es ab, den Emigranten Lebensmittel zu verkaufen, zum einen, weil sie die bevorstehende Invasion der Armee befürchteten, zum anderen natürlich wegen des Verhaltens der Missourier.

Doch es waren nicht nur die Mormonen, die einen Groll gegen die Emigranten hegten. Die Indianer beschuldigten sie, Quellen vergiftet und vergiftetes Fleisch verteilt zu haben. Die Mormonen von Cedar City, im Süden Utahs, wo die Emigranten zuletzt durchgezogen waren und sich besonders verhaßt gemacht hatten, beratschlagten, was mit dem Treck aus Missouri und Arkansas zu machen sei. Die Beleidigungen, die auf sie gehäuft worden waren, mußten gesühnt werden, aber die Meinungen, wie dies zu bewerkstelligen sei, waren verschieden. Es wurde beschlossen, einen Boten nach Salt Lake City zu schicken, um Brigham Young um Anweisungen zu bitten.

Der Bote erreichte sein Ziel am Donnerstag, dem 10. September. In der Zwischenzeit hatten sich jedoch bereits die Indianer daran gemacht, mit den verhaßten Weißen abzurechnen. Sie waren dem Treck seit Tagen gefolgt und griffen an, als er an einem *Mountain Meadows* genannten Ort lagerte. Die Emigranten konnten zwar den ersten Angriff zurückschlagen, blieben aber von den Indianern umzingelt. In ihrer Not gedachten sie nun ihrer «weißen Brüder», der Mormonen, die sie sicherlich nicht im Stich lassen würden. Drei Männer wurden losgeschickt, um aus Cedar City Hilfe zu holen. Statt jedoch den erhofften Beistand zu erhalten, gerieten die Männer in einen Hinterhalt. Einer wurde von einem Mormonen erschossen, die anderen beiden fielen Indianern zum Opfer.

Nun gab es kein Zurück mehr. Die Gemeindeführer Cedar Citys sahen sich in einer Zwangslage: Von einem Mormonen war ein Mord verübt worden. Wenn er bekanntwerden würde, gäbe es einen zusätzlichen Grund, eine Armee aus Kalifornien zu schicken. Alle Teilnehmer des Trecks hätten als Ankläger auftreten können. Sie durften auf keinen Fall weiterziehen, um von dem, was geschehen war, zu berichten. Es gab nur einen Ausweg: die ganze Emigrantengruppe mußte beseitigt werden.

Am 11. September begaben sich die Milizionäre von Cedar City in das Emigrantenlager und gaben an, sie aus dem Belagerungsring der Indianer herauszuführen. Die Wagen und Rinder sollten jedoch den Rothäuten überlassen werden. Die Auswanderer wußten, daß die Mormonen ein gutes Verhältnis zu den Indianern hatten, und stimmten dem Plan zu. Kaum hatten sie jedoch das Lager verlassen, als ein Befehl ertönte und die Wächter auf ihre «Schützlinge» zu feuern begannen. Nicht alle Milizionäre führten jedoch den Befehl so aus, wie er beschlossen worden war, sondern feuerten daneben. Einigen unter den Männern gelang es zu fliehen, sie wurden aber von den Indianern eingeholt und getötet. Um die Frauen und Kinder kümmerten sich ebenfalls die Indianer. Einhundertzwanzig Menschen mußten in dem Gemetzel, das als *Mountain Meadow Massacre* bekannt wurde, ihr Leben lassen. Siebzehn Kinder, die zu klein waren, um von dem Vorfall berichten zu können, wurden in Familien in den umliegenden Siedlungen untergebracht.

Ein paar Tage nach dem Massaker kam der Bote mit Brighams Antwort aus Salt Lake City zurück. In dem Brief stand, daß die Indianer sowieso tun würden, was sie wollten. Die Mormonen ihrerseits sollten jedoch Blutvergießen vermeiden und versuchen, Wohlwollen zu bewahren.

Das Gemetzel konnte natürlich nicht geheimgehalten werden. Brigham Young wurde mitgeteilt, die Indianer alleine hätten die Emigranten niedergemacht. Langsam begann die Wahrheit durchzusickern. Die Indianer waren ihrerseits wenig daran interessiert, die Schuld auf sich zu nehmen. Aber erst zwanzig Jahre später kam es zu einer Anklage. Es war nur ein Mann, der verurteilt wurde. Er diente als Sündenbock für viele. Sein Name war John D. Lee. Die Gerichte hatten sich bemüht, Brigham Young irgendwie in das Verbrechen zu verwikkeln. Lee lehnte es jedoch ab, sich durch eine belastende Aussage einen Vorteil zu verschaffen. Er wurde an der Stelle des Massakers von einem Erschießungskommando hingerichtet.

Im Osten näherte sich die Armee, deren Kommando General Johnston übernommen hatte, weiterhin Utah. Am 15. September erklärte Brigham Young das Kriegsrecht im Territorium. Sein Plan war es, Zeit zu gewinnen, bis eine für alle Seiten akzeptable Lösung gefunden werden konnte. Zu diesem Zweck mußte die Armee in ihrem Vormarsch gestoppt werden.

Am 5. Oktober gelang einer Bande von Mormonen ein Überfall auf die Frachtwagen der Armee. Verletzt wurde dabei niemand, jedoch gingen zweiundfünfzig Wagen in Flammen auf. Die Zugtiere liefen in die Wildnis. Aber auch die Natur hatte sich mit den Mormonen verbündet. Da die Soldaten zu spät abmarschiert waren, machten ihnen Schneestürme und der Mangel an Versorgungsgütern zu schaffen. Viele der Zugtiere waren von Angreifern davongejagt worden, andere fielen vor Erschöpfung einfach um. Mit Mühe und Not erreichte Johnstons Armee Fort Bridger, das die Mormonen jedoch zuvor niedergebrannt hatten. In den Ruinen des Forts schlugen die Soldaten ihre Zelte auf und richteten sich für den Winter ein. An einen Weitermarsch war erst im Frühjahr zu denken. Brigham Young hatte Zeit gewonnen.

Im Frühjahr 1858 traf in Salt Lake City Colonel Kane ein, der immer die Szene betrat, wenn die Mormonen in Schwierigkeiten waren. Er war mit dem Schiff nach Kalifornien gesegelt und von dort nach Utah gelangt. Nach einem Gespräch mit Brigham Young begab er sich ins Lager der Armee. Er sicherte Gouverneur Cumming die Loyalität der Bürger Utahs zu und konnte ihn überzeugen, ohne die Armee nach Salt Lake City zu gehen. Der einzige, der sich nicht beeindrucken ließ, war General Johnston.

In der Erwartung einer Invasion durch die Armee wurde in der Zwischenzeit der ganze Norden Utahs evakuiert. Salt Lake City wurde zu einer Geisterstadt. Sollte es zu Kampfhandlungen kommen, würde eine Politik der verbrannten Erde verfolgt werden. Die Bevölkerung sollte irgendwo in den Bergen des Südwestens eine letzte Zufluchtsstätte finden. Brigham dachte, daß dort eine halbe Million Menschen überleben könnte. Die Menschen in dem betroffenen Gebiet gaben mit einer erstaunlichen Bereitwilligkeit und Einigkeit ihren Besitz und ihre Existenzgrundlage auf, um dem Aufruf ihres Präsidenten zu folgen. Die einzigen, die zurückblieben, waren Wachen, die Plünderungen verhindern und im Notfall Feuer legen sollten.

Gouverneur Cumming wurde bei seiner Ankunft in Salt Lake City mit allen Ehren empfangen. Zu seinem Erstaunen mußte er feststellen, daß er Brigham Young und die anderen Mitglieder der Ersten Präsidentschaft mochte. Doch auch die Mormonen konnten sich über den neuen Gouverneur nicht beklagen. Er war frei von jeglichen Vorurteilen gegenüber den Heiligen. Sein einziges Bemühen lag darin, dem Gesetz in Utah zu seiner Gültigkeit zu verhelfen.

Dies war der Anfang vom Ende des «Utah-Krieges». Cumming versuchte Johnston zu überzeugen, daß keine Militärpräsenz nötig war. Johnston, für den die Mormonen immer potentielle Rebellen blieben, konnte es sich nicht entgehen lassen, als Zeichen des Triumphes mit seinen Soldaten durch die leeren Straßen von Salt Lake City zu marschieren. Das Lager wurde jedoch in einer erheblichen Entfernung von der Stadt aufgeschlagen. Die Einwohner der nördlichen Siedlungen konnten erleichtert in ihre Häuser zurückkehren. Unterdessen hatte auch Präsident Buchanan, wenn auch etwas spät, eine Friedenskommission nach Utah abgesandt. Die Konfrontation war für alle Seiten noch einmal glimpflich verlaufen. Für die «Aufrührer» erließ Buchanan eine allgemeine Amnestie.

Die Aufregungen, die der «Utah-Krieg» mit sich brachte, hätten vermieden werden können, wenn Buchanan mit der Regierung des Territoriums kommuniziert hätte, weshalb nach Meinung einiger Historiker die Bezeichnung «Buchanans Dummheit» für den Vorfall passender wäre. Die Ankunft der Armee blieb jedoch nicht ohne Auswirkungen auf die Menschen in Utah. Eine Periode der relativen Isolation war zu Ende gegangen. Die Kirche hatte durch die Absetzung Brigham Youngs vom Gouverneursamt weiterhin an offizieller Macht verloren. Darüber hinaus waren mit den Soldaten Tausende von *Gentiles* – Händler, Armeeangestellte und Dirnen – in das Tal gekommen. Brigham Young, der nach eigenen Worten am liebsten eine hohe Mauer gebaut hätte, um den Verkehr mit der Außenwelt zu unterbinden, mußte nun mitansehen, wie der Handel mit den *Gentiles* an Bedeutung gewann.

13. Der Kampf um die Polygamie

Das Mißtrauen zwischen der Armee und deren Anhang auf der einen und den Einheimischen auf der anderen Seite bildete trotz der offiziellen Entspannung eine unsichtbare Mauer. Die Nichtmormonen fühlten sich ausgegrenzt und gemieden, was ihre Überzeugung bestärkte, daß die Mormonen keine loyalen Bürger waren. Die Heiligen hingegen empfanden die Armee als Besatzungsmacht. Sie wußten, daß die Soldaten nicht da waren, um sie gegen irgendwelche Feinde zu schützen, was eigentlich die Aufgabe einer Armee hätte sein sollen, sondern um sie an die Herrschaft der Bundesregierung zu erinnern. Manch einer der Offiziere hoffte, daß die gegenseitige Abneigung zu einem offenen Konflikt eskalieren und ihnen Gelegenheit geben würde, endlich klare Verhältnisse zu schaffen.

Für die nächsten Jahre hatten die Mormonen jedoch von den staatlichen Stellen nichts zu befürchten. Am 4. März 1861 wurde Abraham Lincoln als Präsident der Vereinigten Staaten vereidigt. Fünf Wochen später eröffneten die Streitkräfte South Carolinas das Feuer auf Fort Sumter und lösten dadurch den amerikanischen Bürgerkrieg aus. Der wohlmeinende Gouverneur Cumming fühlte sich verpflichtet, von seinem Gouverneursposten zurückzutreten und sich in sein heimatliches Georgia zu begeben. Die in Utah stationierte Armee wurde abgezogen, und die Soldaten gliederten sich in die Truppen der beiden Bürgerkriegsparteien ein. General Johnston fiel 1862 in der Schlacht von Shiloh auf seiten der Südstaaten.

Während im Osten der blutigste Krieg in der Geschichte der Vereinigten Staaten tobte, blieb das Territorium Utah von dessen Auswirkungen weitgehend verschont. Die Heiligen begannen sich nun an eine Prophezeiung zu erinnern, die Joseph Smith 1832 gemacht hatte. Bereits damals hatte South Carolina gedroht, sich selbstständig zu machen, was jedoch scheiterte, als Präsident Jackson die Truppen mobilisierte und die Warnung aussprach, jeden einzelnen Mann in dem rebellischen Staat hängen zu lassen.

«Wahrlich, so spricht der Herr betreffs der Kriege, die in Kürze ausbrechen», heißt es in der Prophezeiung, «die mit der Empörung South Carolinas beginnen und schließlich mit dem Tod und Elend vieler Seelen enden werden.» Und weiter heißt es:

> «Denn siehe, die südlichen Staaten werden sich gegen die nördlichen erheben und werden andre Nationen zu Hilfe rufen, selbst die Nation Großbritannien [...], und diese wiederum werden noch andre Nationen zu Hilfe rufen [...], und auf diese Weise wird über alle Nationen Krieg ausgegossen werden.» (Lehre und Bündnisse 87:1,3)

Die Weissagung konnte eindeutiger nicht sein. Tatsächlich stand Großbritannien kurz davor, sich in den Krieg einzumischen. Dies konnte für die Heiligen nur ein neuer Beweis dafür sein, daß Joseph Smith ein wahrer Prophet gewesen war. Auf beiden Seiten stiegen unterdessen die Verluste, ein Aufruf nach neuen Freiwilligen folgte dem anderen, während das Zion in den Bergen von all dem verschont blieb und sich dem Aufbau widmen konnte. Dies waren die Kriege Babylons, an denen Zion keinen Anteil hatte. Eine Nation sollte sich gegen die andere erheben, und die ganze Erde würde von Krieg bedeckt werden. Der Fels, der die Reiche der Heiden zermalmen würde, war ins Rollen gebracht worden. Die Regierung der Vereinigten Staaten war nach den Worten Heber C. Kimballs bereits tot und nicht einmal mehr einen Stecknadelkopf wert. Alles, was die Heiligen zu tun hatten, war abzuwarten, bis sich die *Gentiles* gegenseitig aufgefressen hatten. «Stehet deshalb an heiligen Stätten und wanket nicht, bis der Tag des Herrn kommt.» (Lehre und Bündnisse 87:8)

Ein Schriftsteller, der sich 1863 in Salt Lake City aufhielt, erfuhr aus Gesprächen mit Mormonen, daß der Zusammenbruch der Vereinigten Staaten bereits innerhalb der nächsten Monate, spätestens aber für das Frühjahr des folgenden Jahres erwartet wurde. Die betroffenen Menschen würden dann ihre Fehler bekennen und sich den Heiligen anschließen. Schuld an dem Krieg waren nach Meinung Brigham Youngs, dessen Sympathien für den Süden offensichtlich waren, nicht die Sklavenhalter, sondern die Abolitionisten, die andere Leute unterdrücken wollten.

In Wirklichkeit entwickelte sich dann doch alles anders. Großbritannien konnte sich verkneifen, an dem Krieg teilzunehmen, und mit der

Schlacht von Gettysburg wendete sich das Blatt zugunsten der Nordstaaten. Mit der Kapitulation der Konföderierten 1865 hatte die Bundesregierung wieder Zeit, sich anderen Problemen, wie der «Mormonenfrage», zuzuwenden. Die Sklaverei war abgeschafft, nun ging es daran, das zweite «Überbleibsel der Barbarei», die Polygamie, zu bekämpfen. Der Kongreß in Washington war entschlossen, die Mormonen ein für allemal dazu zu bringen, sich der amerikanischen Gesellschaft anzupassen. Doch bevor wir uns mit dieser endgültigen Konfrontation beschäftigen, sollen einige andere wichtige Entwicklungen, die Utah veränderten und es aus der Isolation rissen, Erwähnung finden.

Während des Bürgerkrieges war eine Armee von Freiwilligen aus Kalifornien unter der Leitung von Colonel Patrick Edward Connor in Utah stationiert worden. Connor war wie die anderen Militärs überzeugt, daß die Mormonen ein disloyales und aufrührerisches Volk waren. Er sah in seiner Stellung als Kommandeur der Streitkräfte in Utah eine Mission, nämlich jegliche Rebellion im Keim zu ersticken und die Macht der Mormonenkirche über die Bevölkerung des Territoriums zu brechen. Doch Gewalt war nach seinen Plänen nicht nötig. Er glaubte, einen anderen Weg gefunden zu haben. In den Bergen Utahs mußten sich seiner Ansicht nach Unmengen von Bodenschätzen befinden. Man brauchte sie nur zu finden, Minen zu eröffnen, und schon würden Tausende von Nichtmormonen auf der Suche nach Arbeit im Bergbau in das Territorium drängen. In naher Zukunft, dachte er, würden die Mormonen zu einer Minderheit in Utah werden.

Tatsächlich wurden 1863 die ersten Gold-, Silber- und Kupfervorkommen entdeckt. Wer zuerst seinen *claim* absteckte, konnte ein Vermögen machen. Auch einige unter den Mormonen sahen ihre Chance im Abbau der Bodenschätze. Aber Brigham Young war strikt dagegen. Er hatte bereits diejenigen verdammt, die nach Kalifornien gegangen waren, um Gold zu suchen, nun sollte sich seine Meinung auch in bezug auf das schnelle Geld in Utah nicht ändern. Gold und Silber hatten seiner Ansicht nach einen schlechten Einfluß auf ein Volk. In einer Rede im Jahre 1870 erklärte er seine Position:

> «Wir sind nicht darauf aus, Gold zu bekommen. Wenn wir es bekommen können, indem wir Kartoffeln und Weizen anbauen, ist

es in Ordnung. [...] ‹Könnt ihr euch nicht reich machen, indem ihr in die Goldminen geht?› Wir sind mitten unter ihnen. ‹Warum grabt ihr nicht nach Gold in der Erde?› Weil es jede Gemeinschaft oder Nation auf der Erde moralisch verdirbt, wenn man ihnen Gold nach Herzenslust gibt. Es wird jede Nation ruinieren. Aber gebt ihnen Eisen und Kohle, gute, harte Arbeit, viel zu essen, gute Schulen und gute Grundsätze, und aus ihnen wird ein gesundes, wohlhabendes und glückliches Volk.»[21]

Die Heiligen folgten zum größten Teil Brigham Youngs Ansichten und hielten sich von den Minen fern. Wie Connor es vorausgesehen hatte, ging fast der gesamte Bergbau in Utah in die Hände der *Gentiles* über. Doch noch war der Zuzug von Arbeitern, Unternehmern und Händlern nicht groß genug, um eine ernsthafte Gefahr für die mormonische Mehrheit zu bilden.

Ein weiteres wichtiges Ereignis, das von den Heiligen sowohl herbeigesehnt als auch gefürchtet worden war, fand 1869 in der Nähe der Ortschaft Promontory, nordöstlich von Ogdon, statt, als die Schienen der Eisenbahngesellschaften Union Pacific und Central Pacific aufeinandertrafen. Die Ostküste der Vereinigten Staaten war nun mit der Westküste durch Gleise verbunden. Eine Reise, die vorher Monate in Anspruch genommen hatte, konnte nun innerhalb weniger Tage durchgeführt werden. Es schien, als wäre das ganze Land näher zusammengerückt. Der Vorteil im Ausbau des Schienennetzes lag für die Mormonen darin, daß die Einwanderer nun direkt mit dem Zug von einem Hafen an der Ostküste nach Utah transportiert werden konnten. Die gefährlichen und verlustreichen Trecks waren nicht mehr nötig. Zugleich war aber eine weitere unsichtbare Mauer gefallen. Die Bergwerksbesitzer konnten nun kostengünstiger ihre Bodenschätze abtransportieren. Der Bergbau nahm dadurch eine erneuten Aufschwung. Weitere nichtmormonische Arbeiter und Händler ließen sich in Zion nieder.

Der Apostel George Q. Cannon brachte die Besorgnis der Heiligen auf den Punkt:

«Uns wird offen und unverhohlen gesagt, daß, wenn die Eisenbahn fertiggestellt ist, eine solche Flut von sogenannter ‹Zivilisation› hier hereingebracht werden wird, daß jede Spur von uns,

> unserer Kirche und unseren Institutionen gänzlich verwischt sein wird. Wenn uns das so klar und unverhüllt gesagt wird, wäre es dann nicht eine Dummheit, ja sogar Wahnsinn, wenn wir ruhig dasitzen, zurückgelehnt unsere Arme verschränken und, ohne eine einzige Anstrengung zur Abwehr zu unternehmen, auf den Zusammenbruch warten würden?»[22]

Die Reaktion der Mormonen auf den Zustrom der *Gentiles* begann mit einem Boykott der nichtmormonischen Händler. Die Berge bildeten kein Hindernis mehr für Babylon, es mußten neue Hürden aufgebaut werden. Zion mußte autark werden und nicht auch noch die Zuwanderung der *Gentiles* begünstigen, indem man ihnen Waren abkaufte. Bereits in den fünfziger Jahren hatte die Kirche mehrere Versuche unternommen, in Deseret Fabriken zu errichten, was jedoch kläglich und oft mit hohen Verlusten gescheitert war. Die Eisenbahn erleichterte und verbilligte nun den Import von Maschinen. Hauptsächlich wollte man sich von der Textilversorgung aus dem Osten unabhängig machen. Dazu begann man im südlichen Teil Utahs, «Dixie» genannt, Baumwolle anzubauen. In anderen Landesteilen wurden Fabriken errichtet, die die Baumwolle weiterverarbeiten sollten. Sich gegenseitig ablösende Dürreperioden und Überschwemmungen sowie die bekannten Heuschreckenplagen machten jedoch auch dieses Vorhaben zunichte. Die Produktion von Seide war relativ erfolgreich. Sie wurde erst in späteren Jahren wegen der Billigkonkurrenz aus anderen Staaten aufgegeben.

Eine Maßnahme gegen den Handel, der sich in den Händen der *Gentiles* befand, stellte die Gründung der *Zion's Cooperative Mercantile Institution* (ZCMI) dar. Die ZCMI fungierte als ein Großhändler, der Waren von den mormonischen Herstellern kaufte und sie an kooperativ organisierte Einzelhandelsgeschäfte, die in allen Siedlungen gegründet worden waren, weiterlieferte. Über dem Eingang jedes Geschäftes stand der Spruch «Holiness to the Lord» (Heiligkeit dem Herrn). Er wies darauf hin, daß diese Läden nicht nur einen geschäftlichen, sondern auch einen religiösen Charakter hatten. Das Reich Gottes erstreckte sich auch auf kommerzielle Unternehmungen.

Vielleicht ebenfalls als ein Mittel zur Abgrenzung diente die Wiederbelebung des Deseret-Alphabets. Diese aus achtunddreißig Zeichen bestehende Schrift war bereits 1853 entwickelt worden, um den

Einwanderern aus den anderssprachigen Ländern das Erlernen der englischen Sprache zu erleichtern. Jedes Zeichen des Deseret-Alphabets repräsentierte einen Laut des Englischen. Die Wörter wurden so geschrieben, wie sie ausgesprochen wurden. Diese neue Schrift mochte zwar als Lernhilfe nicht besonders erfolgreich sein, aber sie bot die Möglichkeit, die Identität der Mormonen als eigenes Volk zu stärken und zur Ausgrenzung der *Gentiles* beizutragen. 1868 wurden ein Teil des Buches Mormon und mehrere Schriften im Deseret-Alphabet gedruckt. Im Laufe der folgenden Jahre zeigte sich jedoch, daß es sich nicht durchsetzen würde. Die Gemeinschaft der Heiligen war bereits zu sehr in die sie umgebende Gesellschaft eingebettet, um auf die lateinische Schrift verzichten zu können.

Brigham Youngs Ziel war es, die Gemeinschaft weiter zusammenzuschweißen, aus den Heiligen eine einzige große Familie zu machen. Er erinnerte sich der Vereinigten Ordnung Enochs, die bereits unter Joseph Smith gescheitert war, die aber weiterhin ein Ideal des gemeinschaftlichen Lebens blieb. Vielleicht hatten die Heiligen inzwischen eine ausreichende Anzahl ihrer Egoismen aufgegeben, um es ihnen zu ermöglichen, in Besitzlosigkeit zusammenleben zu können. Nun war die Zeit gekommen, einen neuen Versuch zu beginnen. Brigham fing an, die zweite Ordnung Enochs zu predigen.

Die Heiligen zollten der Idee ihres Präsidenten ein enthusiastisches Lippenbekenntnis. Die Realität sah jedoch anders aus. Die Zahl der Gläubigen hatte sich im Vergleich zu Joseph Smiths Periode vervielfacht. Es war nicht mehr möglich, den urchristlichen Kommunismus auf ein Kommando hin durchzusetzen. Vor allem in den größeren Städten konnte nicht einfach alles zum Gemeineigentum erklärt werden. Was schließlich entstand, war eine abgestufte Form der Vereinigten Ordnung. In einigen Siedlungen wurde alles Privateigentum aufgegeben, in anderen dagegen entschlossen sich die Heiligen nur zur Zusammenarbeit in den Produktionsbereichen. In Hyrum, nördlich von Salt Lake City, besaßen zum Beispiel die Einwohner gemeinsam eine Sägemühle, eine Gerberei und einen Laden. Die Farmen, Häuser und Rinder blieben dagegen in Privatbesitz. In Price, südöstlich des Lake Utah, lebten die Menschen dagegen als eine einzige große Familie zusammen. Ihre Fabriken, Werkstätten, Farmen, Pferde, Rinder, Wagen und Häuser waren im Besitz der Gemeinschaft. Ausgenommen davon war nur die von den Mitgliedern getragene Kleidung. Die

Arbeiter aßen alle am gleichen Tisch, die Frauen kochten und wuschen zusammen. In Brigham City, das bereits eine größere Siedlung war, bildete sich die Vereinigte Ordnung aus fünfzehn Abteilungen, von denen jede einem Vormann unterstand. Zu den Abteilungen gehörten eine Spinnerei, eine Schneiderei, eine Schreinerei und eine Sattlerei. Darüber hinaus gab es eine Sägemühle, Rinder- und Schafherden.

Die in diesen kooperativen Siedlungen erzeugten Güter wurden an die ZCMI geliefert, von wo sie wiederum an die kooperativen Läden im ganzen Territorium weiterverteilt wurden.

Im Juni 1865 besuchte der damalige Sprecher des Repräsentantenhauses, Schuyler Colfax, Utah. Er pries dabei die Errungenschaften der Mormonen und hatte eine lange und freundschaftliche Unterhaltung mit Brigham Young. Zum Themenbereich seiner Gespräche mit dem Oberhaupt der Mormonen gehörte auch das Bestreben Utahs, den Status eines Bundesstaates zu erreichen. Alle Bemühungen in dieser Richtung waren bisher im Kongreß an der von den Mormonen praktizierten Mehrehe gescheitert. Colfax bot Brigham eine Lösung an: Er solle eine Offenbarung empfangen, wodurch die Polygamie abgeschafft würde. Brigham wies darauf hin, daß die Mehrehe nicht im Buch Mormon vorkomme und auch kein wesentlicher Bestandteil der Religion der Mormonen sei, daß sie aber ihre Berechtigung in der Bibel finde. Er würde jedoch eine solche Offenbarung willkommen heißen.

Die Offenbarung, auf die vielleicht auch viele unter den Heiligen gehofft hatten, ließ auf sich warten. In Washington sah man darin ein Zeichen, daß sich die Mormonen nicht als loyale Bürger in die Gesellschaft einordnen wollten. Bereits 1862 war ein Gesetz verabschiedet worden, das die Polygamie verbot und den Besitz der Mormonenkirche auf fünfzigtausend Dollar beschränkte. Dieses Gesetz war jedoch während der Regierungszeit Lincolns, der die Mormonen in Frieden lassen wollte, nie angewandt worden.

Weitere Verschärfungen der gegen die Polygamie gerichteten Gesetzgebung folgten 1874 mit dem sogenannten *Poland act* und 1882 mit dem *Edmunds act.* Mit jedem neuen Gesetz wurde der Druck auf die Polygamisten verstärkt und der Einfluß der Kirche zu schwächen versucht. Das gleiche Ziel stand hinter den Abspaltungen einzelner Gebiete von Utah. Im Westen wurde Nevada abgetrennt und bereits 1864 zum Staat erklärt, obwohl dessen Bevölkerung bedeutend geringer war als diejenige Utahs. Weitere Gebiete fielen im Osten an Colorado und im Nordosten an Wyoming. Im Kongreß wurde sogar der Vorschlag diskutiert, ganz Utah aufzulösen und die einzelnen Teile anderen Staaten zuzuschlagen, um die Bevölkerung in den einzelnen Teilen unter die nichtmormonische Mehrheit anderer Staaten zu bringen. Doch der letzte Schlag erfolgte 1887 mit dem *Edmunds-Tucker act,* durch den der Mormonenkirche der Status als Religionsgemeinschaft aberkannt, der kirchliche Besitz beschlagnahmt, der *Perpetual Emigrating Fund* aufgelöst und allen Mormonen das Wahlrecht entzogen wurde (der letzte Punkt wurde vom obersten Gerichtshof später als verfassungswidrig erklärt). Männer, die in «ungesetzlicher Ehe» lebten, wurden nun von den *Marshals* der Bundesregierung gejagt und vor Gericht gebracht.

Doch das brauchte Brigham nicht mehr mitzuerleben. Am 29. August 1877 starb der zweite Präsident und Prophet der Kirche Jesu Christi der Heiligen der letzten Tage, gesundheitlich bereits angeschlagen, vermutlich an einem Blinddarmdurchbruch. Vor seinem Tod hatte er noch genau festgelegt, wo und wie er begraben werden wollte. Selbst die genauen Maße seines Sarges hatte er angegeben. Sein starker Glaube zeigte sich darin, daß er bis zuletzt mit einer baldigen Rückkehr der Heiligen nach Missouri rechnete. Die letzten Worte, die er von sich gab, waren: «Joseph, Joseph, Joseph!» Sein Freund Heber war ihm bereits 1868 vorausgegangen.

Mit dem Tod Brigham Youngs löste sich die Erste Präsidentschaft auf, und die Leitung der Kirche fiel wieder auf die Zwölf Apostel zurück. Nachfolgestreitigkeiten wie nach der Ermordung Joseph Smiths blieben aus. Noch zu Lebzeiten hatte Brigham Young dafür gesorgt, daß in dieser Hinsicht alle Zweifel beseitigt wurden. Der neue Präsident der Kirche würde der dienstälteste Apostel werden. Die Frage war diesmal nicht, ob eine neue Erste Präsidentschaft organisiert werden sollte, sondern, wann dies zu geschehen habe.

Erst im Oktober 1880, drei Jahre nach Brighams Ableben, wurde John Taylor zum dritten Präsidenten der Kirche ernannt. John Taylor war nicht wie die meisten anderen Führer der Mormonen Neuengländer, sondern war 1808 in England geboren worden. Jedoch ähnlich wie der Großteil seiner Mitgläubigen stammte er aus ärmlichen Verhältnissen. Von Beruf war er Drechsler.

Die Konfrontation zwischen der Bundesregierung und den Heiligen ging nicht nur von Polygamiegegnern in Washington aus, sondern wurde auch von der nichtmormonischen Minderheit in Utah angefacht. 1876 gehörten von den hundertfünfzigtausend Einwohnern des Territoriums etwa vierzehntausend nicht dem mormonischen Glauben an. Bereits 1870 war von ihnen die Gründung der Liberalen Partei ausgegangen, woraufhin die Mormonen als Gegenreaktion die *People's party,* die Volkspartei, gründeten. Wieder standen sich Heilige und *Gentiles* in politischen Fronten gegenüber, und es schien, als würde eine ähnlich verhängnisvolle Entwicklung wie in Illinois ihren Lauf nehmen. Es waren jedoch diesmal die Nichtmormonen, die sich diskriminiert und in ihren Rechten beschränkt sahen. Die Heiligen hatten deutlich gemacht, daß sie keine *Gentiles* in ihrem Land wollten. Aber als Bürger der Vereinigten Staaten mußte jeder das Recht haben, überall im Land leben zu können. Das politische System in Utah wurde von den Nichtmormonen zudem als undemokratisch empfunden, da die Macht der Kirche eine wirklich freie politische Willensbildung nicht zuließ. Je mehr die Regierung in Washington gegen die religiöse Hierarchie vorging, desto besser schien es für ihre Interessen zu sein.

Eine der Ursachen für das scharfe Vorgehen gegen die Mehrehe in Utah mag sicherlich in der Absicht gelegen haben, die politische Macht der Kirche zu brechen und die Heiligen zu zwingen, sich den Normen der Gesellschaft anzupassen. Ein anderer Grund war aber auch die Überzeugung vieler, daß die Frauen von den Mormonen unterdrückt würden. Die Frauen würden wie Vieh gehalten, war in manchen Berichten zu lesen. Andere behaupteten, die Religion wäre bei den Mormonen nur ein Vorwand für ein sittenloses Verhalten, ganz Utah sei ein einziges Bordell. In England wurden Flugblätter verteilt, die vor der Auswanderung nach Utah warnten. Ein solches antimormonisches Traktat wurde von einem Totenkopf geziert, auf dessen Stirn «Utah» stand und in dessen offenen Mund eine Schar von Emigranten, meist Frauen, strömte. Für diejenigen, die erst einmal in Utah waren, so wurde behauptet, gab es kein Zurück mehr.

Sogar Harriet Beecher Stowe, die Autorin von «Onkel Toms Hütte», die «kleine Dame, die den großen Krieg auslöste», wie Lincoln sie bezeichnet hatte, engagierte sich in dem Kreuzzug zur Befreiung ihrer Schwestern:

> «Jede glückliche Ehefrau und Mutter, die diese Zeilen liest, soll ihr Mitgefühl, ihre Gebete und ihr Bemühen beisteuern, um ihre Schwestern von dieser entwürdigenden Knechtschaft zu befreien. Alle Frauen im Lande sollen geeint für sie aufstehen. In einer vereinigten aufgeklärten Haltung liegt eine Macht, vor der jede Form der Ungerechtigkeit und Grausamkeit schließlich untergehen muß.»[23]

Außerhalb Utahs konnte man nur durch verzerrte Presseberichte und Propaganda Informationen über die Mehrehe bekommen. Doch wie sah die Situation wirklich aus?

Allgemein kann gesagt werden: Je höher der soziale Status eines Mannes war, desto größer war die Zahl seiner Frauen. Zumindest innerhalb der Hierarchie der Kirche konnte niemand mit nur einer Frau Karriere machen. Wer die Vielehe mit ihren finanziellen Belastungen und sonstigen Opfern auf sich nahm, zeigte damit, daß er zum harten Kern der Gläubigen gehörte.

Wie viele Frauen die Führer der Mormonen hatten, ist meist unbekannt. In Nauvoo wurden unzählige Frauen an Joseph Smith, Brigham Young, Heber C. Kimball und andere gesiegelt. Die weitaus größte Zahl von ihnen war jedoch nur für das celestiale Reich nach dem irdischen Leben bestimmt. Nur so sind gewisse Äußerungen zu verstehen, wie zum Beispiel die von Brigham Young:

> «Einige versuchen zu sagen, wie viele Frauen der Gouverneur von Utah hat. Aber wenn sie es sagen können, können sie mehr sagen als ich, denn ich weiß nicht, wie viele ich habe. Ich habe sie seit Jahren nicht mehr gezählt. Ich wußte nicht, wie viele ich hatte, bevor ich die Vereinigten Staaten verließ. Ich hatte so viele. Ich habe gehört, ich hätte neunzig. Ach, du meine Güte! Neunzig ist viel zu tief gegriffen. Ihr könnt mich fragen, ob ich sie jemals alle gesehen habe. Meine Antwort ist: nein. Ich sehe ein paar von ihnen, die ich mir hier selbst ausgesucht habe. Ich habe viele, und viele sehe ich nicht und werde sie auch nicht wiedersehen, bis zum Morgen der Auferstehung.»[24]

Eine Frau fragte Heber C. Kimball einmal, nachdem sie mehrere seiner Frauen kennengelernt hatte: «Sind das alle, die Sie haben?» – «Um

Himmels willen, nein», soll er geantwortet haben, «ich habe ein paar mehr zu Hause, und ungefähr fünfzig sind irgendwo über die Welt verstreut. Aber ich habe sie nicht mehr gesehen, seit sie in Nauvoo an mich gesiegelt wurden, und ich hoffe, ich werde sie auch nicht mehr wiedersehen.»[25]

Die Zahl der Ehefrauen, die in Brighams Haushalt lebten, war vermutlich siebenundzwanzig. Seine siebenundfünfzig Kinder wurden ihm jedoch nur von sechzehn seiner Frauen geboren. Ähnlich verhält es sich mit Heber. Er lebte mit schätzungsweise dreiundvierzig Frauen zusammen. Siebzehn von ihnen gebaren ihm seine fünfundachtzig Kinder. John D. Lee, der wegen des *Mountain Meadow Massacre* hingerichtet wurde, kam auf achtzehn Frauen und sechzig Kinder. John Taylor hatte sieben Frauen und vierunddreißig Kinder, Wilford Woodruff dagegen nur fünf Frauen und dreiunddreißig Kinder.

Die polygame Großfamilie erfüllte auch eine soziale Funktion. Alleinlebenden oder verwitweten Frauen wurde die Möglichkeit gegeben, sich durch Heirat wirtschaftlich abzusichern. Meist fanden in diesen Familien auch Waisenkinder ein Zuhause. Die Familie bildet aus der Sicht der Mormonen die Grundstruktur der irdischen Gesellschaft und der Gesellschaft im celestialen Reich. Durch die Heirat von Witwen und Frauen, die anderweitig allein geblieben wären, und durch die Adoption von elternlosen Kindern wurde jedes Mitglied der Gesellschaft in diese Grundstruktur eingebunden.

Es waren nur wenige Familien, in denen mehr als eine Ehefrau lebte. Die Schätzungen schwanken zwischen fünf und fünfzehn Prozent. Dadurch, daß der Haushalt einiger führender Persönlichkeiten sehr groß war, bildeten sich sogenannte «Kernfamilien» im Mormonentum. Das heißt, die zahlreichen Kinder, die aus diesen Familien stammten, heirateten ihrerseits Angehörige anderer Familien und sorgten dafür, daß die Bande, die die Heiligen zusammenhielten, nicht nur religiöser und kultureller, sondern auch verwandtschaftlicher Natur waren.

Zusätzlich besitzt die Mehrehe auch eine religiöse Bedeutung. Das Priestertum war, wie wir gesehen haben, auf den Mann beschränkt. Die Frau konnte an den Segnungen des Priestertums nur durch ihren Mann teilhaben. Die Polygamie gab allen Frauen die Möglichkeit dazu. Auch im nächsten Leben, wenn sie in das celestiale Reich eintreten würden, konnten Frauen nur Geistkinder gebären, wenn sie einen Mann hatten. Der Mann war für die Frau nötig, um die höchste Stufe der Seligkeit zu erreichen. Umgekehrt sollte ein Mann mindestens drei Frauen ehelichen, um wirklich einen der höchsten Ränge nach der Erhöhung einzunehmen.

Als Grund für die Einführung der Polygamie wird oft auch angegeben, daß sich «der Herr Samen erwecken» wollte, also um ein schnelleres Bevölkerungswachstum zu erreichen. Eine Frau in polygamer Ehe hatte im Durchschnitt 5,8 Kinder, während eine Frau mit einem monogamen Ehemann es auf acht Kinder brachte. Dies gilt oft als Gegenargument zu der These, daß die Mehrehe ein Mittel zum schnelleren Wachstum der mormonischen Bevölkerung war. Es muß jedoch bedacht werden, daß in monogamen Gesellschaften zu dieser Zeit noch ein Frauenüberschuß herrschte, daß also nicht jede Frau die Möglichkeit besaß, eine Familie zu gründen.

Die Ehen konnten in Utah – auch von seiten der Frauen – mit einer Leichtigkeit gelöst werden, wie es in Europa in den folgenden hundert Jahren nicht möglich war. Wenn man Biographien und Autobiographien aus dieser Zeit liest, überrascht es, mit welcher Häufigkeit dies tatsächlich geschah. Darüber hinaus wurde den Frauen von der gesetzgebenden Versammlung in Utah bereits 1870, vor allen anderen Staaten und Territorien in den Vereinigten Staaten, das Wahlrecht zugebilligt (es wurde jedoch durch das gegen die Polygamie gerichtete Edmunds-Tucker-Gesetz ironischerweise wieder aufgehoben). Die Tatsache, daß sie sich in den Wahlen nicht massenweise auf die Seite der Liberalen Partei schlugen, zeigt, daß die mormonischen Frauen sich zumindest in überwiegender Mehrheit nicht unterdrückt vorkamen.

Polygame Ehen konnten nur mit der Zustimmung der ersten Frau eingegangen werden. Meist wurde diese Zustimmung gewährt, da natürlich auch die Frauen die religiösen Prinzipien befolgen wollten, selbst wenn dies Opfer mit sich brachte. Annie Clark Tanner schrieb in ihrer Autobiographie über die Einstellung der mormonischen Frauen zur Mehrehe:

> «Die Frauen der Kirche, die dieses Prinzip lebten, fühlten sich sehr begünstigt im Vergleich zu den Frauen in anderen Teilen unseres Landes, die keine Mitglieder waren. Sie sahen ein großes

Privileg darin, einen Mann ihrer Wahl, ein Zuhause und eine Familie zu haben. Niemand konnte die Frauen in Utah dazu bringen, sich zu fühlen, als wären sie in einer minderwertigen Position.»[26]

Nicht alle Frauen waren jedoch bereit, ihr Heim mit einer anderen Frau zu teilen. Eine Anekdote erzählt von einem Mann, der gerne eine zweite Frau ehelichen wollte, aber nicht den Mut hatte, dies seiner Gattin mitzuteilen. Da er jedoch ihre Zustimmung benötigte, sagte er ihr, er habe nachts eine Offenbarung gehabt, in der ihm befohlen worden wäre, eine zweite Frau zu heiraten. Zu seiner Überraschung erzählte ihm jedoch seine Gattin, sie habe ebenfalls eine Offenbarung erhalten, und dergemäß müsse sie jede andere Frau, die ihr Mann nach Hause brächte, sofort erschießen. Die Offenbarung der Frau war zweifellos die stärkere, woraufhin der Mann von seinem Vorhaben Abstand nahm.

Der Ehemann mußte sich bemühen, alle Frauen gleich zu behandeln, was nicht leicht war. Um Eifersucht zu vermeiden, wurde oft als zusätzliche Frau die Schwester oder eine Freundin der ersten Frau geehelicht. Auch wenn sich die Frauen untereinander gut vertrugen, konnte das Leben in der Mehrehe schwierig sein, wie Mary Jane Mount Tanner schrieb:

> «Ich habe fünfzehn Jahre in Polygamie gelebt, was eine harte Prüfung für unsere gefallene Natur ist, aber Gott hat mich aufrechtgehalten, und ich fühle mich glücklich, daß ich würdig gerechnet werde, um Christi willen zu leiden, daß ich die Herrlichkeit und die Erhöhung im celestialen Reich unseres Gottes empfangen möge.»[27]

Weil die Polygamie als religiöse Institution gesehen wurde, gehörten auch Frauen zu deren Verteidigern. Zu denen, die den Frauenrechtlerinnen des Ostens widersprachen, gehörten Heber C. Kimballs erste Frau Vilate, deren Tochter Helen, die an Joseph Smith gesiegelt worden war und später die Frau eines anderen Mannes wurde, und Eliza R. Snow, die Poetin der Mormonen und Ehefrau Joseph Smiths und Brigham Youngs. Es waren nicht nur Frauen, die in der Mehrehe eher eine Pflicht als einen Segen sahen.

Auch Männer mußten oft dazu ermahnt werden, dem Prinzip Folge zu leisten. Als schließlich die Ausübung der Polygamie von der Kirche nicht mehr verlangt wurde, verspürten sicherlich die meisten der Heiligen beider Geschlechter, von wenigen Ausnahmen abgesehen, eine Erleichterung.

Die Jagd nach den Polygamisten wurde unerbittlich betrieben. Viele der bekannten «cohabs» (so genannt wegen ihres Vergehes der *illegal cohabitation)* gingen in den Untergrund, um der Verhaftung zu entgehen. Manchmal waren es auch die Frauen, die sich versteckten, um ihrem Mann ein Leben in der Öffentlichkeit mit nur einer Frau zu ermöglichen. Doch gerade für sie war das Leben im Untergrund schwer. Sie mußten auf die Unterstützung ihres Mannes verzichten, waren meist auf die Hilfe von Bekannten angewiesen und mußten eine Erklärung für argwöhnische Außenseiter bereit haben, woher ihre Kinder stammten.

Die Gefängnisse in Utah waren bald von Häftlingen überfüllt, weswegen manche bis nach Detroit verlegt wurden. Das «amerikanische Sibirien», wie Detroit unter den Heiligen genannt wurde, war besonders berüchtigt. Denn dort befanden sich die Häftlinge in einer gänzlich unfreundlichen Umwelt. In Utah dagegen konnten die Gefangenen Besuch von Bekannten und Verwandten empfangen und, wenn sie führende Personen der Kirche waren, ihre Leitungsaufgaben von ihren Zellen aus weiterführen. Als entwürdigend wurde jedoch empfunden, daß ihnen im Gefängnis die patriarchalen Bärte abrasiert wurden.

Eine weitere Möglichkeit, den *Marshals* zu entgehen, bestand in der Auswanderung. John Taylor selbst besuchte 1885 Mexiko, um Möglichkeiten für die Errichtung von Siedlungen zu erkunden. Manche Mexikaner mißtrauten jedoch den Abgesandten aus Utah. Sie sahen in deren Vorhaben einen Versuch der Yankees, einen weiteren Teil Mexikos zu erobern. Trotz immer wieder auftauchender Hindernisse gelang es den Mormonen schließlich aber doch, Land im Bundesstaat Chihuahua zu erwerben. Noch im gleichen Jahr kamen Hunderte von Kolonisten, vor allem aus Arizona und New Mexico, wo ebenfalls den Polygamisten das Gefängnis drohte, um sich auf dem kargen Land niederzulassen. In den nächsten Jahren sollten ihnen weitere dreitausend Siedler folgen. Es waren drei Hauptsiedlungen, die errichtet wurden: Colonia Juarez, Colonia Dublan und Colonia Diaz.

Eine weitere Zufluchtsstätte wurde im Norden gesucht. 1886 wurde von John Taylor eine Expeditionsgruppe nach Kanada gesandt, um das damals sehr dünn besiedelte Land zu erkunden. Sie schlugen die Gegend um das heutige Cardston im südlichen Alberta als Sammlungsort für die Verfolgten vor. Im folgenden Frühling machten sich die ersten Siedler aus Cache County in Utah auf den Weg nach Kanada. Das südliche Alberta wurde ein wichtiges Siedlungsgebiet für Mormonen aus den Vereinigten Staaten. Bis heute trägt es die Bezeichnung «Mormon country».

Auch in dieser Periode der Verfolgungen war die Kirche auf Expansion bedacht. Die bedeutendsten Missionsfelder blieben weiterhin Großbritannien und Skandinavien. Der Wind, der den Missionaren entgegenblies, war jedoch bedeutend schärfer geworden. Gewalttätige Formen nahm die Abwehrhaltung bestimmter Kreise vor allem im Süden der Vereinigten Staaten an. Nach dem verlorenen Sezessionskrieg und der von der Bundesregierung erlassenen Sklavenemanzipation wurden alle Außenseiter mit Mißtrauen bedacht. Es war die Zeit, in der der Ku-Klux-Klan seinen Terror auf Schwarze und Fremde richtete. Gleichzeitig fühlten sich protestantische Geistliche durch das Vorgehen der Bundesregierung gegen die Polygamisten berechtigt, ihrerseits gegen die Konkurrenz aus dem Westen von der Kanzel her vorzugehen.

Manche Missionare wurden im Süden als Folge der Stimmung gegen die Mormonen aus ihren Gemeinden vertrieben, andere wurden an Bäume gefesselt und ausgepeitscht. Am 21. Juli 1879 wurde ein Ältester der Mormonen in Georgia von einem Mob erschossen. Obwohl sein Begleiter die Täter identifizieren konnte und drei Männer festgenommen wurden, entschied sich die Jury, sie freizusprechen. Bei einem Überfall von Mitgliedern des Ku-Klux-Klan auf eine Versammlung in Tennessee wurden 1884 vier Mormonen und der Führer des Mobs getötet. Eine Frau wurde schwer verletzt.

Am 25. Juli 1887 starb John Taylor in Kaysville, wo er sich vor den *Marshals* versteckt gehalten hatte. Zwei Jahre später, im April 1889, wurde die Erste Präsidentschaft neu gebildet. Diesmal übernahm Wilford Woodruff als amtsältester Apostel die Stelle des Präsidenten und Propheten. Mit ihm kehrte die Wende ein. Die Ära der Konfrontationen ging zu Ende. Neue Mehrehen wurden von offizieller Seite nicht mehr abgeschlossen, und die Kirchenführung hatte aufgehört, die Polygamie als Teil der mormonischen Theologie zu lehren.

Was war geschehen? Zum erstenmal in ihrer Geschichte war die Kirche in ihrer Existenz ernsthaft bedroht. Brigham Young hatte gesagt, der Mob könne Hunderte von Führern der Kirche ermorden, aber die Organisation würde trotzdem weiterbestehen. Durch die vom Kongreß erlassenen Gesetze wurde zwar direkt niemand getötet, aber die Kirche war all ihrer Finanzmittel beraubt worden. Die Gegner der Mormonen, Männer der Liberalen Partei, waren dabei, in Utah die Macht zu übernehmen, da viele unter den Heiligen nicht mehr an den Wahlen teilnehmen durften. Mittlerweile gab es auch keine Möglichkeit mehr zur Flucht. Ganz Nordamerika war unter drei Staaten aufgeteilt. Zwar waren bereits Hunderte von Familien nach Mexiko und Kanada übergesiedelt, aber keiner der beiden Staaten wäre bereit gewesen, über hunderttausend Menschen aufzunehmen. Die Vereinigten Staaten selbst waren bereits zu erschlossen, um noch einen Zufluchtsort bieten zu können, wie es Brigham Young dreißig Jahre vorher, während des Utah-Krieges, geplant hatte. Sogar das Wachstum der Kirche war gefährdet. Da das Vermögen des *Perpetual Emigrating Fund* beschlagnahmt worden war, hatte sich die Sammlung der Heiligen in Zion bedeutend verlangsamt. Zudem bekamen Neueinwanderer nicht mehr die amerikanische Staatsbürgerschaft, da sie als Angehörige der Mormonenkirche potentielle Gesetzesbrecher waren.

Obwohl seit dem Amtsantritt Wilford Woodruffs keine polygamen Ehen mehr geschlossen wurden, ließ der Druck auf die Kirche von seiten der Regierung nicht nach. Die Heiligen mußten erst noch glaubhaft machen, daß sie es mit der Beachtung des Polygamieverbotes und dadurch mit der Eingliederung in die Gesellschaft ernst meinten.

Anfang September 1890 reiste Wilford Woodruff nach Kalifornien, um sich mit Geschäftsleuten und Politikern zu treffen. Es gibt keine Aufzeichnungen über die Gesprächsthemen bei dieser Begegnung. Vermutlich wurden jedoch die Lage der Kirche und die Chance Utahs auf Staatlichkeit erörtert. Am 21. September kehrte Wilford nach Salt Lake City zurück, überzeugt, daß die Heiligen der Mehrehe offiziell abschwören müßten. Sofort nach seiner Rückkehr traf er sich mit seinen Beratern und den Zwölf Aposteln. Es war nicht einfach, die anderen von der Notwendigkeit dieses Schrittes zu überzeugen, schließlich war es ein Gebot Gottes, mehr als nur eine Frau zu nehmen. In langen Diskussionen gelang es ihm, einen Apostel nach dem anderen auf seine Seite zu ziehen.

Am 24. September 1890 veröffentlichte die Erste Präsidentschaft eine offizielle Erwiderung auf Beschuldigungen, die Heiligen würden noch immer polygame Ehen abschließen. Dieses Dokument wurde als «das Manifest» bekannt und fand später Eingang in Lehre und Bündnisse:

> «An alle, die es betreffen mag:
>
> Da Pressemitteilungen, die aus politischen Gründen aus Salt Lake City ausgesandt und weit verbreitet wurden, die Angaben enthalten, die Utah-Kommission habe in ihrem jüngsten Bericht an den Innenminister behauptet, daß die Mehrehe noch immer vollzogen und daß seit letztem Juni oder während des letzten Jahres vierzig oder mehr solcher Ehen in Utah abgeschlossen worden wären, daß ferner in öffentlichen Vorträgen die Führer der Kirche die Fortsetzung der Ausübung der Polygamie gelehrt, zu ihr ermuntert oder genötigt hätten, erkläre ich als Präsident der Kirche Jesu Christi der Heiligen der letzten Tage hiermit in feierlichster Weise, daß diese Behauptungen falsch sind. Wir lehren nicht die Polygamie oder Mehrehe, noch erlauben wir einer Person, in ihre Ausübung einzutreten, und ich bestreite, daß vierzig oder irgendeine andere Anzahl von Mehrehen während dieser Periode in unseren Tempeln oder an irgendeinem anderen Ort im Territorium vollzogen worden sind. [...]
>
> Da der Kongreß Gesetze verabschiedet hat, welche die Mehrehe verbieten, und da diese Gesetze vom Obersten Gerichtshof als verfassungskonform erklärt wurden, erkläre ich hiermit die Absicht, mich diesen Gesetzen zu unterwerfen und meinen Einfluß bei den Mitgliedern der Kirche, über die ich präsidiere, einzusetzen, daß sie das gleiche tun.
>
> Es gibt nichts in meinen Lehren gegenüber der Kirche oder in denjenigen meiner Mitarbeiter, was vernünftigerweise so gedeutet werden kann, daß dadurch die Polygamie eingeschärft oder ermuntert würde. Und wenn irgendein Ältester der Kirche eine Sprache benutzt hat, die den Anschein hatte, eine solche Lehre zu

> vermitteln, wurde er sofort zurechtgewiesen. Und ich erkläre nun öffentlich, daß mein Rat an die Heiligen der letzten Tage ist, vom Abschluß von Ehen, die von den Gesetzen des Landes verboten sind, Abstand zu nehmen.»[28]

Die Heiligen hätten das Manifest nie akzeptiert, wenn es nur das Ergebnis eines pragmatischen Beschlusses gewesen wäre. Eine Entscheidung von dieser Tragweite mußte auf einer Offenbarung basieren. Diese Offenbarung hatte Wilford nach eigenen Angaben mit «geknicktem und reumütigem Geist» gesucht und hatte eine Antwort erhalten. Zum erstenmal war jedoch nicht die Offenbarung selbst veröffentlicht worden, sondern nur ein Dokument, das eine Folge davon war. Aber wie konnte es sein, daß Gott selbst sein eigenes Gebot widerrief? Tatsächlich hatte es bereits früher in der Geschichte der Kirche Fälle gegeben, in denen die Gebote nicht verwirklicht werden konnten. Beispiele dafür sind die Vereinigte Ordnung Enochs, die sich nicht durchsetzen ließ und statt dessen durch den Zehnten ersetzt wurde, und der Bau Zions in Missouri, der durch die Gewalttaten der *Gentiles* nicht durchgeführt werden konnte. Daß Gott nicht unter allen Umständen die Befolgung eines Gebotes verlangte, wurde bereits in einer nach der Vertreibung aus Missouri von Joseph Smith in Nauvoo erhaltenen Offenbarung dargelegt:

> «Wenn ich irgendwelchen der Menschensöhne ein Gebot gebe, in meinem Namen ein Werk zu tun [...] und Feinde kommen über sie und hindern sie an der Ausführung – sehet, dann geziemt es mir, jenes Werk nicht mehr von jenen Menschensöhnen zu verlangen, sondern ihre Opfer anzunehmen.» (Lehre und Bündnisse 124:49)

Diese Feinde waren nun übermächtig. In einer Konferenz, in der es um die Annahme des Manifestes durch die gesamte Kirche ging, erklärte Wilford Woodruff vor den Versammelten:

> «Es ist für uns nicht weise, Krieg gegen fünfundsechzig Millionen Menschen zu führen. Es ist für uns nicht weise, hinzugehen und dieses Prinzip gegen die Gesetze der Nation durchzuführen und die Konsequenzen daraus zu erhalten.»[29]

Die Zuhörer gaben ihm einstimmig recht. Manche erhoben die Hand zwar zur Unterstützung ihres Präsidenten, zweifelten aber an der Rechtmäßigkeit des Beschlusses und fuhren insgeheim fort, das von ihnen als so wichtig erachtete Prinzip zu befolgen. Sie blieben jedoch in der Minderheit und konnten nicht verhindern, daß die Ära der Konfrontation endgültig zu Ende ging. Was nun begann, wird als «The Great Accommodation» bezeichnet, als die «Große Anpassung». Die Mormonen waren bisher eine Gruppe am Rande der Gesellschaft gewesen. Nun hatten sie Gelegenheit, die Barrieren abzubauen und von diesen gesellschaftlichen Außenbereichen in das Zentrum zu rücken. Es sollte sich noch zeigen, wie überraschend schnell dies vor sich ging.

DRITTER TEIL: ANPASSUNG UND WACHSTUM 1890–1990

«Es gibt auf Gottes Erde heutzutage keine Leute, die loyaler gegenüber ihrem Land wären, als es die Heiligen der letzten Tage diesem Land gegenüber sind. Es gibt keine besseren, aufrechteren oder ehrenhafteren Bürger der Vereinigten Staaten, als sie im Schoße der Kirche Jesu Christi der Heiligen der letzten Tage zu finden sind.»[1] Joseph F. Smith, 1903

14. Eine Zeit des Wandels: Die neue Kirche

Die Umwandlung der Mormonenkirche von einer Außenseitergruppierung in eine gesellschaftlich angesehene und etablierte Organisation ist vor allem drei Präsidenten zu verdanken: Wilford Woodruff, Lorenzo Snow und Joseph F. Smith.

Wilford Woodruff wurde 1807 in Connecticut geboren, stammte also ebenfalls aus Neuengland, und paßte ungefähr in die gleiche Altersgruppe wie die anderen frühen Anhänger Joseph Smiths. Er ließ sich am 31. Dezember 1833 in die Kirche taufen. Die Gründe, die ihn dazu veranlaßten, dem Mormonentum beizutreten, waren dieselben wie die der Mehrzahl seiner Glaubensgenossen. Wilford Woodruff wurde zu einem der erfolgreichsten Verkündiger der neuen Religion. Von seiner Bekehrung bis zu seinem Tod 1898 hatte er hundertfünfundsiebzigtausend Meilen auf Reisen zurückgelegt und konnte zweitausend Taufen vollziehen. Darüber hinaus war er ein gewissenhafter Tagebuchschreiber. Die siebentausend Seiten, die er über seine täglichen Erlebnisse verfaßte, bilden heute für Historiker eine wichtige Quelle über die Ereignisse der frühen Kirche.

Lorenzo Snow war der letzte unter den Präsidenten der Kirche, die Joseph Smith noch als Erwachsene gekannt hatten. Als Apostel hatte er Reisen nach Italien, in die Schweiz, nach Indien, Palästina und Hawaii unternommen. In Utah hatte er ein Jahr lang wegen Polygamie im Gefängnis gesessen. 1898 fiel nach dem Tod Wilford Woodruffs der Mantel des Propheten auf ihn. Er setzte die Politik der konstruktiven Anpassung fort.

Joseph F. Smith war ein Sohn Hyrum Smiths. Im Alter von fünf Jahren verlor er seinen Vater und mit vierzehn seine Mutter. Er machte zuerst von sich reden, indem er einen Schullehrer verprügelte, als dieser seine Schwester schlagen wollte. Auf diese Weise wurde die Kirche auf ihn aufmerksam. Man schickte ihn für vier Jahre auf Mission nach Hawaii. Damit begann seine kirchliche Laufbahn. Seine Arbeit als Apostel führte ihn nach Großbritannien und ein zweites Mal nach Hawaii.

Joseph F. Smith hatte das Privileg, zu den Präsidenten der Kirche zu gehören, die einen Beitrag zur Erweiterung der Standardwerke leisten konnten. Anläßlich einer Generalkonferenz im Jahre 1918 verkündete er, kurze Zeit zuvor mehrere göttliche Mitteilungen empfangen zu haben. Eine von ihnen wurde nach der Konferenz der Ersten Präsidentschaft, den Aposteln und dem Patriarchen vorgelegt und von diesen einstimmig akzeptiert. Sie wurde später als Sektion 138 in Lehre und Bündnisse aufgenommen. Die Vision handelt vom Aufenthalt Jesu in der Zeit zwischen seiner Kreuzigung und seiner Auferstehung in der Welt der Geister. Den Anstoß dazu gab das Studium des dritten und vierten Kapitels des Ersten Petrusbriefes, in denen ebendiese Fahrt in die Welt der Geister angesprochen wird. Übrigens ist die Frage, was Jesus in der Zeit zwischen seinem Tod am Kreuz und seiner Wiederauferstehung machte, ein Thema, das schon die frühen Christen beschäftigte – zum Beispiel im apokryphen Nikodemusevangelium – und für das sich auch noch die modernen katholischen Theologen interessieren. Davon abgesehen schien Joseph F. Smith überhaupt für spirituelle Manifestationen empfänglich gewesen zu sein. Er selbst berichtete von mehreren solcher Visionen, von denen auch einige überliefert sind.

Von der spirituellen Seite abgesehen, ist Joseph F. Smith aber auch durch seine entschiedene Anpassungspolitik von Bedeutung. Er war zwar selbst Polygamist – er war Ehemann von sechs Frauen und Vater von dreiundvierzig Kindern –, unterstützte aber uneingeschränkt die Abkehr von dieser Eheform. Im April 1904 legte er in einer Konferenz der Kirche ein zweites Manifest vor, in dem die Polygamie ausdrücklich verboten und denjenigen, die dieses Verbot mißachteten, mit der Exkommunikation gedroht wurde. Die Konferenz akzeptierte das Manifest mit überwältigender Mehrheit.

Eine weitere Abkehr von Anschauungen, durch die sich die andersgläubige Umwelt zu Mißtrauen veranlaßt gefühlt hatte, war die Neudefinition des Begriffes «Königreich Gottes». Das Reich Gottes war zu Brigham Youngs Zeiten genauso von dieser wie von der jenseitigen Welt. Es bezog sich auf die Herrschaft im Himmel genauso wie auf die Gründung neuer Siedlungen in Deseret, das Anlegen von Wassergräben und kirchliche Investitionen. Joseph F. Smith lehnte dagegen alle politischen Ambitionen der Kirche ab. Das Ziel war nicht mehr, einen Mormonenstaat zu gründen, sondern das Reich Gottes lag von nun an im Herzen der Menschen. Nach seinen Worten war es dort, wo Christus als König anerkannt wurde. – Diese Begriffsdefinition stimmt mit derjenigen der meisten anderen christlichen Gemeinschaften überein.

Im Zusammenhang mit dem Verzicht auf ein politisches Reich wurde ein weiterer Begriff umgedeutet, nämlich derjenige der Sammlung Israels. Die Heiligen sollten nicht mehr nach dem Zion in den Rocky Mountains kommen, sondern in ihren Ländern bleiben und dort das Reich Gottes aufbauen. Dies hatte mehrere Ursachen. Erstens hätte eine weitere Einwanderung von Mormonen Zweifel an dem neuen Image der Kirche aufkommen lassen. Eine der Forderungen der Mormonengegner war ja immer gewesen, daß sich die Heiligen, wie die Mitglieder anderer Religionsgemeinschaften auch, über ein größeres Gebiet verstreuen sollten. Zweitens wurde das Land für neue Siedler knapp. Ein dritter wichtiger Punkt war der Verfall der ausländischen Gemeinden, der durch die Auswanderung gerade der zuverlässigsten und engagiertesten Mitglieder verursacht wurde. Diejenigen, die in ihren Heimatländern zurückblieben, waren meist nur mit halbem Herzen bei der Sache. Sobald die Missionare abzogen, begannen die Auflösungserscheinungen einzusetzen. Dies sollte sich nun ändern. Ein wirklich überzeugtes Mitglied war besser als jeder Missionar. Die Sammlung der Heiligen wurde von einem physischen zu einem geistigen Ereignis umgedeutet, nämlich zur Sammlung im Schoß der Kirche. Die eigentliche Auswanderung nach Zion wurde auf das zweite Kommen Jesu verschoben, wenn die Stämme Israels den amerikanischen Kontinent erben würden.

Durch das Manifest von 1890 hatte die Kirche signalisiert, daß sie zum Einlenken bereit war. Die staatlichen Stellen zeigten ihrerseits ihren guten Willen, indem viele inhaftierte Polygamisten freigelassen und andere nur zu symbolischen Strafen verurteilt wurden. 1894 erließ Präsident Cleveland eine Amnestie für alle Polygamisten. Die Mormonenkirche wurde wieder als Religionsgemeinschaft anerkannt. Zwei Jahre später wurde der Traum vieler Mormonen wahr: Utah wurde endlich zum Bundesstaat erhoben.

Die Probleme waren jedoch noch nicht alle gelöst. Vieles, was in Trümmern lag, mußte neu aufgebaut werden. In Salt Lake City konnte zwar endlich der große Tempel fertiggestellt werden, aber es zeigte sich, daß die Kirche hoch verschuldet war. Um den finanziellen Kollaps zu vermeiden, wurden Anteile an Unternehmen verkauft und die Mitglieder daran erinnert, gewissenhafter ihren Zehnten abzuliefern.

Die Versöhnungsbereitschaft von staatlicher Seite war zwar ernst gemeint, aber dadurch hatte die Mormonenkirche noch nicht ihren schlechten Ruf in der Bevölkerung überwunden. Sensationslüsterne Journalisten brachten weiterhin halbwahre Berichte über die Polygamie in die Öffentlichkeit, und Kleriker anderer Konfessionen waren noch lange nicht mit einem «Waffenstillstand» einverstanden.

Polygame Ehen gab es immer noch. Der weitaus größte Teil von ihnen war jedoch vor dem Manifest eingegangen worden. Nur wenige Männer hatten sich nach der «Diskontinuierung» der Mehrehe von ihren Frauen getrennt. 1902 gab es noch achthundertsiebenundneunzig polygame Familien, verglichen mit zweitausendvierhunderteinundfünfzig zwölf Jahre vorher. Einige Kirchenmitglieder, die an die Kurswendung nicht glauben wollten, schlossen jedoch weiterhin Ehen mit zusätzlichen Frauen. Sie legten das Manifest so aus, daß das Verbot neuer polygamer Ehen nur für das Territorium der Vereinigten Staaten galt, aber nicht wenn sie im Ausland oder auf See abgeschlossen wurden. Die Kirchenführung setzte aber die Exkommunikation derjenigen, die das Verbot mißachteten, entschieden durch. Zu denen, die aus der Kirche ausgeschlossen wurden, gehörte auch ein Sohn John Taylors, der Mitglied der Zwölf gewesen war.

Daß das Mormonentum noch nicht wie jede andere Religionsgemeinschaft anerkannt war, mußte B. H. Roberts erfahren, als er 1898 als Kongreßabgeordneter von Utah nach Washington geschickt wurde. Die *Salt Lake Ministerial Association*, eine protestantische Gruppierung in Utah, mobilisierte die amerikanische Öffentlichkeit, um dem bekannten Polygamisten den Sitz im Abgeordnetenhaus zu verweigern. In der Zeit zwischen seiner Wahl und seinem vorgesehenen Amtsantritt wurden sieben Millionen Unterschriften gesammelt, die sich gegen ihn aussprachen. Das Repräsentantenhaus beugte sich dem öffentlichen Druck und erkannte ihm das Recht ab, sein Mandat auszuüben.

Vier Jahre später wurde Reed Smoot, ein Monogamist, in den Senat gewählt. Wieder machten protestantische Organisationen mobil. Smoot sollte der Zutritt in den Senat verwehrt werden, weil er ein Apostel der Mormonenkirche war. Diese Gemeinschaft, so argumentierten die Gegner der Mormonen, verletze das Prinzip der Trennung zwischen Kirche und Staat, indem die kirchlichen Führer absolute Autorität über die weltlichen und geistlichen Belange der Mitglieder hätten. Außerdem wurde behauptet, die Mormonen würden im geheimen die Polygamie weiterhin ausüben, während sie in der Öffentlichkeit angäben, sie abgeschafft zu haben.

Der Senat beugte sich auch diesmal dem öffentlichen Verlangen und setzte einen Untersuchungsausschuß ein. Führende Persönlichkeiten der Mormonen wurden in Washington vorgeladen und über die Verhältnisse in der Kirche befragt. Selbst Joseph F. Smith mußte vor dem Ausschuß erscheinen. Er gab zu, daß er mit mehreren Ehefrauen zusammenlebte, bestritt aber, daß solche Ehen weiterhin geschlossen würden. 1907, drei Jahre nachdem der Untersuchungsausschuß seine Arbeit aufgenommen hatte, wurde Reed Smoot schließlich gestattet, seinen Sitz im Senat einzunehmen. Er wurde mehrere Male wiedergewählt und blieb der Nachwelt durch die Smoot-Hawley-Einfuhrzölle in Erinnerung, die 1930 die amerikanische Wirtschaft vor der ausländischen Konkurrenz schützen sollten, statt dessen jedoch zur Verschlimmerung der Weltwirtschaftskrise beitrugen.

Die Heiligen zeigten auch ihre Bereitschaft zur Anpassung, indem sie die mormonische Volkspartei auflösten und deren Mitgliedern rieten, sich der Demokratischen oder Republikanischen Partei anzuschließen. Die Liberale Partei folgte ein paar Jahre später dem Beispiel der Volkspartei und verkündete ebenfalls ihr freiwilliges Ende. Einige nichtmormonische Bürger Utahs, die mit dem Ende der Konfrontation nicht einverstanden waren, gründeten später die Amerikanische Partei, die in etwa die Ziele der liberalen Vorgängerpartei übernahm.

Trotz der immer wieder auftretenden Gegner im politischen Bereich wurde eine weitere Anpassung, nämlich im wirtschaftlichen Bereich, rapide vollzogen. Bis Anfang des zwanzigsten Jahrhunderts waren auch die letzten kommunistischen und kooperativen Wirtschaftsunternehmungen gescheitert. Die Kirche hatte sich nicht nur aus vielen Unternehmungen zurückgezogen, auch die Absicht, die wirtschaftliche Entwicklung Utahs zu steuern, wurde aufgegeben. Während im neunzehnten Jahrhundert urchristlicher Kommunismus und Kooperation als Ideal angesehen wurden, setzte man nun voll auf privates Unternehmertum und Individualismus.

In den zwei Jahrzehnten vor dem Manifest hatte die Gemeinschaft der Mormonen den größten Teil ihrer Energie auf den Überlebenskampf in den Vereinigten Staaten gerichtet. Viel war während dieser Zeit im Ausland in die Brüche gegangen. Nicht nur die Zahl der Neubekehrten war spürbar zurückgegangen, auch die Regierungen der einzelnen Staaten waren auf die ausländischen Missionare aufmerksam geworden. Unter dem Druck der staatlichen oder etablierten Kirchen wurden sie aus Deutschland und Frankreich ausgewiesen. 1912 erfolgte die Vertreibung der Mormonen aus Mexiko. Nur die Hälfte der Siedler konnte einige Jahre später wieder zurückkehren, der Zugang blieb amerikanischen Missionaren weiterhin versperrt.

Trotz der immer wieder auftretenden Rückschläge unternahmen die Heiligen einen neuen Anlauf, das Evangelium auf der Erde zu verbreiten. 1901 wurde die erste Mission in Japan eröffnet. Es folgte die Übersetzung des Buches Mormon in die Landessprache. Japan war jedoch ein schwieriges Feld. Die fremde Sprache und Kultur machten den Missionaren zu schaffen. Bis zum Ende des Zweiten Weltkriegs stagnierte die Mitgliederzahl in Nippon.

1903 kamen zum erstenmal seit Parley P. Pratts Reise wieder Missionare nach Südamerika. Aber auch ihnen blieb ein größerer Erfolg versagt. Dieser Kontinent sollte für alle nordamerikanischen Religionsgemeinschaften bis nach dem Zweiten Weltkrieg *Terra incognita* bleiben.

Der Ruf, den die Mormonen in Großbritannien genossen, hätte nicht viel schlechter sein können. Die antimormonische Propaganda der Zeitungen und der etablierten Kirchen hatte ihre Wirkung gezeigt. Der Ausdruck «Mormone», mußte Joseph Fielding Smith, der Sohn Joseph F. Smiths und spätere zehnte Präsident, bei seinem Missionsaufenthalt in den Jahren 1899 bis 1901 in England erfahren, wurde als Synonym für «Polygamist» verwendet. In einem Sherlock-Holmes-Roman mußte sogar Brigham Young als Erzbösewicht herhalten. Andere Bücher schilderten die Mormonen als eine Bande von Verbrechern, denen es nur um die Verschleppung und Unterdrückung der Frauen ging.

Unter diesen Bedingungen konnten die Erfolge von früher nicht wiederholt werden. Joseph Fielding konnte während seiner zweijährigen Mission keine einzige Taufe vollziehen. Die Menschen begegneten seiner Botschaft bestenfalls mit Gleichgültigkeit, schlimmstenfalls mit Gewalt. Das Blut Israels, schrieb er in sein Tagebuch, schien in diesem Land allem Anschein nach schon früher gesammelt worden zu sein. Diejenigen, die übriggeblieben waren, kümmerten sich nicht um die Wahrheit. Wenn die Missionare in den Straßen predigten, wurden sie oft mit Steinen, Abfall oder Schmutz beworfen. Die einzigen, die ihnen zuhörten, schrieb er, waren Betrunkene und Hunde. Ein Metzger bedrohte Joseph Fielding mit dem Messer, als er bloß seine Kirche erwähnte. Hin und wieder mußten sie von der Polizei vor der Menge geschützt werden. Trotzdem, meinte er, wäre er in England noch sicherer als in einigen Teilen der Vereinigten Staaten.

Nicht nur mißlang es, Menschen zu finden, die sich für die Botschaft der Missionare interessierten, auch diejenigen unter den Heiligen, die in England geblieben waren, zeigten wenig Begeisterung für ihre Religion. Die Sonntagsschule oder andere Treffen wurden kaum besucht. Die Zahl der Taufen ging von neunhundertdreiundsechzig im Jahre 1900 auf dreihundertdreiundsechzig im Jahre 1912 zurück. Gleichzeitig fielen viele Mitglieder von der Kirche ab. Von denen, die eine Ehe mit einem nichtmormonischen Partner eingingen, blieben nur ganz wenige ihrem Glauben treu. 1870 hatte es noch neuntausend Heilige in Großbritannien gegeben, bis 1892 war ihre Zahl auf zweitausendsechshundert gesunken. In den folgenden Jahren pendelte sich die Mitgliederzahl auf sechstausend ein und blieb bis 1950 etwa gleich. Eine verheerende Wirkung auf das Bild der Mormonen in der britischen Öffentlichkeit hatte in den zwanziger Jahren ein Film, der unter den Titeln *Trapped by the Mormons* (Von den Mormonen gefangen) und *The Mormon Peril* (Die Mormonengefahr) vorgeführt wurde. Die Missionare der Mormonen wurden darin als hypnotisierende Bösewichte gezeigt, deren einziges Ziel es war, junge Frauen von England nach Utah zu locken.

1918 übernahm Heber J. Grant das Amt des Präsidenten. Er gehörte der Generation an, die nach dem Auszug aus Nauvoo geboren worden war. Insofern symbolisierte seine Amtsübernahme den Beginn einer neuen Phase in der Geschichte des Mormonentums. Zudem hatte er sich als erfolgreicher Geschäftsmann öffentliches Ansehen erworben.

Aber Heber J. Grant war auch eine kontroverse Figur. Noch vor der Verkündigung des Manifestes hatte er sich mit drei Frauen verheiratet. Es ist deshalb nicht verwunderlich, daß er damit rechnete, vor erbitterten Kritikern seinen Glauben verteidigen zu müssen, als er 1920 eingeladen wurde, in Kansas City vor einer einflußreichen Vereinigung zu sprechen. Was er jedoch in diesem Kreis zu hören bekam, waren zu seiner Überraschung nicht die üblichen Anschuldigungen, sondern nur Lob und Bewunderung für das, was seine Kirche erreicht hatte. Noch dazu lag Kansas City im Staat Missouri, dessen Bewohner einst als die Erzfeinde seines Volkes gegolten hatten.

Der Auftritt Grants in Kansas City kann als entscheidender Wendepunkt im Verhältnis des Mormonentums zur amerikanischen Gesellschaft gesehen werden. Die Mormonen wurden nicht mehr als Außenseiter angesehen, sondern man würdigte ihre Leistungen. Das Mormonentum war in Utah in den Jahren der «Großen Anpassung» zu einer bürgerlichen Religion mit bürgerlichen Werten geworden. Nach der Flut der antimormonischen Propaganda begann nun der größte Teil der Öffentlichkeit zu sehen, daß sich die Werte der Mormonen nicht so sehr von den Idealen des Kleinbürgertums unterschieden.

Die Anerkennung des Mormonentums als lebensberechtigte Religion wurde jedoch nicht von den fundamentalistischer gesinnten Angehörigen anderer christlicher Kirchen mitvollzogen. Für sie sind die Mormonen bis heute Ketzer, die einem falschen Propheten nachlaufen. Während die verschiedenen christlichen Gemeinschaften untereinander ziemlich tolerant sind, wird diese Duldsamkeit nicht auf die Heiligen der letzten Tage ausgedehnt.

Zeitlich etwas versetzt begann auch in den europäischen Ländern das negative Bild der Mormonen aus dem Bewußtsein der Menschen zu verschwinden. Dies geschah nicht so sehr, weil man gegenüber dieser «Sekte» toleranter geworden wäre, sondern weil dieses Thema in den Medien die Zugkraft verloren hatte. In Europa herrschten auf religiösem Gebiet gänzlich andere Bedingungen als in den Vereinigten Staaten. Während sich in den USA wegen des breiten Spektrums an Religionsgemeinschaften eine gewisse gegenseitige Anerkennung für das friedliche Zusammenleben als notwendig herausstellte, waren fast alle europäischen Staaten von Staatskirchen oder quasistaatlichen Kirchen geprägt. Diese gesetzlich geschützten und aus Steuermitteln finanzierten Religionsgemeinschaften mochten zwar aufgehört haben, untereinander Krieg zu führen; Neuankömmlinge, die ihre Religion noch ernst nahmen, wurden hingegen mit allen zur Verfügung stehenden Mitteln bekämpft.

Aus diesem Grund und auch wegen der wirtschaftlichen Möglichkeiten, die Amerika bot, war die Auswanderung nach Zion für die europäischen Heiligen ein weiterhin verlockendes Ziel. Eine Emigration fand besonders aus Deutschland in den Jahren 1922 bis 1930 statt und sollte sich nach dem Zweiten Weltkrieg wiederholen. 1930 betrug die Zahl der Heiligen, die sich über den europäischen Kontinent verstreuten, neunundzwanzigtausend. Der wirtschaftliche Aufschwung der zwanziger Jahre bot auch den Heiligen in Utah Chancen, Arbeitsplätze in den Industriezentren der Westküste zu finden, was zu einer größeren Auswanderung aus dem Zion in den Bergen und zur Gründung bedeutender Mormonengemeinden in Kalifornien führte.

Der Zweite Weltkrieg stellte nicht nur im Leben vieler Menschen einen entscheidenden Einschnitt dar, sondern leitete in der Geschichte des Mormonentums eine ganz neue Phase ein.

Wie im Ersten Weltkrieg befanden sich wieder Mormonen in beiden Lagern der verfeindeten Staaten. In den dreißiger Jahren lebten etwa fünfzehntausend Heilige in Deutschland. Die Mormonen mußten in Hitlers Reich zwar nicht das Schicksal der kriegsdienstverweigernden Zeugen Jehovas erleiden, bekamen aber staatlichen Druck und Behinderungen ihrer Aktivitäten zu spüren. Von kirchlicher Seite wurde die Ansicht vertreten, man müsse sich den staatlichen Autoritäten unterordnen; einzelne Mitglieder konnten jedoch ihre religösen Werte mit der staatlichen Barbarei nicht zusammenbringen. Zu ihnen gehörte der in Hamburg lebende siebzehnjährige Helmuth Hübener, der ausländische Nachrichtensender abhörte, die Berichte auf Flugblättern zusammenfaßte und sie mit Gleichgesinnten verteilte. Er und seine beiden Freunde Rudolph Wobbe und Karl-Heinz Schnibbe wurden 1942 von der Gestapo verhaftet und vor Gericht gestellt. Für Hübener endete die Tätigkeit im Widerstand mit der Enthauptung, Wobbe und Schnibbe überlebten den Krieg im KZ und wanderten nach ihrer Befreiung nach Utah aus. Andererseits gab es Mitglieder, die sich sehr gut mit den Nazis arrangierten, was manchen dem Mormonentum weniger wohlwollend gesinnten Schreibern als Anlaß zur Behauptung diente, die Kirche der Heiligen der letzten Tage hätte allgemein Sympathien für den Nationalsozialismus gehabt. Tatsächlich mußte aber die Pfadfinderorganisation der Kirche aufgelöst werden, finanzielle Zuschüsse aus Amerika waren nur noch schwer zu bekommen, und Teile der religiösen Literatur wurden verboten. Eine kleine Religionsgemeinschaft, wie sie die Mormonenkirche in Deutschland darstellte, konnte dem diktatorischen Staat nicht in der gleichen Weise die Stirn bieten, wie es den großen Volkskirchen möglich gewesen wäre.

Mit dem Ende des Zweiten Weltkriegs hatten sich nicht nur die Landkarten verändert und waren neue politische Gegebenheiten entstanden, auch die Kirche brach zu neuen Ufern auf. 1940 hatte sich die Zahl der Heiligen auf etwa achthundertzweiundsechzigtausend belaufen, 1975, also fünfunddreißig Jahre später, bekannten sich weltweit bereits annähernd dreieinhalb Millionen Menschen zu dem von Joseph Smith gegründeten Glauben. Am stärksten war das Wachstum in den sechziger Jahren, als die Mitgliederzahl um hundersiebenunddreißig Prozent anwuchs.

Abgesehen von der rein zahlenmäßigen Zunahme ist auch der enorme Erfolg der Mormonenkirche in Lateinamerika bedeutsam. Bis zu den sechziger Jahren hatte die Zahl der Gläubigen in ganz Südamerika nur neuntausensiebenhundertfünfzig betragen. Oft war es nur eine kleine, nicht zur Bevölkerungsmehrheit zählende Schicht gewesen, wie zum Beispiel die deutschen Einwanderer in Brasilien, die sich für die Botschaft der Mormonen interessiert hatten. Die Masse der Katholiken schien jedoch dem Mormonentum gegenüber völlig gleichgültig gewesen zu sein. Dies änderte sich jedoch fast schlagartig. In den sechziger Jahren konnte die Kirche in Südamerika ein Wachstum von neunhundertvierundsechzig Prozent und in Mittelamerika von neunhundertdreißig Prozent verzeichnen. Weitere bedeutende Wachstumsgebiete waren Ostasien und Großbritannien.

Der größte Teil der Mitglieder lebte immer noch in den Vereinigten Staaten. Obwohl auch im Mutterland die Kirche schnell wuchs, wurde es offensichtlich, daß es nur eine Frage von wenigen Jahrzehnten war, bis die Mehrheit im Ausland, vor allem in der Dritten Welt, zu Hause sein würde. Es zeigte sich auch, daß das Mormonentum nicht überall und unter allen Bevölkerungsschichten Anklang fand. In geographischer Hinsicht gehörten zu den fruchtbarsten Missionsgebieten Lateinamerika, die Länder Ostasiens, sofern in ihnen die Missionsarbeit möglich war, sowie die Inseln des Südpazifiks. In keinem anderen Volk wurden die amerikanischen Missionare und ihre Botschaft so bereitwillig aufgenommen wie unter den Polynesiern. Auf manchen Inseln des Südpazifiks machen die Mormonen heute gegen einen Viertel der Bevölkerung aus. Obwohl auch von den polynesischen Inseln eine starke Auswanderung in die Vereinigten Staaten zu verzeichnen war, spielt vor allem auf Tonga, Samoa und Französisch-Polynesien die Mormonenkirche eine bedeutende Rolle und kann weiterhin ein Wachstum verzeichnen. Die Resonanz unter den Maoris war so groß, daß Neuseeland heute mit drei Prozent den größten Anteil von Mormonen an der Bevölkerung unter den Flächenstaaten vorweisen kann. 1958 wurde in Auckland der erste Pfahl außerhalb des nordamerikanischen Kontinents organisiert.

Auch in Europa konnte die Kirche ein starkes Wachstum verzeichnen, und zwar in den gleichen Ländern wie im letzten Jahrhundert, nämlich in Großbritannien, Skandinavien und darüber hinaus in der Schweiz. Großbritannien ist heute mit etwa hundertsechzigtausend Heiligen der letzten Tage das Zentrum des Mormonentums in Europa. In den südeuropäischen Ländern bleiben die Mormonen jedoch nach wie vor bedeutungslos. Generell kann für die europäischen Verhältnisse gesagt werden: Je mehr ein Land vom Protestantismus geprägt ist, desto größer ist die Wahrscheinlichkeit, daß die Missionare Erfolg haben; je größer der Anteil der Katholiken an der Bevölkerung ist, desto weniger Anklang findet das Evangelium aus Amerika.

Im neunzehnten Jahrhundert rekrutierte das Mormonentum seine Angehörigen vor allem aus den neuenglischen Migranten, der britischen Arbeiterklasse und denjenigen, die mit den etablierten Kirchen unzufrieden waren. Als hart arbeitendes und von einer Bildungsethik besessenes Volk machten die Mormonen jedoch einen schnellen sozialen und wirtschaftlichen Aufstieg innerhalb der amerikanischen Gesellschaft durch. Mit dem neuen sozialen Status seiner Mitglieder änderte sich auch die Zielgruppe, die das Mormonentum ansprach und bei der es hoffen konnte, auf Resonanz zu stoßen.

Die Ideen, die zur Zeit Joseph Smiths und Brigham Youngs die Herzen der Menschen gewinnen konnten, wie die Restauration der ursprünglichen Kirche, die Gaben des Heiligen Geistes oder die Sammlung Israels, zogen in der modernen Zeit nicht mehr. Auch die sozialen Probleme waren nicht mehr in dem Maße wie zur Gründerzeit vorhanden. Statt dessen konnte ein Verfall der traditionellen Werte beobachtet werden: Ehe und Familie wurden als Institutionen nicht mehr allgemein akzeptiert, Frauen begannen ihre traditionelle Rolle in Frage zu stellen, die sexuellen Normen verschoben sich, die Gewalt nahm zu. Wer sich von diesen gesellschaftlichen Umbrüchen am meisten bedroht fühlte, waren die Angehörigen der bürgerlichen Mittelschicht, die die überlieferten Normen am gründlichsten verinnerlicht hatten und nun befürchteten, ihr Bild von der heilen Welt könnte in Scherben zerfallen. Diese Menschen boten sich dem Mormonentum als Zielgruppe geradezu an. Was ihnen lieb und teuer war, hatte im Mormonentum, das sich zur bürgerlichen Religion schlechthin gewandelt hatte, den Status des Heiligen inne. Das Mormonentum lieferte eine theologische Begründung für eine Lebensweise, die bereits befolgt wurde, «weil es schon immer so war».

Diese Konzentration auf die Familie und die traditionellen Werte bringt jedoch auch seine Schattenseiten mit sich. Nicht jedes Mitglied ist Teil dieser gesellschaftlichen Grundeinheit. Erwachsene, die allein leben, können sich in Veranstaltungen, die total auf die Familie ausgerichtet sind, fehl am Platz fühlen. Die Ursachen, warum einzelne Mitglieder in der Kirche inaktiv werden oder ganz ausscheiden, sind nur zu einem geringen Teil theologischer Natur. Einen weitaus größeren Einfluß auf die Integration in der Kirche haben die persönlichen Beziehungen zu den anderen Mitgliedern und die Eingebundenheit in die kirchlichen Programme. Zwanzig bis dreißig Prozent der Mitglieder nehmen an den sonntäglichen Abendmahlsversammlungen nie oder nur einmal im Jahr teil. Es sind diejenigen, die für sich keinen Platz in dieser Gemeinschaft sehen.

Mitglieder der Mormonenkirche hatten sich nicht nur als angesehene Unternehmer, Freiberufler oder Wissenschaftler in der Gesellschaft etabliert, sie drangen auch zunehmend in die Bereiche der Politik vor. Sechs Jahre lang, von 1963 bis 1969, hatte George Romney, ein Mitglied der Mormonenkirche, das Amt des Gouverneurs von Michigan inne. Dies zeigte, daß die Heiligen der letzten Tage mittlerweile in der Gesellschaft so integriert waren, daß sie auch in Teilen des Landes, in denen ihre Religion kaum eine Rolle spielte, das höchste politische Amt erringen konnten. Fünfzig Jahre vorher wäre dies noch unvorstellbar gewesen. Der größte Teil der gewählten Volksvertreter, die der von Joseph Smith gegründeten Religion angehörten, kam zwar immer noch aus Utah und den umliegenden Staaten, mehr und mehr Mormonen wurden jedoch auch zu einer Position in der Bundesregierung in Washington ernannt. Ein Beispiel dafür ist J. Reuben Clark, der die Stellung eines *undersecretary of state,* was etwa einem Staatssekretär im Außenministerium entspricht, innehatte und später zum Botschafter in Mexiko berufen wurde. Seit 1933 war er unter McKay als Berater in der Ersten Präsidentschaft tätig gewesen.

Da sich immer mehr Mormonen zu der immer weiter ins konservative Lager abdriftenden Republikanischen Partei hingezogen fühlten, waren es hauptsächlich die Administrationen republikanischer Präsidenten, in denen sich Posten für die Heiligen fanden.

Der bekannteste unter diesen Amtsinhabern war vielleicht Ezra Taft Benson, der dreizehnte Präsident der Kirche. Als Landwirtschaftsminister im Kabinett Eisenhower war er das verhaßteste Mitglied der Bundesregierung. Ihm wurde die undankbare Aufgabe übertragen, die in die Höhe geschnellten Subventionen in der Landwirtschaft zu kürzen. Nicht alle Farmer stimmten mit seinem Grundsatz überein, daß richtige Amerikaner eigentlich gar keine Subventionen wollten.

Ein weiterer Mormone, der ein Ministeramt auf Bundesebene bekleidete, hieß David Kennedy, der von Nixon als Finanzminister in sein Kabinett berufen wurde. Mit der Wahl Ronald Reagans feierten die konservativen Kräfte ihr großes Comeback. Zu seinen Unterstützern hatten in überwältigender Mehrheit auch die Angehörigen der Mormonenkirche gehört. Sie waren durch Terrell Bell, den Unterrichtsminister, in der neuen Regierung vertreten. Einen noch nie dagewesenen Einfluß in der Politik hatten die Heiligen jedoch unter Reagans Nachfolger, George Bush. Zu den auf allen Regierungsebenen vertretenen Mormonen zählten der Sicherheitsberater Bent Scowcroft, Roger Porter, der für Inlandspolitik zuständig war, und Steve Studdert, der sich mit Politikplanung *(political scheduling)* befaßte. Washington ist heute eines der bedeutendsten Zentren des mormonischen Glaubens außerhalb Utahs, was nicht zuletzt auf die Beschäftigung vieler Heiliger in den staatlichen Organisationen in Washington zurückzuführen ist.

15. Zion als Zelt: Die Organisation der Mormonenkirche

Schaue auf Zion, die Stadt unserer Sammlung!
Deine Augen sehen Jerusalem, eine sichere Stätte,
ein Zelt, das nicht abgebrochen wird,
dessen Pfähle in Ewigkeit nicht herausgerissen werden
und von dessen Seilen keines reißt.

Jesaja 33:20

Richard T. Ely, ein Wirtschafts- und Sozialwissenschaftler, der sich als einer der ersten wissenschaftlich mit dem Mormonentum beschäftigte, schrieb 1903:

«So weit ich das beurteilen kann, was ich gesehen habe, ist die Organisation der Mormonen der annähernd perfekteste soziale Mechanismus, mit dem ich in irgendeiner Weise in Kontakt gekommen bin, von der deutschen Armee abgesehen.»[2]

Die Organisation der Mormonenkirche wird von deren Mitgliedern als etwas Gottgegebenes gesehen. Aus diesem Grund wird jeder einzelne Teil dieser Struktur als notwendig erachtet. Das Haus Gottes ist ein Haus der Ordnung, sagen die Heiligen, nähme man die Organisation weg, würde die Kirche ihre Kraft verlieren. Ihren Ursprung hat diese kirchliche Ordnung in den Offenbarungen Joseph Smiths, obwohl zu seinen Lebzeiten seine Anhängerschar noch zu klein war, um alle heute vorhandenen organisatorischen Ausprägungen entstehen zu lassen. Was die späteren Präsidenten der Kirche hinzufügten, betraf lediglich die Frage der Nachfolge und Anpassungen, die durch das schnelle Wachstum der Kirche notwendig wurden. Was hier dargestellt wird, soll jedoch keine geschichtliche Entwicklung sein, obwohl auch darauf wenn nötig eingegangen wird, sondern die Organisation der «modernen Kirche», wie sie nach der Ära der Konfrontation entstanden ist.

Die Organisation der Kirche Jesu Christi der Heiligen der letzten Tage besteht aus einer komplexen Hierarchie. Es läßt sich jedoch ein grundsätzliches Muster erkennen. Jede hierarchische oder geographische Einheit wird von einem Präsidenten beziehungsweise Bischof und einem Gremium von Beratern geführt.

An oberster Stelle der Hierarchie steht der Präsident der Kirche, der zugleich Prophet, Seher und Offenbarer ist. Er ist das Sprachrohr Gottes. Mit zwei Beratern bildet der Präsident die Erste Präsidentschaft. Dem Präsidenten allein steht es zu, Offenbarungen für die ganze Kirche zu empfangen. Er ist der lebende Prophet, der durch die Offenbarungen Gottes die Kirche lenkt. Für die ganze Gemeinschaft bindend wird eine Lehre jedoch nur, wenn sie zuerst den obersten Räten, wie den Zwölf, dem Ersten Rat der Siebzig usw., und nachher der ganzen Mitgliedschaft in einer Konferenz vorgelegt und von ihr bestätigt wird. Offizielle Erklärungen und Entscheidungen, die nicht den Mitgliedern zur Bestätigung vorgelegt werden, sind lediglich eine Sache der temporären Politik, auch wenn sie auf himmlische Eingebung zurückzuführen sind. Dies ist ein weiter Weg von der unbestrittenen dogmatischen Alleinherrschaft Joseph Smiths und dem Despotismus Brigham Youngs, der sagte, er wolle die Apostel in seiner «Tasche» haben, damit er sie herausnehmen könne, wenn er zu ihnen reden wolle.

Hugh B. Brown, der als Berater unter Präsident McKay in der Ersten Präsidentschaft diente, beschreibt in seinen Memoiren[3] den Vorgang, wie in der Führungsspitze eine Kundmachung des göttlichen Willens zu erlangen gesucht wird. Wenn eine Frage auftaucht, die einer Entscheidung durch die Erste Präsidentschaft bedarf, werden zuerst die Details ausgearbeitet und Ideen vorgebracht. Danach wird sie der Ersten Präsidentschaft und den Zwölf Aposteln unterbreitet. Diese diskutieren darüber, erörtern die einzelnen Punkte und diskutieren wieder. Am Ende kommen alle im Tempel zusammen, knien in einem Kreis und bitten um göttliche Führung. Der Präsident sagt schließlich in bezug auf eine vorher ausgearbeitete Lösung: «Ich fühle sagen zu können, dies ist der Wille des Herrn.» Dieses Verfahren geht auf den neunten Abschnitt von Lehre und Bündnisse zurück, in dem Oliver Cowdery erklärt wird, wie er den Willen Gottes herausfinden kann:

> «Du mußt es in deinem Geiste ausstudieren und dann mich fragen, ob es recht sei, und wenn es recht ist, so will ich dein Herz in dir entbrennen machen; dadurch sollst du wissen, daß es recht ist. Ist es aber nicht recht, sollst du keine solchen Gefühle haben, sondern eine Verwirrung deiner Gedanken, die bewirken wird, daß du das vergißt, was unrichtig war.» (Lehre und Bündnisse 9:8–9)

Die heutigen Propheten der Kirche beanspruchen für sich also nicht mehr, daß Gott zu ihnen redet, wie er es mit Joseph Smith, Brigham Young oder im Falle einiger nichtoffizieller Offenbarungen mit John Taylor getan hat. Vielmehr handelt es sich um «inspirierte» Entscheidungen (ein Ausdruck, den auch die Reorganisierte Kirche verwendet). Bereits das Manifest Wilford Woodruffs kann als ein solches inspiriertes Dokument angesehen werden. Woodruff sagte zwar, Gott habe ihm gezeigt, was geschehen würde, wenn die Kirche weiterhin an der Polygamie festhielte, er sagte aber nicht, auf welche Weise er diese Zukunft gesehen hatte.

Beim Tod des Präsidenten löst sich die Erste Präsidentschaft auf. Dies ist ein Resultat der Nachfolgestreitigkeit mit Sidney Rigdon, die zugunsten der Apostel ausfiel. Der neue Präsident wird der amtsälteste Apostel, dieser ernennt seine beiden Berater. Diese Regelung wurde von Brigham Young festgelegt, der verhindern wollte, daß es nach seinem Tode wieder zur Uneinigkeit käme. Wilford Woodruff schließlich bestimmte, daß sofort nach dem Tod des Präsidenten ein Nachfolger eingesetzt werden sollte. Bis dahin hatte es jedesmal ein apostolisches Interregnum von mehreren Jahren gegeben. Die Kirche ist zwar durch diese Nachfolgeregelungen auch in diesem Bereich ein «geordnetes Haus», aber es sind dadurch neue Probleme geschaffen worden. Das Durchschnittsalter der Mitglieder des Rates der Zwölf beträgt 67,8 Jahre, im Ersten Kollegium der Siebziger 61,5 Jahre. Bis ein Mitglied diese obersten hierarchischen Instanzen durchlaufen hat und es zum Präsidenten bringt, ist es meist sehr alt. Ezra Taft Benson war zum Beispiel bereits in seinem sechsundachtzigsten Lebensjahr, als er zum höchsten Amt der Kirche ernannt wurde, Joseph Fielding Smith sogar in seinem dreiundneunzigsten. Die Gesundheit ist in diesem Alter meist schon so angeschlagen, daß die Aufgaben, die das Amt mit sich bringt, nicht mehr voll wahrgenommen werden können. So beschuldigte der Apostel George P. Lee (der erste Indianer, der es zu dieser Stellung gebracht hatte) Präsident Benson, zu Entscheidungen nicht mehr in der Lage zu sein. Statt dessen würden seine beiden Berater, Gordon B. Hinckley und Thomas S. Monson, sämtliche wichtigen Entscheidungen treffen.

Es ist durchaus möglich, daß dieses Problem in nächster Zeit von der Kirche gelöst werden muß, sollte sie weiterhin in der Lage bleiben wollen, sich in einer immer schneller wandelnden Welt den Bedingungen anzupassen.

Die Präsidenten der Kirche waren bis jetzt:
Joseph Smith von 1830 bis 1844,
Brigham Young von 1847 bis 1877,
John Taylor von 1880 bis 1887,
Wilford Woodruff von 1889 bis 1898,
Lorenzo Snow von 1898 bis 1901,
Joseph F. Smith von 1901 bis 1918,
Heber J. Grant von 1918 bis 1945,
George Albert Smith von 1945 bis 1951,
David O. McKay von 1951 bis 1970,
Joseph Fielding Smith von 1970 bis 1972,
Harold B. Lee von 1972 bis 1973,
Spencer W. Kimball von 1973 bis 1985,
Ezra Taft Benson von 1985 bis 1994,
Howard Hunter von 1994 bis 1995
Gordon B. Hinckley seit März 1995.

Fast alle Präsidenten waren Angehörige der «Kernfamilien», jener großen Sippen, die durch die Polygamie geschaffen wurden. Die meisten unter ihnen waren darüber hinaus Mitglieder oder Nachkommen von Mitgliedern des engsten Kreises um Joseph Smith. Ezra T. Benson, der Großvater des dreizehnten Präsidenten, gehörte zum Beispiel zu den eingeweihten zehn Männern, die in Nauvoo die Mehrehe praktizierten. Der zwölfte Präsident, Spencer W. Kimball, war ein Enkel Heber C. Kimballs. Joseph Fielding Smith war ein Sohn Joseph F. Smiths und dieser wiederum ein Sohn Hyrum Smiths. Der dritte Smith unter den Präsidenten, George Albert Smith, konnte seine Abstammung auf

John Smith, den Onkel des ersten Propheten, zurückführen. Heber J. Grant war ein Sohn Jedediah M. Grants, des ersten Bürgermeisters von Salt Lake City. Je mehr sich die Kirche ausbreitet, desto internationaler wird auch der Rat der Zwölf, und es ist zu erwarten, daß früher oder später ein Präsident an der Spitze stehen wird, der diese Wurzeln in der Geschichte des Mormonentums nicht mehr hat.

Den Zwölf Aposteln ist der Erste Rat der Siebzig untergeordnet. Er besteht aus sieben Mitgliedern, nämlich den sieben Präsidenten des Ersten Kollegiums der Siebzig. In seiner normalen Funktion präsidiert dieser Rat die Kollegien der Siebziger. Im Falle einer Funktionsunfähigkeit der Ersten Präsidentschaft und des Rates der Zwölf würde das gesamte Erste Kollegium der Siebziger die Leitung der Kirche übernehmen. Die Mitglieder des Ersten Kollegiums der Siebziger haben sich mehr noch als die Apostel der Missionsarbeit zu widmen. Gleichzeitig dienen sie als Repräsentanten der oberen Hierarchiestufen.

Die oben genannten Personen sind für die geistlichen Belange der Kirche zuständig oder haben sich der Verbreitung des Glaubens zu widmen. Die Verwaltung der Kirche in weltlichen Angelegenheiten obliegt der Präsidierenden Bischofschaft. Diese Instanz besteht aus dem Präsidierenden Bischof und zwei Ratgebern. Unter ihren Aufgabenbereich fällt auch die Aufsicht über die Bischöfe der Gemeinden.

Die Mitglieder der Ersten Präsidentschaft, des Rates der Zwölf, des Ersten Kollegiums der Siebziger und der Präsidierenden Bischofschaft werden als Generalautoritäten *(General Authorities)* bezeichnet. Sie sind die bezahlten Amtsträger der Kirche. Meist handelt es sich dabei um Personen, die in der freien Wirtschaft oder in den kircheneigenen Unternehmen eine erfolgreiche Karriere hinter sich haben, bevor sie in diese Ämter berufen werden. Das eigentliche Gehalt, das sie für ihre Tätigkeit von der Kirche bekommen, ist sehr niedrig. Diese Unterstützung, die sie zu ihrem Lebensunterhalt empfangen, kommt nicht aus den Beiträgen der Mitglieder, sondern wird durch die Investitionen der Kirche finanziert. Was aber eine Stellung als Generalautorität darüber hinaus materiell lohnenswert macht, sind die Posten, die ihnen in den Verwaltungsräten der kircheneigenen Unternehmen zuteil werden.

«Ein deutsches Mitglied der ‹Kirche Jesu Christi der Heiligen der letzten Tage› war geschäftlich in Amerika und lernte dort zufällig einen nahen Verwandten des Oberhauptes seiner Kirche, des Präsidenten David O. McKay, kennen. Der junge Amerikaner lud seinen deutschen ‹Bruder› ein, zusammen mit ihm den Präsidenten zu besuchen. Natürlich war unser deutscher Besucher hocherfreut, eine solche Einladung zu erhalten, denn welcher Mormone möchte nicht einmal der Generalautorität seiner Kirche gegenüberstehen?

So wurde vereinbart, daß der junge Amerikaner in einigen Tagen Bruder B. und seine Frau mit dem Wagen abholen sollte.

An einem strahlend-sonnigen Augusttag war es dann soweit. Schon die Fahrt war ein seltenes Erlebnis für die deutschen Gäste. Sie verließen SALT LAKE CITY in Richtung Süden; zur Rechten beherrschten die Salzgebirge die Landschaft, während links die weite Ebene in gleißendes Sonnenlicht getaucht war. [...] Gegen zwölf Uhr erreichte der Wagen HUNTSVILLE, den Wohnort des Präsidenten.

Zur Überraschung unserer deutschen Besucher hielt der Wagen vor einem der vielen und relativ kleinen Landhäuser, das sich in nichts von den übrigen Häusern der Umgebung unterschied.

Es war eigentlich unfaßbar: Einer der einflußreichsten Männer Amerikas lebte ganz bescheiden inmitten seiner Landsleute, ohne den üblichen Aufwand, der allgemein zu den Gepflogenheiten von Persönlichkeiten seines Ranges gehört.

Beeindruckt von so viel Bescheidenheit, näherte sich die kleine Gesellschaft dem Haus. Aber wie überrascht waren die deutschen Besucher erst, als auf ihr Klingeln geöffnet wurde von – Präsident David O. McKay!! Kein Dienstmädchen, kein Butler oder sonst irgendein Bediensteter, nein, der Prophet und höchste Repräsentant der ‹Kirche Jesu Christi der Heiligen der letzten Tage› öffnete seinen Gästen höchstpersönlich die Tür.»[4]

Die größte Einheit in der geographischen Gliederung der Kirche ist der Bezirk (auf englisch *area*). Die Bezirke wurden erst kürzlich als eine Folge des raschen Wachstums der Kirche eingeführt. Sie werden jeweils von drei Mitgliedern des Ersten Kollegiums der Siebziger geleitet. Ein Bezirk ist wiederum in mehrere von Repräsentanten der Zwölf geführten Regionen aufgeteilt.

Die nächstkleinere geographische Einheit ist der Pfahl *(stake)*. Diese Bezeichnung kommt von der Vorstellung, daß Zion ein großes Zelt ist, das von Pfählen gehalten wird (Bezug nehmend auf Jesaja 33:20 und 54:2). Der zentrale Pfahl *(center stake)* ist in Salt Lake City. Den Pfählen steht ein Pfahlpräsident vor, der von zwei Beratern unterstützt wird. Außerdem steht ihm ein aus zwölf bis fünfzehn Mitgliedern bestehender Hoher Rat zur Seite. Die Mitgliederzahl eines Pfahls liegt zwischen zweitausend bis zehntausend Personen.

Die kleinste organisatorische Einheit ist die lokale Gemeinde, im Englischen «ward» genannt. Ein *ward* bezeichnet in einer amerikanischen Stadt eigentlich einen administrativen Bezirk. Nauvoo war in ebensolche Bezirke unterteilt. Zwar gab es auch Versammlungen, an denen die ganze Stadt teilnehmen konnte, aber das eigentliche Gemeindeleben spielte sich in den *wards* ab. Als die Mormonen nach Westen zogen, wurde diese Bezeichnung für die örtliche Gemeinde beibehalten.

Ein *ward* besteht aus dreihundert bis sechshundert Personen, dem ein Bischof und seine beiden Berater vorstehen. Das Amt des Bischofs beinhaltet die «Verwaltung aller zeitlichen Dinge» (Lehre und Bündnisse 107:68), zum Beispiel die Gebäudeverwaltung, das Einsammeln des Zehnten und die Budgetplanung. Der Bischof präsidiert das aaronische Priestertum und ist Präsident des Priesterkollegiums. Er übt auch eine Richterfunktion aus. Zwischen den Mitgliedern einer Gemeinde herrschen enge Beziehungen, während die Beziehungen zur Außenwelt, zu den *Gentiles,* meist schwach ausgeprägt sind. Diese Beziehungen bilden sich nicht nur durch den sonntäglichen Gottesdienst, sondern werden durch zahlreiche Veranstaltungen der verschiedenen kirchlichen Organisationen gepflegt. Zudem wird jedes Mitglied ermuntert, irgendeine Aufgabe in der Gemeinde zu übernehmen, wozu es zahlreiche Gelegenheiten gibt. Obwohl sich viele *wards* in Großstädten befinden, kann auf diese Weise der Charakter einer enggeknüpften Nachbarschaft oder eines Dorfes aufrechterhalten werden. Die Gemeinde spielt die wichtigste Rolle in der Integration der Mitglieder und der Schaffung eines eigenen ethnischen Bewußtseins.

Wards können nur dort gegründet werden, wo genügend Mitglieder vorhanden sind, um alle kirchlichen Programme durchzuführen. Wo dies nicht der Fall ist, besteht eine territoriale Aufteilung in Zweige *(branches)*. Zweige können sich sowohl innerhalb als auch außerhalb von Pfählen befinden. – Pfähle können ebenfalls nur errichtet werden, wenn eine bestimmte Organisation funktionsfähig ist.

Zum Zweck der Verkündigung des Glaubens ist die Welt in Missionen aufgeteilt. Es wird zwischen regionalen Missionen und Pfahlmissionen unterschieden. In Gegenden, in denen die reguläre Organisation nicht existiert, den sogenannten ausländischen Missionen *(foreign missions)*, sind die Missionen in Distrikte unterteilt, die ihrerseits aus mehreren Zweigen bestehen. Man unterscheidet zwischen den größeren und stabileren «unabhängigen Zweigen» und den kleineren «abhängigen Zweigen».

Eine wichtige Funktion im Mormonentum erfüllen die Tempel. Sie sind von einer Aura des Sakralen umgeben wie sonst keine Gebäude in der westlichen Welt. Diese Tempel können nur von bestimmten Personen betreten werden. Es gibt zwar Priester im Mormonentum, aber nur wer «würdig» ist, erhält Zutritt in diese Gebäude. Um eine Berechtigungsbescheinigung vom lokalen Bischof ausgestellt zu bekommen, muß man ein moralisch einwandfreies Leben führen, den Zehnten bezahlen und den sonstigen Forderungen der Kirche Genüge leisten. Die Mitglieder begeben sich in die Tempel hauptsächlich, um bestimmte sakrale Handlungen zu vollziehen. Zu diesen gehören die Ehe auf Ewigkeit, das Endowment und die Totentaufe.

Auch im Mormonentum ist ein Tempel im buchstäblichen Sinn ein Wohnsitz Gottes. Er wird als ein Ort gesehen, an dem der Himmel mit der Erde zusammentrifft. Aus diesem Grund eignet er sich besonders zur Meditation und zum Empfangen von Offenbarungen. So schrieb Spencer W. Kimball in der Zweiten Offiziellen Deklaration, er habe viele Stunden im Oberen Zimmer des Tempels verbracht und Gott um Führung angefleht. Der Grund, warum dem Oberen Zimmer eine besondere Bedeutung zukommt, liegt vielleicht daran, daß das Letzte Abendmahl nach den Evangelien in einem «oberen Zimmer» stattgefunden hatte und die Jünger Jesu sich nach seinem Tod ebenfalls in einem solchen Raum zu versammeln pflegten. Auch im Tempel in Kirtland wurde zwischen einem Unteren und einem Oberen Zimmer unterschieden. Die modernen Tempel sind meist größer und mehrstöckig.

Um möglichst allen würdigen Mitgliedern den Zutritt zu einem Tempel zu ermöglichen, unternimmt die Kirche hohe finanzielle Anstrengungen. Der erste Tempel außerhalb der Vereinigten Staaten wurde in Cardston im südlichen Alberta errichtet. Heute existieren Tempel von Tokio bis Freiberg in Sachsen, wo bereits zur Zeit der DDR ein Gotteshaus erbaut wurde. 1990 waren vierundvierzig solcher Gebäude fertiggestellt, und fünf weitere befanden sich im Bau. Im Gegensatz zu den Gemeindehäusern besitzen Tempel eine individuelle Architektur. Der bekannteste ist wohl derjenige von Salt Lake City mit seinen sechs Türmen, dessen Errichtung vierzig Jahre in Anspruch nahm. Jeder Tempel scheint von seinem Baustil her eine bestimmte Periode zu repräsentieren. Die frühen Tempel (in Saint George, Logan und Manti) werden oft als «festungsartige» Bauten bezeichnet. Vielleicht schlug sich in ihnen die Verteidigungsmentalität ihrer Erbauer nieder, da zu dieser Zeit die Kirche wegen der antipolygamistischen Gesetzgebung einer unsicheren Zukunft entgegensah. Im frühen zwanzigsten Jahrhundert begann man jedoch Elemente der mittelamerikanischen Indianerkultur miteinzubeziehen, wodurch eine Brücke zum Buch Mormon und der angeblichen Vergangenheit der Indianer geschlagen wurde. Zu diesen Tempeln können diejenigen von Cardston in Alberta, Mesa in Arizona und Laie auf Hawaii gerechnet werden. Gebäude mit einem zentralen Turm, wie Idaho Falls, Los Angeles und Oakland, wurden Mitte des zwanzigsten Jahrhunderts errichtet. Einen ganz eigenen, rechtwinkligen Baustil haben wiederum die ersten Tempel außerhalb des amerikanischen Kontinents, wie in London, Bern und Hamilton auf Neuseeland. Sie sind von einem Turm an der Vorderseite geprägt. Schlanke, spitze Türme stellen bei allen diesen Bauwerken wichtige Bestandteile dar. Sie sollen die Vorstellung eines zum Himmel deutenden Fingers vermitteln.

Jeder Tempel ist für die Mitglieder eines bestimmten Gebietes zuständig. Ein solcher Tempeldistrikt setzt sich aus mehreren Pfählen oder Missionen zusammen. Jedem Tempel steht ein Tempelpräsident vor.

Wie der Protestantismus, so glaubt auch das Mormonentum an ein universelles Priestertum unter den Gläubigen (die Frauen werden nicht berücksichtigt). Männliche Mormonen können ab einem bestimmten Alter zu Priestern ordiniert werden. Im Gegensatz zum protestantischen Christentum spielt dieses Priestertum im religiösen Leben eine wichtige Rolle. Es gibt zwei Arten von Priestertum: das niedrigere, aaronische Priestertum und die höhere Ordnung des Melchisedek. Beide Ordnungen sind jeweils in drei Ränge unterteilt.

Aaronisches oder levitisches Priestertum:

Diakon *(deacon):*
Diese Stufe des Priestertums wird etwa im Alter von zwölf Jahren auf würdige Mitglieder übertragen. Es ist die niedrigste Stufe des aaronischen Priestertums. Die Aufgabe des Diakons besteht darin, die höheren Priesterklassen in ihren Aufgaben zu unterstützen. Sie können das Abendmahl austeilen, als Platzanweiser fungieren, das Kirchengelände in Ordnung halten, Botengänge machen und andere Aufgaben übernehmen. Sie können jedoch keine Taufen vollziehen, nicht das Abendmahl abhalten oder die Hände auflegen. Nach Lehre und Bündnisse ist ihre Pflicht, «zu warnen, auszulegen, zu ermahnen und alle einzuladen, zu Christo zu kommen» (Lehre und Bündnisse 20:59). Diakone sind in sogenannten Diakonskollegien organisiert, die jeweils bis zu zwölf Mitglieder haben. Die Präsidentschaft dieser Kollegien wird vom Bischof ernannt.

Lehrer *(teacher):*
Zu diesem Amt kann man mit vierzehn Jahren berufen werden. Die Lehrer haben die gleichen Pflichten und Vollmachten wie die Diakone, sollen aber zusätzlich den Mitgliedern der Kirche helfen, nach den Geboten Gottes zu leben. Zu diesem Zweck werden sie als Heimlehrer eingesetzt. Sie besuchen mit Angehörigen höherer Stufen des Priestertums Mitglieder zu Hause, sozusagen auf einer «inneren Mission». Diese Besuche werden regelmäßig unternommen. Innerhalb eines Monats sollen sämtliche örtlichen Mitglieder besucht und dem Bischof über Schwierigkeiten in der Ehe, Notlagen und ähnliche Probleme Bericht erstattet werden. «Die Pflicht der Lehrer ist, immer über die Kirche zu wachen, bei deren Mitgliedern zu sein und sie zu stärken; zu sehen, daß weder Gottlosigkeit noch Schwierigkeiten miteinander, noch Lügen, Verleumdungen und Übelreden in der Kirche herrschen; auch zu sehen, daß sie sich oft versammelt, und daß alle Mitglieder ihre Pflicht tun.» (Lehre und Bündnisse 20:53–55) Sie können aus den heiligen Schriften lehren und das Brot und das Wasser für

das Abendmahl vorbereiten. Lehrer sind ebenfalls in einem Kollegium organisiert. Es besteht aus vierundzwanzig Mitgliedern und untersteht einer Präsidentschaft, die vom Bischof berufen wird.

Priester *(priest):*
Den Rang eines Priesters kann ein Mann frühestens im Alter von sechzehn Jahren bekleiden. «Die Pflicht eines Priesters ist, zu predigen, zu lehren, auseinanderzusetzen, zu ermahnen, zu taufen und das Abendmahl abzuhalten, das Haus eines jeden Mitglieds zu besuchen und diese zu ermahnen, laut und im stillen zu beten, und auf alle Familienpflichten zu achten. Er kann auch andere Priester und Lehrer ordinieren. Wenn kein Ältester anwesend ist, so soll er die Versammlung leiten.» (Lehre und Bündnisse 20:46–49) Ein Priesterkollegium besteht aus achtundvierzig Priestern und untersteht dem örtlichen Bischof.

Das Priestertum des Melchisedek:

Ältester *(elder):*
Der Priesterschaftsrang eines Ältesten wird normalerweise an ein würdiges Mitglied nicht vor dem neunzehnten Lebensjahr übertragen. Zu seiner Berufung gehört es, «zu taufen, andere Älteste, Priester, Lehrer und Diener zu ordinieren, das Brot und den Wein – die Sinnbilder des Fleisches Christi – auszuteilen, solche, die durch die Taufe in die Kirche gekommen sind, der Schrift gemäß zu konfirmieren, durch Auflegen der Hände, zur Taufe mit Feuer und dem Heiligen Geist, zu lehren, auseinanderzusetzen, zu ermahnen, zu taufen und über die Kirche zu wachen, auch die Kirche zu konfirmieren durch das Auflegen der Hände und das Geben des Heiligen Geistes, und den Vorsitz in allen Versammlungen zu übernehmen» (Lehre und Bündnisse 20:38–44). Älteste sind in Kollegien von bis zu sechsundneunzig Mitgliedern organisiert und unterstehen einem vom Pfahlpräsidenten berufenen Kollegiumspräsidenten.

Siebziger *(seventy):*
Der nächsthöhere Rang ist der eines Siebzigers. Diese Bezeichnung kommt von den siebzig Jüngern, die Jesus nach dem Lukasevangelium paarweise aussandte (Lukas 10,1). Zu Siebzigern werden zu Missio-

nen berufene Mitglieder ernannt. Gewöhnlich verbringt ein Missionar auf eigene Kosten zwei Jahre im Ausland oder in einem anderen Teil der Vereinigten Staaten. Neben seiner Missionsarbeit muß er selbst für seinen Lebensunterhalt sorgen. Gewöhnlich werden Jugendliche zu Siebzigern ernannt, wenn sie ihre Schulausbildung abgeschlossen haben und noch vor dem Studium oder dem Berufsleben stehen. Eine Voraussetzung dafür ist jedoch, daß sie bereits Älteste sind. Siebziger sind in Kollegien organisiert.

Hoherpriester *(high priest):*
Jedes würdige männliche Mitglied, das alle unteren Priesterklassen durchlaufen und seine Missionszeit abgeschlossen hat, kann zum Hohenpriester ernannt werden. Aus diesem Rang werden die Pfahlpräsidenten, Missionspräsidenten, Hohen Räte, Bischöfe und anderen Führer der Kirche berufen. Alle Hohenpriester eines Pfahls, einschließlich des Patriarchen und der Bischöfe, gehören einem Hohenpriesterkollegium an, das ebenfalls von einer Präsidentschaft geleitet wird.

Wie jede andere expandierende Organisation hat auch die Kirche der Heiligen der letzten Tage einen großen Bedarf an Geldmitteln. Allein der Unterhalt der bestehenden und der Bau neuer Tempel erfordern Millionenbeträge. Der 1956 eingeweihte Tempel in Los Angeles kostete vier Millionen Dollar. Der größte Tempel, der 1974 in Washington fertiggestellt wurde, kam auf sechzehn Millionen Dollar. Zusätzlich müssen Gemeindegebäude und das Schulsystem finanziert werden. Diese Geldmittel werden über den Zehnten zur Verfügung gestellt. Gemeint ist ein Zehntel des Bruttoeinkommens aus allen Quellen, den ein Mitglied an die Kirche abführen sollte.

Die Grundlage für die Besteuerung der Mitglieder bildet eine Offenbarung, die Joseph Smith 1838 in Far West erhalten hatte, nach der jedes Mitglied sein überschüssiges Eigentum an den Bischof zum Bau des Tempels und für die Tilgung der Schulden der Kirche abgeben sollte. «Und darnach sollen die, welche so gezehntet worden sind, den zehnten Teil ihres jährlichen Einkommens bezahlen, und dies soll euch ein bleibendes Gesetz sein auf immer, für mein heiliges Priestertum, spricht der Herr.» (Lehre und Bündnisse 119:4)

Die Zahlung des Zehnten ist zwar freiwillig, aber zugleich

eine der Voraussetzungen für den Zugang zum Tempel und die Teilnahme an dessen Rituale. Der Anteil derjenigen, die gewissenhaft ihren Zehnten abführen, liegt bei etwa der Hälfte der Mitglieder. Darüber hinaus finanzieren sich die Projekte der Kirche aus weiteren freiwilligen Spenden. Wird ein Gemeindehaus errichtet, so werden die Kosten des Baus teilweise durch Mittel aus dem Zehnten und teilweise durch Gaben der Gemeindemitglieder beglichen. Die Unterhaltskosten für das Gebäude werden normalerweise von der Gemeinde bezahlt.

Die Kirche Jesu Christi der Heiligen der letzten Tage gilt allgemein als eine der reichsten Religionsgemeinschaften der Welt. William M. Kephart schrieb 1976 in *Extraordinary Groups:*

> «Zu behaupten, daß die Mormonenkirche reich ist, wäre eine klare Untertreibung. Es gibt keine wirklichen Zahlen, aber eine Anzahl von Beobachtern – einschließlich der *New York Times* – glaubt, daß auf einer Pro-Kopf-Basis LDS die reichste Kirche der Welt ist. Es ist zum Beispiel bekannt, daß die Kirche Hunderte von Millionären in ihren Mitgliederlisten hat. Am anderen äußersten Rand ist die Zahl der Mormonen, die von Sozialhilfe leben, unerheblich.»[5]

16. Das Haus Israel: Die Mormonen als ethnische Gruppe

Denn ihr seid die Kinder Israels
und vom Samen Abrahams.

Lehre und Bündnisse 103:17

Wir haben bereits gesehen, daß sich die Mormonen nicht wie andere Christen nur im übertragenen Sinne als Israeliten betrachten. Ihrer Ansicht nach sind sie das eigentliche Haus Israel und mit den Juden durch die gemeinsame Abstammung verwandt. Die Gemeinsamkeiten zwischen dem Mormonentum und dem Judentum bestehen jedoch nicht nur im theologischen Weltbild. Die Gründe, warum die Angehörigen beider Religionen allgemein als ethnische Gruppierungen gelten, sind die gleichen.

Neben einem Gruppenbewußtsein gegenüber den anderen Teilen oder der dominierenden Gruppe einer Gesellschaft zählt zu diesen Gründen auch das Bewußtsein einer gemeinsamen Geschichte. Im Gegensatz zu anderen Religionsgemeinschaften war es immer das Bestreben der Mormonen gewesen, sich an einem Ort zu sammeln und miteinander zu leben. Gelegenheiten zu einem gemeinsamen Erleben der Geschichte gab es dadurch zur Genüge: die Emigrationen in großen Gruppen nach Amerika, der Umzug von New York nach Ohio, von Ohio nach Missouri und die Vertreibung aus Missouri, schließlich der Exodus und der Überlebenskampf in den Rocky Mountains. Auch hier zeigen sich Parallelen zum Judentum, dessen zahlreiche Vertreibungen und Verfolgungen sicherlich zum Zusammenhalt und Gruppenbewußtsein beigetragen haben. Dieses Bewußtsein einer Andersartigkeit und das damit einhergehende Mißtrauen der andersgläubigen Umwelt verstärkten sich gegenseitig in einer Art Wechselwirkung und trugen zur Ausgrenzung aus der jeweiligen Gesellschaft bei. Es ist bezeichnend, daß der Vorwurf, die Andersgläubigen «melken» zu wollen, sowohl den Juden als auch den Mormonen gemacht wurde. Damit soll jedoch nicht gesagt werden, daß die Juden oder die Mormonen selbst zu den gegen sie gerichteten Unterdrückungsmaßnahmen beigetragen hätten. Vielmehr lagen die Gründe dafür in der Ignoranz und der Intoleranz der gesellschaftlichen Umwelt sowie in der Angst der Menschen vor dem Andersartigen.

Zu dem Selbstbild, das die Mormonen nach innen und außen pflegen, gehört, daß sie ein auserwähltes Volk sind, das an der Mission der «wahren Kirche» teilnimmt. Sie sehen sich als ein Volk, dessen Geschichte ein Teil des göttlichen Heilsplans ist. Darüber hinaus pflegen sie das Selbstimage eines hart arbeitenden, ehrlichen, gesunden, hochgebildeten Volkes, das nicht trinkt, nicht raucht usw. Jedes einzelne Mitglied ist ein «Werbeträger» für seine Gemeinschaft und soll aus diesem Grund ein entsprechendes Verhalten und Äußeres vorzeigen. In einem von der Kirche herausgegebenen Handbuch wird dieser eigene «mormonische Stil» festgelegt. Dazu gehören eine gepflegte Erscheinung, bei Männern kurze Haare und ein glattrasiertes Gesicht, bei Frauen natürlich eine sittsame Kleidung.

Wie weit die Gruppensolidarität gehen kann, zeigte sich 1988, als der erst kurz vorher gewählte Gouverneur von Arizona, Evan Mecham, ein Mormone, sich wegen Behinderung der Rechtsprechung, Veruntreuung von Geldern und anderer Vergehen verantworten mußte. Viele unter den zweihunderttausend Heiligen in Arizona glaubten, ihn nach wie vor unterstützen zu müssen. Steve Benson, ein Enkel Ezra Taft Bensons, der als Cartoonist beim *Arizona Republican* tätig war, sagte darüber:

«Einige meiner Verwandten sind überzeugt, daß Mecham ein göttliches Mandat hat, daß seine Wahl einen göttlichen Eingriff darstellt. Wenn sie mich also sehen, wie ich mit gutem Gewissen den Gesalbten des Herrn kritisiere oder versuche, ihn herumzukriegen, glauben sie, sie könnten mit mir nicht mehr Umgang pflegen.»[6]

In seiner zwangsweisen oder freiwilligen Abgeschiedenheit konnte das Mormonentum eigene kulturelle Besonderheiten entwickeln. Die Mormonen waren nicht nur von Anfang an fleißige Gedichteschreiber und Komponisten religiöser Lieder, im Laufe der Zeit entwickelten sich auch eine eigene mormonische Literatur und ein umfangreicher

Legendenschatz. Zu den typisch mormonischen Themen im literarischen Bereich gehören zum Beispiel Erzählungen über die «drei Nephiten», denen im Buch Mormon von Jesus versprochen wurde, daß sie nie den Tod kosten würden. Diese drei amerikanischen Jünger Jesu wandern in den folkloristischen Erzählungen immer noch auf der Erde umher und helfen ab und zu Menschen, die sich in Notlagen befinden. Literarischen Stoff liefert auch die Annahme, daß sich der Mensch vor dem irdischen Leben in einer Präexistenz befindet. Da es in diesem Vorleben bereits die Trennung in die beiden Geschlechter gibt, lassen sich daraus gut Geschichten über Männer und Frauen entwickeln, die bereits in der Welt der Geister füreinander bestimmt worden sind und sich auf der Erde wieder treffen oder, noch dramatischer, nicht zueinander finden. Da ein Großteil der jungen Männer zur Mission berufen wird, eignen sich auch deren Erlebnisse, genauso wie die Abenteuer der Pioniere, als Inhalte für Erzählungen. Einen sicherlich nicht förderlichen Einfluß auf die Belletristik hat jedoch die Tatsache, daß das Mormonentum eine «praktische» Religion ist. Schon Brigham Young rief die Heiligen auf, ihren Charles Dickens wegzuschmeißen und «nützliche» Bücher zu lesen.

Kunst, in welcher Form auch immer, ist nur dann keine Zeitverschwendung, wenn sie zum persönlichen Wachstum beiträgt oder die Kirche in ihrer Mission unterstützt. Aus diesem Grund wurden in den achtziger Jahren des letzten Jahrhunderts junge Künstler mit kirchlicher Unterstützung nach Frankreich gesandt, um die Malerei zu studieren. Wieder in den Vereinigten Staaten, verfertigten sie Wandgemälde in den Tempeln, Gemälde mit Szenen aus dem Buch Mormon und die Geschichte des Mormonentums idealisierende Bilder. Von diesem Hintergrund her ist es verständlich, daß die sogenannte «abstrakte» oder Avantgarde-Kunst im Rahmen des Mormonentums keinen Platz hat. Wie es Präsident Kimball ausdrückte, sollten die Mitglieder ihre künstlerischen Fähigkeiten entwickeln, um die Geschichte der Kirche durch die Kunst zu erzählen. Zu den kirchlichen Förderungsmaßnahmen gehört ein Museum, in dem sowohl alte als auch moderne Künstler ausgestellt werden. Von 1969 bis 1984 wurde zudem von der Brigham-Young-Universität ein jährliches *Mormon Arts Festival* veranstaltet.

Der bekannteste mormonische Maler ist vielleicht der 1913 geborene Arnold Friberg. Einige seiner Gemälde zierten frühere Ausgaben des

Buches Mormon. Was bei diesen Bildern auffällt, ist die Weise, wie die Menschen dargestellt werden. Die Nephiten sind ein «weißes und angenehmes» Volk das heißt, sie sind hellhäutig und machen einen sehr nordischen Eindruck. Die Frauen sind groß, schlank und meist blond, während die Männer robust und unnatürlich muskulös gebaut sind. Was aber besonders ins Auge sticht, sind die zu kleinen Köpfe der erwachsenen Männer. Die Gestalt der Nephiten, wie sie in diesen Gemälden abgebildet ist, entspricht vielleicht der früheren Vorstellung der Mormonen vom Menschen in seinem undegenerierten Zustand. Die kleinen Köpfe deuten wahrscheinlich auf die im Mormonentum, wie auch in allen anderen konservativen Religionsgemeinschaften, vorherrschende Antipathie gegenüber dem Intellektualismus. Die Heiligen der letzten Tage haben zwar eine ihnen eigene Bildungsethik – über die später noch zu sprechen sein wird –, sie sind jedoch keine Intellektuellen im herkömmlichen Sinn. Bildung bedeutet bei ihnen das Ansammeln von Wissen. Die nötigen Informationen, wie man auf die richtige Weise durchs Leben kommt, beziehen sie dagegen aus den heiligen Schriften und den Weisungen der Kirche. Auch der robuste Körperbau kann als Gegensatz zum fragilen Intellektuellen gedeutet werden. Mit Arnold Fribergs Gemälden kann man unter den dunkelhäutigen Menschen in der Dritten Welt natürlich keine Begeisterung wecken. Dies ist auch der Grund, warum sie in den modernen Ausgaben des Buches Mormon nicht mehr zu finden sind.

Ein fester Bestandteil der mormonischen Kultur sind auch Theateraufführungen und öffentliche historische Schauspiele, in denen Ereignisse aus der Geschichte des Mormonentums nachgespielt werden. Das bekannteste unter ihnen ist wohl das jährliche Spiel am Hügel Cumorah in New York, das die Erlebnisse Joseph Smiths und die Begebenheiten, die zur Veröffentlichung des Buches Mormon führten, zum Gegenstand hat. Die Produktionskosten für dieses Schauspiel, dem jedes Jahr etwa einhunderttausend Menschen beiwohnen, belaufen sich im Durchschnitt auf eine Million Dollar. Zur Erzielung der nötigen Spezialeffekte wird dabei sogar auf das neueste Know-how aus Hollywood zurückgegriffen.

Das Theaterspiel war schon im letzten Jahrhundert eine beliebte kulturelle Beschäftigung unter den Heiligen in Utah gewesen. Das erste Theater wurde bereits 1861 in Salt Lake City erbaut und war lange das Zentrum der Bühnenkunst in den Rocky Mountains. Jugendliche in allen Gemeinden werden auch weiterhin von der Kirche ermuntert und gefördert, eigene Stücke zu produzieren. Die Unterstützung dieser Künste wirkt sich auch auf die spätere Berufswahl aus: Utah ist heute ein Zentrum für professionelles Theater und Ballett.

Eine typisch mormonische Architektur kann man nicht nur in den Tempeln und Gemeindebauten, sondern im Südwesten der Vereinigten Staaten sogar an den Wohnhäusern erkennen. Von Mormonen gegründete Städte sind auch an ihren breiten und rechtwinklig angelegten Straßen zu erkennen, die meist nach dem in Ohio von Joseph Smith entworfenen «Plan Zions» angelegt sind. Nach diesem Plan sollten alle Straßen der Stadt Zion eine Breite von 40,2 Metern haben. Diese unpraktikable Größe der Straßen wurde jedoch bei den Stadtgründungen im Westen nicht eingehalten. Mit 24,4 bis 36,6 Metern sind die Straßen in den Niederlassungen der Heiligen jedoch immer noch auffallend breiter als diejenigen in den Ortschaften der *Gentiles*. Oft werden nur die inneren Spuren der Straßen benutzt, während sich an den Rändern breite Grasstreifen bilden. Eine Mormonensiedlung ist auch an den Straßengräben, den Scheunen und sogar an den «Mormonenzäunen» zu erkennen.

Einen charakteristischen mormonischen Baustil von Wohnhäusern stellt das sogenannte «I-Haus» dar. Es hat seinen Ursprung vermutlich in Nauvoo. Ein typisches I-Haus hat zwei Stockwerke, einen zentralen Raum und an zwei Seiten Kamine. Bei den Heiligen selbst ist dieses Haus unter den Bezeichnungen Nauvoo-, Mormonen- oder Polygamiehaus bekannt. Ein weiterer mormonischer Haustyp ist das «Quadrathaus». Es besteht normalerweise aus einem Stockwerk, das in vier Zimmer aufgeteilt ist. Das Dach läuft spitz zu. Ein weiterer Charakterzug mormonischer Siedlungen ist die Verwendung von Ziegeln oder Steinen beim Häuserbau. Jede Stadt im Südwesten der Vereinigten Staaten, deren Häuser zu mehr als der Hälfte mit diesem Baumaterial errichtet sind, ist vermutlich von Mormonen bewohnt. Allerdings gelten die erwähnten Baustile nur für den Teil der Vereinigten Staaten, in dem die Mormonen Gelegenheit hatten, eine eigene charakteristische Bauweise zu entwickeln. In Gebieten, in denen die Heiligen eine kleine Minderheit darstellen, sind ihre Häuser vermutlich von denen der *Gentiles* nicht zu unterscheiden. Darüber hinaus ist auch in den mormonischen Gebieten eine Anpassung an die «moderne» Architektur zu beobachten.

Eine über die ganze Welt einheitliche mormonische Architektur existiert in den Gemeindegebäuden, die am Sonntag zu Abendmahls- und Priesterschaftsversammlungen und unter der Woche auch für gesellschaftliche Aktivitäten genutzt werden. Für den Baustil ist das kirchliche Architekturbüro in Salt Lake City verantwortlich. Soll irgendwo auf der Welt ein neues Versammlungshaus errichtet werden, so kann die örtliche Gemeinde aus den Entwürfen, die von den Architekten in Utah geliefert werden, einen auswählen.

Solange sich die Mormonen in einem bestimmten Gebiet konzentrierten, waren sie von den kulturellen Einflüssen der andersgläubigen Bevölkerung mehr oder weniger abgeschirmt. Mit dem Bau der Eisenbahn, der Industrialisierung Utahs und später dem raschen Wachstum und der Internationalisierung der Kirche waren diese Bedingungen nicht mehr gegeben. Um die Gruppenidentität zu bewahren, mußte an die Stelle der physischen Barriere, nämlich der Berge, eine unsichtbare Abgrenzung treten. Hier bietet sich eine weitere Parallele zum Judentum. Die Israeliten mußten bei der Eroberung Kanaans vermeiden, wie die Nomadenvölker, die in dieses Gebiet immer wieder eingefallen waren, von der ansässigen Bevölkerung einfach absorbiert zu werden. Doch wie war das zu erreichen? Indem man Verhaltensweisen und Bräuche annahm, die sich von denjenigen der anderen Völker unterschieden. Aus den Israeliten wurde ein besonderes, abgesondertes, «heiliges» Volk. Später, während der babylonischen Gefangenschaft, die bis heute andauert, ergab sich die Notwendigkeit, diese unsichtbare Mauer zu verstärken und zu erhöhen. Dort, wo die Juden ihr «Gesetz» aufgeben, dauert es nur wenige Generationen, bis sie sich assimiliert haben und in der Bevölkerungsmehrheit aufgegangen sind. Das Überleben des Judentums als Volk ist deshalb untrennbar mit seiner Religion verbunden.

Genauso verhält es sich mit den Mormonen. Die Rolle der jüdischen Speisegebote übernahm bei den Heiligen der letzten Tage das «Wort der Weisheit». Es geht auf eine Offenbarung Joseph Smiths im Jahre 1833 zurück und war ursprünglich «nicht als Gebot oder Zwang, sondern als [...] ein Wort der Weisheit» (Lehre und Bündnisse 89:2) gedacht. Wein und starke Getränke, heißt es in dieser Offenbarung, sind nicht angenehm vor dem Vater im Himmel. «Und weiter: Starke Getränke sind nicht für den Bauch, sondern zum Waschen eures Körpers.

Auch Tabak ist nicht für den Körper, auch nicht für den Magen, und ist nicht gut für den Menschen, sondern ist ein Kraut für Quetschungen und alles kranke Vieh und soll mit Verstand und Geschicklichkeit gebraucht werden. Und weiter: Heiße Getränke sind nicht gut, weder für den Körper noch für den Bauch.» (Lehre und Bündnisse 89:7–9) Des weiteren wird dazu geraten, jedes Kraut und jede Frucht zu seiner Zeit und mit Verstand zu gebrauchen. Fleisch soll mit Sparsamkeit und Danksagung genossen werden; idealerweise sollte es nur in Zeiten der Kälte oder während einer Hungersnot zur Ernährung dienen. Als Hauptnahrungsmittel des Menschen wird das Getreide genannt. Denjenigen unter den Heiligen, die sich an diese Ratschläge halten, werden Gesundheit, Weisheit und Schätze der Erkenntnis verheißen. «Sie sollen rennen und nicht müde werden, laufen und nicht schwach werden.» (Lehre und Bündnisse 89:20)

Die im Wort der Weisheit erwähnten starken und heißen Getränke wurden als alkoholische Getränke beziehungsweise als Kaffee und Tee identifiziert. Es ist nicht verwunderlich, daß die Mormonen statistisch nachweisbar gesünder und länger leben als die meisten ihrer Mitbürger. Die jährliche Rate von Todesfällen durch Herzerkrankungen liegt in der allgemeinen Bevölkerung in den Vereinigten Staaten bei durchschnittlich dreihundertdreiundzwanzig pro hunderttausend Menschen, bei den Mormonen jedoch nur bei hundertsiebenundachtzig. Ähnlich verhält es sich mit Leberkrankheiten (11,2 gegenüber 5,5), und Schlaganfällen (vierundsechzig Todesfälle gegenüber neununddreißig).

Das Wort der Weisheit wurde zwar anfangs nicht als göttliches Gebot angesehen, seine Einhaltung konnte aber bei der Berufung zu einem Amt ausschlaggebend sein. Nach dem Tod Joseph Smiths war es nicht nur die Hauptgruppe der Heiligen unter Brigham Young, die dem Verzicht auf Alkohol und Tabak großen Wert beimaß, sondern auch die Führer der kleineren Parteien schärften ihren Anhängern ein, die von Gott gegebenen Ratschläge zu befolgen. Es war jedoch erst im Jahre 1930, daß die Befolgung des Wortes der Weisheit in der Hauptkirche uneingeschränkt von allen Heiligen verlangt wurde. Nur wer sich an diese Anweisungen hielt, durfte den Tempel betreten und die vorgeschriebenen Verordnungen durchführen. Der Verzicht auf Alkohol, Tabak, Kaffee und Tee wurde zu einem mormonischen Charakteristikum.

Wenn schädliche Stoffe wie Nikotin und Koffein abgelehnt wurden, so schloß man daraus, daß auch Drogen wie Marihuana, LSD, Haschisch usw. verboten sein müßten. Eine Studie zeigt, daß die Mormonen beim Konsum dieser Drogen tatsächlich unterrepräsentiert sind, sie benutzen jedoch mehr Beruhigungs- und Aufputschmittel als der durchschnittliche Amerikaner. Eine der Ursachen dafür liegt vermutlich in dem hohen Leistungsdruck, dem die mormonischen Jugendlichen ausgesetzt sind.

Das Wort der Weisheit gibt den Mormonen nicht nur eine Gruppenidentität und grenzt sie auf einer geistigen Ebene von den Andersgläubigen ab, es behindert auch die Assimilation auf eine direkte Weise, indem es gläubigen Mormonen schwergemacht wird, an Festlichkeiten, in denen Alkohol ausgeschenkt oder in denen geraucht wird, teilzunehmen. Als Ausgleich dafür bietet die Kirche Veranstaltungen an, die den Bedürfnissen der Mitglieder gerecht werden. Nach einer kanadischen Statistik heiraten zwischen siebzig und achtzig Prozent junger städtischer Mormonen innerhalb ihrer Religionsgemeinschaft. Damit ist die Rate der Mischehen bedeutend geringer als zum Beispiel bei den Juden in Nordamerika.

Was weiter zur Identitätsfindung der Mormonen beiträgt, ist die Idee eines «heiligen Landes». Eigentlich sind es zwei Gebiete, die für die Mormonen von besonderer Bedeutung sind. Das eine ist das Zion in Missouri, dessen Besiedlung und Aufbau durch die Vertreibung verhindert wurden. Die Rückkehr nach Missouri im großen Stil wurde auf den Tag der Wiederkunft Jesu verschoben. Dieses «heilige Land» spielt eine eschatologische Rolle.

Das andere Zion ist ein greifbares, reales, nämlich das ehemalige Deseret oder der Staat Utah mit seinen umliegenden Gebieten. Zwar wurde die Sammlung der Heiligen schon längst aufgegeben, aber im Herzen der Gläubigen nimmt es immer noch einen besonderen Platz ein. Utah ist trotz der durch den wirtschaftlichen Aufschwung bedingten starken Zuwanderung von *Gentiles* der «Mormonenstaat» geblieben. Mit Utah ist ein Großteil der mormonischen Geschichte und Folklore verknüpft. Zwar beträgt der Anteil der Mormonen an der Bevölkerung Utahs nur noch siebzig Prozent und wird vermutlich weiterhin sinken, gleichzeitig breitet sich aber durch ihr starkes Wachstum das Gebiet, in dem sie eine einflußreiche Rolle spielen, weiterhin aus. Die Heiligen der letzten Tage stellen heute auch in den Staaten

Arizona, Nevada und Idaho sowie in gewissen Gebieten der Staaten an der Pazifikküste einen beträchtlichen Anteil an der Bevölkerung.

Es gibt noch weitere Orte, die für die Mormonen von besonderer Bedeutung sind. Zu ihnen gehören das Geburtshaus Joseph Smiths in Sharon, Vermont, der Hügel Cumorah, der «heilige Hain», in dem Joseph seine erste Vision hatte, Farmen und Häuser der ersten Mitglieder der Kirche, Kirtland und Nauvoo. Die Kirche bemüht sich, nach und nach diese für sie wichtigen Stätten zu erwerben und zu restaurieren. Im August 1985 kamen Mitglieder der Kirche im Rahmen einer achtzehnmonatigen Mission nach Adam-ondi-Ahman, in der Nähe des heutigen Jameson, zurück, um, wie sie sagten, das 3,5 Quadratmeilen beziehungsweise 9,1 Quadratkilometer große, der Kirche gehörende Areal «aufzuräumen und zu verschönern». Diese Stätten sind nicht nur Wallfahrtsorte für die Gläubigen, sondern locken auch andere Besucher an und machen dadurch das Mormonentum in weiteren Kreisen bekannt.

Wenn sich die Mormonen mit den Juden verwandt sehen, wie ist dann das Verhältnis zwischen den beiden Völkern? Wie für viele protestantische Gemeinschaften, die sich an der Bibel orientieren, ist auch für die Mormonen die Rückkehr der Juden in das Land Israel eine Erfüllung biblischer Prophezeiungen und ein Zeichen der baldigen Wiederkunft Jesu. Im Gegensatz zu den protestantischen Gruppierungen ist unter den Heiligen Antisemitismus – nach jüdischen Angaben – minimal. Es ist deshalb nicht verwunderlich, daß der erste jüdische Senator der Vereinigten Staaten in Utah gewählt wurde. Simon Bamberger, ebenfalls ein Jude, war von 1933 bis 1944 Gouverneur des Staates Utah. Ein weiterer jüdischer Politiker im «Mormonenland» war Louis Marcus, der von 1931 bis 1935 das Amt des Bürgermeisters von Salt Lake City ausübte. Daß Vertreter der Mormonenkirche das Heilige Land für die Rückkehr der Juden geweiht hatten, wurde weiter oben schon erwähnt. Eine persönliche Freundschaft entwickelte sich zwischen Ben Gurion und Ezra Taft Benson, der in seiner Funktion als Landwirtschaftsminister Gelegenheit hatte, den ersten Premierminister Israels kennenzulernen.

So herzlich die Umarmung der Mormonen auch sein mag, von den Juden wird sie nicht in gleicher Weise erwidert. Der Grund dafür liegt in den Proselytisierungsversuchen durch die Heiligen, in denen auf jüdischer Seite eine Bedrohung gesehen wird. Das Judentum selber ist nicht an der Bekehrung Andersgläubiger interessiert, während dies eine dem Mormonentum inhärente Eigenschaft ist. In den fünfziger Jahren wurde sogar eine spezielle Mission gegründet, deren Ziel es war, die jüdischen Brüder und Schwestern dem Glauben an Jesus zuzuführen. Nach fruchtlosen Versuchen wurde dieses Unternehmen jedoch wieder abgebrochen. Die Bekehrung der Juden, so hieß es nun, würde erst bei der Wiederkunft Jesu oder danach stattfinden.

Ein weiterer Streitpunkt ergab sich 1985 mit dem Bau eines Ablegers der Brigham Young University, des *Jerusalem Center for Near Eastern Studies,* auf dem Berg Scopus. Manche Israelis äußerten sich besorgt darüber, daß diese Einrichtung zum Ausgangspunkt für einen neuen Missionierungsversuch werden könnte, und forderten die Einstellung des Baus. Sprecher der Kirche in Utah bestritten, daß sie in diesem Fall missionarische Absichten hegten. Selbst Abgeordnete des amerikanischen Kongresses fragten sich laut, ob in Israel nicht die Religionsfreiheit bedroht sei. Die Regierung in Jerusalem wiederum wollte die erhebliche finanzielle Unterstützung aus den USA nicht gefährden. Eine Entspannung wurde herbeigeführt, als die Kirche öffentlich erklärte, daß von den Einrichtungen der Brigham Young University in Jerusalem keine organisierten Proselytisierungsversuche ausgehen würden. Dies mochte zwar der Wahrheit entsprechen, aber jeder Mormone ist ein Missionar, und wo immer er auf einen Andersgläubigen trifft, wird er versuchen, ihn von seiner Religion zu überzeugen.

Zum Schluß bleibt noch eine Frage offen. Bis zum Zweiten Weltkrieg hatte die Mormonenkirche ihre Mitglieder zum überwiegenden Teil aus der nordamerikanischen und nordeuropäischen Bevölkerung rekrutiert. Zudem hatten sich in diesem Zeitraum die Mormonen vor allem in einem Gebiet konzentriert. Es ist deshalb begreiflich, daß sie eine eigene Kultur entwickeln konnten. Ein Umbruch trat jedoch in den fünfziger Jahren mit dem raschen Wachstum in Lateinamerika und Ostasien ein. Die neuen Gläubigen kamen nun aus völlig unterschiedlichen Kulturen. Können die Mormonen unter diesen Umständen eine eigene ethnische Identität aufrechterhalten?

Um diese Frage zu beantworten, muß man sich vergegenwärtigen, was eigentlich bei einer Konversion geschieht. Die betreffende Person wird nicht einfach getauft und akzeptiert hinfort die Glaubenssätze der neuen Religion. Das Mormonentum verlangt eine ganz neue Lebensweise und dazu ein Engagement in der Kirche, das einen großen Teil der Freizeit eines Mitglieds in Anspruch nimmt. Dadurch wird sich der Bekanntenkreis ändern. Oft wird ein Konvertit von seinen bisherigen Freunden und Verwandten gemieden oder wendet sich aus eigenem Antrieb seinen neuen Glaubensgeschwistern zu. Er wird auch nicht mehr die gleichen Filme anschauen, Bücher lesen oder die gleiche Musik hören wie vor seinem Übertritt. Seine Interessen sind nun in eine andere Richtung gelenkt. Um ihn herum hat sich ein neuer Kreis gebildet, durch den ihm neue kulturelle Werte vermittelt werden. Aus einem polynesischen Neubekehrten wird dadurch kein amerikanischer Mormone, sondern es entsteht das, was Präsident Heber J. Grant ein «mannigfaltiges Zion» nannte. Ähnlich wie zwischen einem jemenitischen und einem russischen Juden erhebliche Unterschiede bestehen, beide sich aber trotzdem als dem gleichen Volk und einer gemeinsamen Kultur angehörend sehen, so wird auch im Mormonentum weiterhin eine gewisse Einheit in einer Vielfalt mormonischer Kulturen herrschen.

17. Eine Religion des Tuns: Die Werte des Mormonentums

Jedermann sollte in allen Dingen fleißig sein; der Müßiggänger soll keinen Platz in der Kirche haben.

Lehre und Bündnisse 75:29

Nach Martin Luther kann der Mensch der Erlösung nur durch den Glauben an Jesus Christus teilhaftig werden. Werke können ihm dabei nichts helfen, sie gelten lediglich als ein Ausdruck des Glaubens. Calvin meinte dagegen, jedem Menschen wäre bereits vor seiner Geburt bestimmt, ob er verdammt oder errettet werden würde. Wenn jemand Gutes tut, so wäre das zwar ein Zeichen der Erwähltheit, jedoch nicht die Voraussetzung dafür. Diejenigen, die Schlechtes tun, zeigen dadurch, daß sie zu den Verdammten gehören. Luther und Calvin waren mit ihren Meinungen zwar nicht im Christentum, jedoch in weltweiter Hinsicht Außenseiter. Die meisten Religionen fordern zur Erlangung des Seelenheils die Befolgung von göttlichen Geboten, andere, wie der Hinduismus und der Buddhismus, eine bestimmte Lebensweise.

Im Mormonentum geht es darum, die Erlösung zu «erarbeiten». Das wird dadurch erreicht, daß man seine Talente weiterentwickelt, was auch mit dem Ausdruck «persönliches Wachstum» beschrieben wird, und gegenüber den Geboten und den Autoritäten der Kirche Gehorsamkeit übt. Die Arbeit an sich selbst ist die Bestimmung des Menschen. Sie wird ihn für alle Ewigkeiten begleiten. Nichtstun führt zu Stagnation und Verfall. Es ist deshalb nicht verwunderlich, daß in der Vorstellung der Mormonen auch in den verschiedenen jenseitigen Reichen ein emsiges Treiben herrscht.

Geschäftig geht es auch in der Kirche selbst zu. Nicht nur ist die sonntägliche Abendmahlsversammlung völlig verschieden von den Gottesdiensten der großen Volkskirchen, Begriffe wie «Andacht» oder «Beschaulichkeit» sind dem Wesen des Mormonentums in diesem Zusammenhang völlig fremd. Das einzelne Mitglied ist in eine große Zahl von Aktivitäten der verschiedenen kirchlichen Organisationen eingebunden. Möglichkeiten, Ämter zu übernehmen, gibt es für den einzelnen immer, und es wird von ihm auch erwartet.

Der Montag ist normalerweise für den «Familienabend» reserviert. Familienabend bedeutet nicht nur, daß sich die ganze Familie zu Hause trifft, sondern es handelt sich dabei um eine zweistündige Veranstaltung im Familienkreis, die nach einem von der Kirche festgelegten Schema abläuft. Vorgeschrieben sind Gebete, Lieder und Lesungen aus den Standardwerken. Jedes Familienmitglied, vom jüngsten bis zum ältesten, hat dabei eine aktive Rolle zu übernehmen. Dem Familienvater fällt die Leitung zu. Das Material für den Familienabend wird von der Kirche jedes Jahr zusammengestellt und den Mitgliedern geliefert.

Der Sonntag wird als «Sabbat» bezeichnet und ist ein Tag der Ruhe. Gemeint ist jedoch nur die Ruhe von der Arbeit, denn darüber hinaus ist er für zahlreiche Aktivitäten reserviert. Am Sonntag finden normalerweise Veranstaltungen wie das Priesterschaftstreffen, die Abendmahlsversammlung und die Sonntagsschule statt. Die drei Treffen nehmen zusammen mindestens drei Stunden in Anspruch. Der restliche Tag soll zum Lesen der heiligen Schriften, zum Tagebuchschreiben, zur genealogischen Forschung usw. genutzt werden. Am Abend ist meist noch eine Versammlung für junge Leute. Da es im Mormonentum keine Berufskleriker gibt, hängt der Ablauf der Veranstaltungen von den Mitgliedern selbst ab. Jeder, der einen Priestertumsrang oberhalb eines Lehrers innehat, kann das Abendmahl austeilen, und jedes Mitglied kann sich vor die Aufgabe gestellt sehen, eine Predigt zu halten.

Jeder erste «Sabbat» im Monat unterscheidet sich von den anderen Sonntagen. Er ist ein Tag des Fastens. Gewöhnlich sind es zwei Mahlzeiten, die ausfallen. Wird zum Beispiel am Samstag zu Abend gegessen, so werden erst wieder am Sonntag abend Speisen und Getränke zu sich genommen. Das dadurch eingesparte Geld wird sozialen Zwecken zugeführt. In der Abendmahlsversammlung können Mitglieder vor der Gemeinde sprechen und Zeugnis von ihrem Glauben geben, indem sie von besonderen Erlebnissen erzählen oder die Gründe angeben, warum sie sich zum Glauben der Heiligen der letzten Tage bekennen. Außerdem werden in diesen Treffen Kinder gesegnet und neugetaufte Mitglieder konfirmiert.

Als «Arbeit» wird auch die Erfüllung der Verordnungen im Tempel bezeichnet. Sie werden von Mitgliedern für sich selbst und dann für bereits verstorbene Menschen vollzogen. Zu ihnen gehören die Taufe, das Endowment und die Siegelungen. Die bekannteste und von Nichtmormonen am meisten kritisierte dieser Tempelarbeiten ist wahrscheinlich die Totentaufe. Sie wird stellvertretend für diejenigen Menschen vollzogen, die in ihrem Leben das Evangelium nicht annahmen, es jedoch in der Welt der Geister nachholten. Da die Taufe in der Geisterwelt nicht möglich ist, muß sie von lebenden Personen für die Toten vollzogen werden.

Die Totentaufe wird im ersten Brief des Paulus an die Korinther (15, 29) erwähnt. Christliche Theologen bestreiten heftig, daß damit derartiges, wie es die Mormonen praktizieren, gemeint sein kann. Tatsächlich ist aber bekannt, daß die Taufe von Lebenden für die Toten in einigen christlichen Gruppierungen während der ersten Jahrhunderte unserer Zeitrechnung stattfand. Die Mormonen sagen, daß diese Verordnung nach der Großen Apostasie von der Hauptkirche nicht mehr beachtet wurde, sondern nur noch in Randgruppierungen auf die eine oder andere Weise praktiziert wurde. Die Durchführung der Tempelrituale für die Verstorbenen ist nach den Worten Joseph Smiths eine Erfüllung der Verheißung des Propheten Maleachi, daß am Ende der Tage die Herzen der Väter den Kindern und die Herzen der Kinder wieder den Vätern zugewendet würden.

Die Tempelarbeit wird von den Mitgliedern meist für die eigenen Vorfahren verrichtet. Oft sind die eigenen Vorfahren über ein paar Generationen hinaus nicht mehr bekannt. Um die Namen derjenigen, für die man sich taufen lassen sollte, zu erhalten, ist eine umfangreiche Ahnenforschung nötig. Die Kirche leistet den Mitgliedern dabei durch die Genealogische Gesellschaft Unterstützung.

Die Sammlung genealogischer Daten nahm in organisierter Form vor allem nach dem Zweiten Weltkrieg zu. Noch vor dem Krieg hatte die Genealogische Gesellschaft damit begonnen, die Aufzeichnungen der Counties über Geburten, Eheschließungen und Todesfälle auf Mikrofilmen festzuhalten. Dieses Programm wurde zuerst in Tennessee durchgeführt, dehnte sich dann auf die südlichen, östlichen und die Neuenglandstaaten aus. Nach dem Ende des weltweiten Konfliktes konnte dazu übergegangen werden, die notwendigen Daten auch in den Ländern Europas zu sammeln.

Um die umfassenden Aufzeichnungen der Genealogischen Gesellschaft vor Zerstörung zu sichern, wurde 1966 damit begonnen, in den Bergen bei Salt Lake City ein riesiges Tunnelsystem anzulegen. Bei gleichbleibender Feuchtigkeit und Temperatur sollen die Mikrofilme dort etwaige Katastrophen überstehen.

Katastrophen überstehen sollen nicht nur Mikrofilme, sondern auch die Menschen. Aus diesem Grund sollte jeder Haushalt idealerweise Nahrungsmittel für ein Jahr lagern. Darüber hinaus sollten auch noch andere Dinge, die im Katastrophenfall zum Überleben notwendig sind, bereitgehalten werden. Den Mitgliedern wird von kirchlicher Seite bei der Lagerhaltung beratend zur Seite gestanden. Die Forderung des «Vorbereitetseins» hat ihren Ursprung einerseits in den Unsicherheiten des Pionierlebens in den Rocky Mountains, andererseits wird aber auch auf die in den Evangelien beschriebene «große Drangsal» vor der Wiederkunft Jesu verwiesen. Zur Veranschaulichung wird oft das Gleichnis von den zehn Jungfrauen aus dem Matthäusevangelium herangezogen, in dem die klugen unter den Mädchen Öl für ihre Lampen aufbewahrt haben und dadurch, als die Dunkelheit hereinbricht, den Weg zum Bräutigam finden. Am Ende des Gleichnisses heißt es: «... und die bereit waren, gingen mit ihm hinein zur Hochzeit, und die Türe wurde geschlossen» (Matthäus 25, 10).

Jedes Mitglied soll nach den Worten David O. McKays ein Missionar sein. Die Missionsarbeit ist ein essentieller Bestandteil des Mormonentums. Jede religiöse Minderheit verliert durch Mischehen, Übertritte zu anderen Gemeinschaften oder Desinteresse Mitglieder an die andersgläubige Umwelt. Um ihr Überleben zu sichern, muß die Minderheit diesen Schwund entweder über die Geburtenrate oder durch die Aufnahme neuer Mitglieder ausgleichen. Die *Amish* in Pennsylvania konnten ihr Fortbestehen als religiöse und ethnische Minderheit bisher durch ihre hohe Kinderzahl sichern. Andere, wie die Zeugen Jehovas, können zwar eine niedrige Geburtenrate vorweisen, unternehmen jedoch enorme Anstrengungen, durch Konversionen die Verluste auszugleichen und ein Wachstum zu erzielen. Das Judentum dagegen lehnt jegliche Missionierung ab, hat mit einer hohen Rate von Mischehen zu kämpfen und kann den Schwund im Gegensatz zu früheren Zeiten auch nicht mehr durch große Familien wettmachen. Das phänomenale Wachstum des Mormonentums hingegen ist auf die Verfolgung beider Strategien zurückzuführen. Während in der ersten Hälfte des zwanzigsten Jahrhunderts fast ausschließlich der Geburtenüberschuß für den Zuwachs in der Mitgliederzahl verantwortlich war, werden jetzt zusätzlich die Früchte der missionarischen Bestrebungen geerntet.

Für ihre spätere Aufgabe als Missionare werden Mormonen bereits im Kindesalter vorbereitet. Das Reden in der Öffentlichkeit lernen kleine Kinder schon, wenn sie das Zeugnis ihres Glaubens vor der versammelten Gemeinde abgeben sollen. Auch in späteren Jahren werden öffentliche Auftritte durch die Mitarbeit in den verschiedenen Organisationen nötig. Wenn ein junger Mormone nach der High-School zur Mission berufen wird, hat er vermutlich nicht die gleiche Scheu vor der Öffentlichkeit wie ein andersgläubiger Altersgenosse.

Die zur Missionsarbeit berufenen jungen Männer und Frauen werden in einem Trainingscenter auf ihre meist zweijährige Aufgabe vorbereitet. Wenn es nötig ist, durchlaufen sie einen mehrmonatigen Intensivkurs in der Sprache und der Kultur des jeweiligen Gastlandes. In den nächsten Jahren wird sich die Zahl der sich im Einsatz befindenden Missionare voraussichtlich auf fünfzigtausend belaufen. Damit hat die Kirche der Mormonen mehr Glaubensverkünder zur Verfügung als jede andere christliche Gemeinschaft oder vielleicht mehr als überhaupt jede andere Religionsgemeinschaft auf der Welt.

In dem vorgesehenen Missionsfeld angekommen, gehen die «Ältesten» oft von Haus zu Haus und versuchen ihre Botschaft mitzuteilen. Es ist interessant, daß diese Art der Evangelisierung ziemlich erfolglos ist. Die Missionare werden im Durchschnitt nur ins jede hundertste Haus gelassen. Haben die Repräsentanten der Kirche das Wohnzimmer erreicht, so führt auch dort nur jedes zehnte Gespräch schließlich zu einer Konversion. Natürlich wissen sie selbst, daß die auf diese Weise verbrachte Zeit nur in den seltensten Fällen Früchte trägt. Der Grund, warum sie sich trotzdem die Mühe machen, liegt in der Bibel. Auch Jesus hatte seine Jünger paarweise ausgesandt, und aus der Apostelgeschichte wissen wir, daß auch die ersten Christen von Haus zu Haus gingen, um ihren Glauben zu predigen. Religionsgemeinschaften, die sich an der Urkirche orientieren, glauben oft, auch deren Proselytisierungsweise übernehmen zu müssen.

Die erfolgreichsten Missionare sind im Mormonentum, und auch in anderen Religionsgemeinschaften, nicht diese jungen Leute aus dem Ausland, sondern die einfachen Mitglieder. Dies erklärt auch, warum manche religiösen Gruppierungen, die keine Vertreter von Wohnung zu Wohnung schicken, trotzdem Zulauf finden. Das einfache Mitglied findet Interessenten hauptsächlich in seinem Verwandten- und Bekanntenkreis. Diese Erkenntnis machte sich die Führung des Mormonentums zunutze und stellte Regeln auf, wie sich die Mitglieder verhalten sollten, um Aufmerksamkeit in ihrem Umkreis zu wecken und die Interessierten nicht abzustoßen. Mitglieder sollten sich sogenannte «Zielfamilien» aussuchen. Das heißt, Eheleute, die sich über die gleichen Problempunkte, wie sie auch das Mormonentum anspricht, besorgt äußern, werden als potentielle Konvertiten angesehen. Beklagt sich zum Beispiel ein Familienvater über die zunehmende Kriminalität oder über die laxe Moral, oder äußert eine Mutter Befürchtungen in bezug auf die schwierigen Bedingungen, Kinder in einer Großstadt aufzuziehen, so soll eine mormonische Familie versuchen, Kontakt aufzunehmen und die Probleme zu besprechen. Dasselbe gilt, wenn eine Familie in die Nachbarschaft zieht und zu anderen Familien noch keinen Kontakt besitzt.

Der erste Schritt in dieser Vorgehensweise ist die Einbeziehung der Zielfamilie in den Freundeskreis. Am Anfang stehen jedoch noch keine Gespräche über Religion auf dem Programm. Erst nach und nach sollen Hinweise gegeben werden, daß es sich bei der freundlichen Familie um Mormonen handelt. Religiöse Diskussionen sind jedoch wenn möglich zu vermeiden. Vorerst geht es nur darum, die Neugierde zu wecken und eventuelle Vorurteile abzubauen. Dabei ist es wichtig, daß die mormonische Familie ein gutes Beispiel gibt, schließlich soll das Mormonentum als alternative Lebensweise dargestellt werden. Das Ziel ist, die prospektiven Neubekehrten zu einem Zusammentreffen mit Missionaren zu bringen. Die Missionare sind rhetorisch besser geschult, haben mehr Erfahrung in Gesprächen mit Andersgläubigen und besitzen vermutlich auch ein tieferes Wissen in der Theologie des Mormonentums. Das Treffen sollte jedoch im Haus der mormonischen Familie stattfinden. Ist es erst einmal so weit gekommen, beträgt die Chance, daß es zu einer Konversion kommt, fünfzig Prozent.

Bei all dem ist auffallend, daß es nur Familien sind, die als Ziele fungieren. Die Probleme alleinstehender Personen sind gänzlich anderer Natur. Familien lassen sich leichter in die Welt des Mormonentums integrieren.

Welche Argumente benutzt aber ein Missionar, wenn er versucht, eine Zielperson von der Wahrheit des Mormonentums zu überzeugen? Angelpunkt in der Überzeugungsarbeit ist immer noch das Buch Mormon, wenn auch dessen Aussagen für die heutigen Menschen nicht mehr so relevant sind wie im letzten Jahrhundert. Letztendlich gründet jedoch das Mormonentum auf die Erlebnisse Joseph Smiths und die angebliche Entdeckung der nephitischen Aufzeichnungen. Natürlich kann kein Missionar beweisen, daß das Buch Mormon wirklich von der amerikanischen Urbevölkerung überliefert wurde. Nach den Worten der Missionare kann jedoch jeder einzelne für sich selbst erfahren, ob das Buch Mormon wahr ist. Sie verweisen dabei auf eine Stelle im Buch Mormon: «Und wenn ihr diese Dinge empfangt, möchte ich euch ermahnen, Gott, den ewigen Vater, im Namen Christi zu fragen, ob diese Dinge nicht wahr sind; und wenn ihr mit aufrichtigem Herzen, mit festem Vorsatz fragt und Glauben an Christum habt, dann wird er euch deren Wahrheit durch die Macht des Heiligen Geistes offenbaren.» (Moroni 10:4) Es handelt sich dabei im Prinzip um das gleiche Verfahren, das Joseph Smith anwandte, als er den Ratschlag des Jakobusbriefes befolgte und sich in den Hain begab, um dort zu beten. Damit man dieser Empfehlung aus dem Buch Mormon nachkommen kann, muß man jedoch erst an Christus und an einen persönlichen Gott, zu dem man beten kann, glauben. Sie verlangt von vornherein ein gewisses Engagement, weswegen der Personenkreis, der auf diese Weise zum Glauben gelangen kann, bereits beschränkt ist.

Die Missionsbemühungen der Mormonen führen der Kirche nicht nur neue Mitglieder hinzu, sie sind darüber hinaus in einer anderen Weise für die Gemeinschaft und die einzelnen Teilnehmer von Nutzen. Diejenigen Mitglieder, die zu dieser Aufgabe berufen werden, befinden sich meist in einem Alter, in dem das von den Eltern vermittelte Weltbild angezweifelt wird. Wenn ein Jugendlicher an einer Mission teilnimmt, wird er zuerst im Ausbildungszentrum indoktriniert und muß dann draußen in der Welt seinen Glauben verteidigen. Er kommt also in die Situation, gerade für das eintreten zu müssen, was ein Altersgenosse anderswo vielleicht abschütteln würde. Ein weiterer Grund, warum Mitglieder gerade in diesem Alter in die Welt geschickt werden, ist der gleiche, warum in manchen Ländern junge Männer mit siebzehn oder achtzehn Jahren zum Wehrdienst eingezogen werden: Sie sind bereits alt genug, um die ihnen zugedachte Aufgabe zu erfüllen, sind aber noch nicht selbständig genug, um sich ein Aufbegehren leisten zu können. Nur durch die Mobilisierung der Jugend kann dieses Heer an Missionaren aufrechterhalten werden.

Die abgeleistete Missionszeit bietet einem Mitglied vor allem in beruflicher Hinsicht Vorteile. Ehemalige Missionare sind in vielen Unternehmen gefragte Mitarbeiter. Sie haben Auslandserfahrung, besitzen ein selbstsicheres Auftreten, sind es gewohnt, vor fremden Menschen zu sprechen und beherrschen meist fließend eine Fremdsprache. Benötigt ein Unternehmen einen Mitarbeiter mit Kenntnissen in einer bestimmten Fremdsprache, sei sie auch noch so exotisch, so ist die Suche im Kreis der ehemaligen Missionare kaum jemals erfolglos. Darüber hinaus haben sie durch ihr Engagement gezeigt, daß sie bereit sind, die traditionellen Werte zu übernehmen. Sie sind durch ein Sozialisationstraining gegangen, wie es sich jeder Unternehmer nur erträumen kann. Außerdem können in dieser Zeit für spätere Jahre wichtige Kontakte geknüpft werden. Eine abgeleistete Missionszeit ist auch eine Voraussetzung für eine Laufbahn in der kirchlichen Hierarchie oder in den kircheneigenen Unternehmen.

Nach dem Tod Brigham Youngs wurden zwar alle kommunistischen oder sozialistischen Wirtschaftsformen endgültig aufgegeben, die Kooperation sowohl im wirtschaftlichen als auch im alltäglichen Bereich blieb jedoch weiterhin ein Bestandteil des Wertesystems der Mormonen. Zwar nahm das private Unternehmertum nun (bis zur Wiederkunft Christi) die Stelle der idealen Wirtschaftsordnung ein, dem «derben Individualismus», dem *rugged individualism,* der angeblich den amerikanischen Westen eroberte, wurde jedoch noch immer eine Absage erteilt.

Die Kooperation im Alltag kann sich zum Beispiel in ariden Gegenden auf den gemeinsamen Bau von Bewässerungsanlagen beziehen. Genauso wird Land oft gemeinsam genutzt, was einen Gegensatz zur «individualistischen» Landwirtschaft in nichtmormonischen Gegenden darstellt. Im Jahre 1953 verglichen zwei Sozialwissenschaftler eine mormonische und eine protestantische Siedlung im amerikanischen Südwesten miteinander und fanden heraus, daß in der Ortschaft der Mormonen wegen des kooperativen Verhaltens ihrer Bewohner bestimmte Probleme schneller und besser gelöst wurden.[7] Als Beispiele werden die Aufkiesung der Straßen und der Bau einer Turnhalle für die örtliche High-School genannt. Beide Projekte wurden in der von den Heiligen der letzten Tage bewohnten Ortschaft problemlos durchgeführt, scheiterten aber in der protestantischen Siedlung, da sich niemand zur Zusammenarbeit bereitfinden konnte. Ein weiteres Beispiel sind die öffentlichen Tanzveranstaltungen, die von den Mormonen gemeinsam organisiert und finanziert wurden. Diese Veranstaltungen begannen und endeten mit einem gemeinsamen Gebet. Da der Genuß von Alkohol unter den Heiligen verpönt ist, blieben Streitereien Ausnahmeerscheinungen. Zum Tanzen konnte man zwar auch in der protestantischen Siedlung gehen, doch waren die Veranstaltungen dort schlechter organisiert und endeten oft mit Schlägereien zwischen Angehörigen rivalisierender Familien.

Dieses gemeinsame Tun hat nicht nur den Zweck, allfälligen Problemen besser begegnen zu können, es hat auch eine integrierende Funktion. In dem Gemeinschaftsleben der Mormonen spielen künstlerische Veranstaltungen wie Theater oder Konzerte eine bedeutende Rolle und werden gefördert. Was dabei geschätzt wird, sind jedoch nicht so sehr artistische Hochleistungen, sondern neben der Botschaft, die sie enthalten, auch das gemeinsame künstlerische Handeln. Einpersonenstücke oder Soloauftritte finden dagegen kaum Anklang.

Eine Gelegenheit, der gegenseitigen Solidarität im großen Maßstab Ausdruck zu verleihen, ergab sich in den dreißiger Jahren anläßlich der Weltwirtschaftskrise und der darauffolgenden hohen Arbeitslosigkeit. Der Bankrott vieler Firmen und die Bankenpanik hatten ihre Schatten auch auf die Heiligen in Utah und anderswo geworfen. Selbst die Farmer mußten kräftige Einbußen in ihren Einkünften hinnehmen.

Angesichts der länger werdenden Schlangen vor den Arbeits- und Sozialämtern und ohne eine Aussicht auf eine baldige Lösung der wirtschaftlichen Probleme, verkündete die Kirchenleitung, daß diejenigen, die vorher ihren Zehnten bezahlt hatten, nun nicht alleingelassen werden sollten.

Die Losung der Kirche lautete, daß jedem Mitglied, das arbeiten wollte, auch die Möglichkeit gegeben werden sollte, Arbeit zu finden. Direkte Unterstützung sollte aber nur denjenigen zugute kommen, die krank oder körperlich behindert waren. Von Regierungshilfe zu leben wurde als Verhalten gesehen, das amerikanischer Bürger unwürdig war. Statt dessen sollte eine Rückbesinnung auf wirtschaftliche Selbständigkeit, gegenseitige Hilfe und Kooperation stattfinden.

Um die gesetzten Ziele zu erreichen, wurden auf allen Ebenen der kirchlichen Organisation Arbeitsbeschaffungskomitees gegründet. Da jedoch der Privatsektor trotz aller Vermittlungsbemühungen nicht genügend Arbeitslose aufnehmen konnte, entschloß man sich zur Gründung sogenannter Gemeindeunternehmen. Zusätzlich wurden arbeitslose Mitglieder bei Renovierungsarbeiten an kirchlichen Gebäuden und in der Landwirtschaft eingesetzt.

Aber selbst diese Maßnahmen erwiesen sich als nicht wirkungsvoll genug. Aus diesem Grund entschloß man sich 1936, den zentral gesteuerten Wohlfahrtsplan ins Leben zu rufen. Die Organisation des Wohlfahrtsplans lief parallel zur kirchlichen Hierarchie. Zusätzlich gab es das Allgemeine Wohlfahrtskomitee, das wiederum in mehrere Subkomitees unterteilt war und den kirchlichen Organen beratend zur Seite stand. Nach dem Wohlfahrtsplan sollte die Kirche auf unterster organisatorischer Ebene den hilfsbedürftigen Mitgliedern notwendige Güter und Arbeitsplätze zur Verfügung stellen. Es wurden nicht nur Lagerhäuser gebaut, Firmen gegründet und Farmen gekauft, auch die eigenhändige Mithilfe jedes einzelnen Mitglieds zur Erzeugung der Hilfsgüter war gefragt. Selbst Universitätsprofessoren, Rechtsanwälte und Unternehmer waren dazu bereit, am Morgen Felder zu pflügen, zu säen und die Erträge zu ernten, bevor sie ihrer eigentlichen Arbeit nachgingen. Bis 1947 hatte der Plan tausendfünfhundert Projekte fertiggestellt und fast dreihunderttausend Personen geholfen. Den Hilfsbedürftigen wurden nicht nur Jobs vermittelt, sondern denjenigen, die wegen mangelnder Sicherheit keine Kredite von den Banken bekommen konnten, wurde auch Geld geliehen. Nur 2,25 Prozent der geliehenen Summen konnten nicht zurückgezahlt werden. Der Wohlfahrtsplan existiert heute noch und hilft bei Naturkatastrophen und größeren Unglücken. Er ist eine der Organisationen, in denen hauptsächlich Frauen engagiert sind.

Die mormonische Arbeitsethik steht der calvinistischen in nichts nach. Vielleicht bezeichnete Ralph Waldo Emerson aus diesem Grund das Mormonentum als «Nachhall des Puritanismus». Die theologische Fundierung der mormonischen Arbeitsethik ist jedoch eine ganz andere als die der Calvinisten. Während die Anhänger Calvins die Arbeit als ein Gebot sahen («wer nicht arbeitet, soll auch nicht essen») und den Erfolg der Arbeit als einen Beweis für die Auserwähltheit, dient sie bei den Mormonen zur Weiterentwicklung der Person. «Es gibt keine Vortrefflichkeit ohne Arbeit» wurde sprichwörtlich unter den Pionieren. Oder: «Alles Kapital, das es auf der Erde gibt, sind die Knochen und Sehnen arbeitender Männer und Frauen.»[8]

Weltlicher Erfolg ist für die Mormonen zwar kein Zeichen der Rechtschaffenheit oder Erwähltheit, aber sie lehnen ihn auch nicht ab. Die alttestamentlichen Patriarchen konnten mit Gottes Hilfe ihren Viehbestand und Besitz um das Hundertfache vermehren. Genauso glauben auch die Heiligen der letzten Tage, daß spirituelles und weltliches Wohl zusammengehören. «Gott», sagte Joseph F. Smith, «bestimmte, daß sein Volk das reichste aller Völker werden sollte. Und dies meint nicht nur das reichste Volk in himmlischen Gaben – in spirituellen Segnungen und Reichtümern –, sondern es bedeutet auch, daß das Volk Gottes das reichste aller Völker in bezug auf weltliche Dinge sein soll.»[9]

Doch der materielle Segen kommt nicht allein durchs Beten, sondern auch durch Arbeit, vor allem an sich selbst:

> «Deshalb predigen wir das Evangelium des Fleißes, das Evangelium der Sparsamkeit, das Evangelium der Mäßigkeit. Wir predigen, daß der Müßiggänger nicht das Brot des Arbeiters essen soll und daß der Müßiggänger keinen Anspruch auf ein Erbe in Zion hat.»[10]

Der Zweck des irdischen Daseins ist, sich fortzuentwickeln. Das Meistern von Aufgaben kann dem Menschen helfen, seiner Bestimmung gerecht zu werden. Aus diesem Grund gab Joseph Smith seinen Anhängern den Rat: «Höret auf, träge zu sein; höret auf, unrein zu sein [...], höret auf, länger zu schlafen, als notwendig ist; geht frühe zu Bette, damit ihr nicht müde werdet; steht frühe auf, daß eure Körper und euer Geist gestärkt werden.» (Lehre und Bündnisse 88:124)

«Für die Mormonen», schreiben Gottlieb und Wiley, «bekam das Streben nach materiellem Erfolg fast eine dogmatische Färbung, als ob Weiterentwicklung in dieser Welt durch Erfolg in der Geschäftswelt definiert wäre.»[11]

Utah machte vor allem seit den fünfziger Jahren einen rapiden Wandel von einer ländlichen, durch Landwirtschaft und Bergbau geprägten Gegend in einen modernen Industriestaat durch. Auch die Mikrochip-Revolution ging nicht unbemerkt am «Mormonenland» vorüber. Utah ist heute der Sitz zahlreicher Computer- und Software-Firmen. Der *Economist* bezeichnete den Staat als das «heißeste High-Tech-Zentrum Amerikas».

Der veränderte wirtschaftliche und soziale Status der Mitglieder der Mormonenkirche zeigt sich nicht nur durch ein Anwachsen des materiellen oder monetären Vermögens, sondern auch im persönlichen Erscheinungsbild der Heiligen. Gestalten, die wie alttestamentliche Patriarchen aussehen, sind nur noch in fundamentalistischen Randgruppen anzutreffen. Gefragt ist nicht mehr das Image des ländlichen Pioniers, sondern das eines in einem wohlhabenden Vorort lebenden Geschäftsmannes. Das gleiche Bild soll durch das Auftreten der mormonischen Missionare in die Welt getragen werden. Es wird manchmal behauptet, daß die Repräsentanten der Kirche in ihren Anzügen, weißen Hemden und Krawatten genausogut Vertreter eines Unternehmens oder Banker sein könnten. Die Kirche ist sich dieses Erscheinungsbildes bewußt und möchte damit auch ausdrücken, daß das Mormonentum nicht nur eine Religion ist, sondern auch ein bestimmter Lebensstil, und daß damit auch ein gewisser materieller Wohlstand einhergeht. Es muß jedoch auch gesagt werden, daß dadurch bestimmte Erwartungen geweckt werden, vor allem in der Dritten Welt, die, wenn sie sich nicht erfüllen, zu Enttäuschung und Rückzug aus der Gemeinschaft führen können.

Doch persönliches Fortschreiten bezieht sich nach mormonischer Ansicht nicht nur auf das Verbessern der äußerlichen, physischen Bedingungen, einen weitaus wichtigeren Stellenwert nimmt das Sammeln von Wissen ein, weshalb man von einer typisch mormonischen Lern- oder Bildungsethik sprechen kann. Bereits bei der Gründung des Staates Deseret forderte Brigham Young die Einwanderer auf, alle Bücher, die das Wissen der Welt vermitteln, mitzubringen. Die frühen Anhänger Joseph Smiths, die in ihrer Kindheit zumeist keine Gelegenheit gehabt hatten, die Schule zu besuchen, versuchten das Versäumte bei jeder Gelegenheit nachzuholen. Der Bau von Schulen hatte sogar Vorrang vor der Errichtung von Tempeln. Da es an Lehrern mangelte, mußten sie sich gegenseitig das Wissen, das sie besaßen, beibringen. Je mehr Wissen ein Mensch hat, desto weiter kann er sich nach der Lehre Joseph Smiths fortentwickeln, desto höher wird die Stufe sein, die er im zukünftigen Leben einnimmt:

> «Zu welchen Grundsätzen der Weisheit wir uns in diesem Leben heranbilden, die werden mit uns in der Auferstehung hervorkommen. Und wenn ein Mensch durch Fleiß und Gehorsam in diesem Leben mehr Erkenntnis und Weisheit gewinnt als ein anderer, so wird er in der zukünftigen Welt im gleichen Verhältnis im Vorteil sein.» (Lehre und Bündnisse 130:18–19)

An einer anderen Stelle in Lehre und Bündnisse heißt es:

> «Es ist unmöglich, daß ein Mensch in Unwissenheit selig werden kann.» (131:6)

Doch Wissen dient nicht nur dem Zweck der Erhöhung, sondern

> «die Herrlichkeit Gottes ist Intelligenz oder, mit anderen Worten: Licht und Wahrheit.» (Lehre und Bündnisse 93:36)

Untersuchungen zeigen, daß normalerweise Bildung einen negativen Einfluß auf die Religiosität von Personen hat. Agnostische und atheistische Ansichten sind am meisten in Akademikerkreisen vertreten. Je niedriger dagegen der Bildungsgrad ist, desto größer ist die Wahrscheinlichkeit, daß jemand eine orthodoxe oder fundamentalistische Einstellung hat.

Eine Ausnahme bilden jedoch die Mormonen. Bei ihnen scheint es gerade umgekehrt zu sein. Je höher die Bildung ist, desto größer ist die Religiosität. Sicherlich liegen die Ursachen dafür nicht in den Schulen oder im Unterricht, sondern darin, daß diejenigen, die die mormonische Wertvorstellung am stärksten in sich aufgenommen haben, auch am meisten Energien aufwenden, um ein persönliches Wachstum durch Lernen zu erreichen.

Die Auswirkungen der mormonischen Lernethik lassen sich auch statistisch veranschaulichen. 53,5 Prozent der erwachsenen männlichen Mormonen in den Vereinigten Staaten haben eine höhere Bildung als die einer High-School genossen. Bei den andersgläubigen männlichen Amerikanern liegt der Durchschnitt dagegen nur bei 36,5

Prozent. Obwohl im Mormonentum die Rolle der Frau (wie nur noch in wenigen anderen westlichen Religionen) auf den Haushalt und die Kindererziehung beschränkt ist, können doch 44,3 Prozent unter ihnen ein vergleichbares Bildungsniveau vorweisen. Bei ihren Geschlechtsgenossinnen unter den *Gentiles* sind es dagegen nur 27,7 Prozent.[12]

Es gibt auch Mitglieder anderer Religionsgemeinschaften, die einen ähnlich hohen Bildungsstand erreicht haben, die Presbyterianer, die Episkopalisten (die Mitglieder der anglikanischen Kirche in Amerika) oder die Unitarier. Im Gegensatz zu den Mormonen waren sie jedoch bereits im letzten Jahrhundert auf der obersten Stufe der sozialen Leiter, während die Anhänger Joseph Smiths von ganz unten kamen, von den «Höhlen und Erdlöchern», wie es Brigham Young nannte. Ebenfalls einen Einfluß hat der Umstand, ob die betreffenden Personen in einer ländlichen oder in einer urbanen Gegend leben. Menschen in Großstädten tendieren dazu, einen höheren Bildungsabschluß zu erreichen als die Bewohner ländlicher Bezirke. Auch hier waren die Mormonen lange Zeit im Nachteil. Wer weiß, wie schwer der Aufstieg von einer sozialen Schicht zur anderen ist – selbst über mehrere Generationen hinweg –, kann sich vorstellen, was die Mormonen seit der Gründung ihrer Gemeinschaft bis heute unter schwierigen Bedingungen erreicht haben.

In diesem Jahrhundert wurden von Sozialwissenschaftlern mehrere Untersuchungen durchgeführt, die zeigen sollten, aus welchen Bundesstaaten die meisten hervorragenden Persönlichkeiten stammten. «Hervorragende Persönlichkeiten» bezog sich dabei auf Wissenschaftler und Personen, die in «Who's Who» eingetragen worden waren. Es zeigte sich, daß Utah, gemessen an seiner Bevölkerung, in allen Sparten entweder die erste oder eine der obersten Positionen einnahm.

Eine weitere Studie[13] untersuchte in den sechziger Jahren hundertfünfundsechzig Colleges und Universitäten, um festzustellen, aus welchen dieser Schulen die meisten Absolventen kamen, die später einen Ph. D. (das amerikanische Äquivalent eines Doktortitels) erwarben. Die Studie zeigte, daß dabei vor allem zwei Gruppen von Schulen am produktivsten waren. Die erste dieser Gruppe bestand aus vier New Yorker Schulen mit hauptsächlich jüdischen Schülern: City College, Brooklyn College, Queens College und Yeshiva University. Die andere Gruppe bestand aus drei Schulen in Utah, mit hauptsächlich mormonischen Schülern: Brigham Young University, Utah State University und University of Utah.

Mit der Ausbreitung des Mormonentums in der Dritten Welt, vor allem in Lateinamerika, wird ein neues Problem für die Kirche relevant, nämlich das Analphabetentum beziehungsweise eine andere Einstellung zur Bildung. In den protestantischen Ländern war es immer, auch in den ärmlichsten Verhältnissen, als notwendig erachtet worden, das Lesen und Schreiben zumindest soweit zu erlernen, daß die Bibel gelesen und studiert werden konnte. In den katholischen Ländern spielte dies keine Rolle. Bildung wurde sogar als eine Gefahr für die Autorität der Kirche angesehen. Die Mormonenkirche sieht sich nun vor die Aufgabe gestellt, nicht nur eine Änderung der inneren Einstellung der neuen Mitglieder zu erreichen, sondern auch die nötigen Einrichtungen zur Verfügung zu stellen, damit diese das Versäumte nachholen können. In manchen Ländern versuchen die Heiligen ein eigenes Schulsystem aufzubauen, was sehr kostspielig ist und oft gegen staatliche Schikanen durchgesetzt werden muß.

18. Das Zeichen des Kain: Die Rassenfrage im Mormonentum

Und Enoch sah auch die Übrigen des Volkes, welche die Söhne Adams waren, und sie waren eine Mischung von allem Samen Adams, außer dem Samen Kains, denn der Same Kains war schwarz und hatte keinen Platz unter ihnen.

Moses 7:22

Mit dem Anbruch der industriellen Revolution und der Erringung der Seeherrschaft konnte England einen steilen Anstieg seiner wirtschaftlichen Produktion verzeichnen. Der Handel weitete sich auf immer weiter entfernte Länder aus, eine neue Kolonie folgte der anderen. England wurde zur mächtigsten Nation der Erde, während alte Kulturen zerbröckelten.

Wohin die Engländer kamen, stießen sie auf unterlegene Völker. Die nordeuropäischen Völker machten einen schnellen wirtschaftlichen, technischen und, wie viele meinten, auch kulturellen Aufstieg durch. Je weiter man jedoch nach Süden kam, je dunkler die Hautfarbe der Menschen wurde, desto weniger schien sich im Laufe der Jahrhunderte geändert zu haben. Je weißer dagegen ein Volk war – und die Bewohner der Britischen Inseln sahen sich als das weißeste aller Völker –, desto weiterentwickelter war es.

Welche Erklärung konnte man dafür finden? Viele Menschen hatten die calvinistische Vorstellung verinnerlicht, daß Erfolg ein Zeichen der Auserwählung war. Und England war das erfolgreichste aller Völker. Diese Ansicht trugen die englischen Kolonisten auch in die Neue Welt.

Sogar ein aufgeklärter Mensch wie Benjamin Franklin konnte 1751 behaupten, die Engländer, die neben den Sachsen die einzigen wirklichen Weißen wären, würden den nordamerikanischen Kontinent reinigen, indem sie ihn von den Wäldern freimachten. Diese Seite des Globus würde dank dieser Kultivierungsarbeit für die Augen der Bewohner des Mars oder der Venus durch das reflektierte Licht heller scheinen – seiner Meinung nach vermutlich etwas Positives.

Auch andere seiner Zeitgenossen teilten mit ihm die Meinung, daß die weiße Rasse eine Mission zu erfüllen habe. Doch worin die Mission bestand, darin gingen die Ansichten auseinander. Auf der einen Seite waren diejenigen, die glaubten, die Aufgabe der Weißen wäre es, alle anderen Völker zu kultivieren, sie wie die Weißen werden zu lassen. Tatsächlich dachte man, daß die in Neuengland ansässigen Indianer durch ihre Übernahme der zivilisatorischen Lebensweise eine hellere Hautfarbe bekommen hätten.

Eine weniger wohlmeinende Vorstellung über ihre Mission hatten diejenigen, welche die Erde nicht nur von den Bäumen, sondern auch von den unwürdigeren Völkern reinigen wollten. Benjamin Franklin meinte etwa, wenn es die Absicht der Vorsehung sei, die «Wilden» auszurotten, um Platz für die «Kultivierer der Erde» zu machen, so scheine es nicht unwahrscheinlich, daß der Rum das dafür ausersehene Mittel sei. Es müsse deshalb so sein, daß die weißen Siedler dieses Getränk brauten und es an die Indianer weitergaben. Der Rum habe bereits sämtliche an der Ostküste lebenden Stämme vernichtet.

Die Eroberer der Länder Süd- und Mittelamerikas, die Spanier und die Portugiesen, kannten diese calvinistische Tradition der Auserwählung nicht. Sie mordeten und zerstörten zwar auch, aber nicht aus einem Überlegenheitsgedanken heraus, sondern aus Goldgier und Menschenverachtung. Während in den protestantisch beherrschten Gebieten Nordamerikas Mischehen zwischen Weißen und Dunkelhäutigen tabu waren, entstand in den katholischen Kolonien eine breite Bevölkerungsschicht von Mestizen und Mulatten. In Brasilien war es nicht ungewöhnlich, daß ein Plantagenbesitzer eine schwarze Sklavin für seinen Sohn zur Frau bestimmte. Das auserwählte Mädchen und dessen Eltern machten von einem Moment zum anderen einen enormen sozialen Aufstieg durch, aus lebenden Produktionsmitteln wurden plötzlich Verwandte.

Auf den Plantagen Nordamerikas oder der karibischen Inseln war ein solcher Vorgang unvorstellbar. Zwar wandelte sich auch dort die Schicht der schwarzen Sklaven im Laufe der Zeit zu einer Mischbevölkerung, dies geschah aber nicht, weil Weiße mit Schwarzen Ehen eingegangen wären, sondern weil es üblich war, daß die Eigentümer der Sklaven ihren weiblichen Besitz auch zur Befriedigung ihrer sexuellen Bedürfnisse nutzten. Der berühmte Schwarzenführer Frederick Douglas war eigentlich der Sohn seines «Besitzers» und einer Sklavin, was ihn jedoch nicht davor bewahrte, verkauft zu werden. Wie er in seiner Autobiographie berichtet, war der Umstand, ein Nachkomme des Plantagenbesitzers zu sein, nicht mit Privilegien verbunden, sondern es waren oft gerade die Mischlinge, die zusätzliche Schikanen und Mißhandlungen über sich ergehen lassen mußten, weil ihre Existenz ein ständiges Mahnmal an die Pseudomoral der Sklavenhaltergesellschaft war.

Die Sklavenhalter der englischen Kolonien und später der Vereinigten Staaten waren als ehrenhafte Bürger natürlich auch fleißige Kirchgänger. Es konnte deshalb nicht lange dauern, bis auch die Bibel zur Rechtfertigung der Versklavung dunkelhäutiger Menschen herangezogen wurde. Erstens wurde nirgends in der Heiligen Schrift die Sklaverei verboten, im Gegenteil, sogar Paulus riet dem entlaufenen Sklaven Onesimus, zu seinem Herrn zurückzukehren. In den Geboten, die Moses am Sinai empfing, wurde die Sklaverei eindeutig bestätigt. Die Tatsache, daß Moses eine Kuschitin, also eine Schwarze, zur Frau nahm, wurde jedoch geflissentlich übersehen. Auch hätte ein amerikanischer Sklavenhalter nie, wie es Abraham tat, einen seiner Sklaven ausgesandt, um eine Frau für seinen Sohn zu suchen. – Frederick Douglas schrieb in seiner Autobiographie, daß gerade die religiösesten unter den Sklavenhaltern und den Aufsehern die brutalsten waren, denn sie hatten für ihr Tun eine Rechtfertigung in der Religion gefunden und konnten alle Hemmungen des Gewissens hinter sich lassen.

Auch Joseph Smith war ein Kind seiner Zeit. Einem heutigen Menschen mag es selbstverständlich erscheinen, von rassistischen Vorurteilen frei zu sein. Daß es aber in einer Zeit, in der es kaum Schulbildung gab und das wichtigste Informationsmedium neben Zeitungen, in deren Redaktionen man von Objektivität noch nie etwas gehört zu haben schien, immer noch in der mündlichen Weitergabe von Neuigkeiten bestand, schwieriger war, zu den gleichen Schlußfolgerungen wie im Kommunikationszeitalter zu gelangen, ist selbstverständlich.

Aus dem Buch Mormon ist ersichtlich, daß auch Joseph Smith annahm, dunkle Hautfarbe wäre ein Zeichen von Degenerierung. Dies bedeutete jedoch nicht, daß dunkelhäutige Menschen weniger wert waren. Zwar werden im Buch Mormon die Weißen auch als eine Art auserwähltes Volk gesehen, sogar Kolumbus entdeckte Amerika, weil der Geist Gottes auf ihn einwirkte, aber die Aufgabe der Weißen ist es nicht, die dunkleren Völker zu vernichten, sondern sie zu verbessern.

Joseph Smith soll sogar 1831 eine, allerdings nie veröffentlichte, Offenbarung bekommen haben, wonach die Heiligen sich zur rechten Zeit Frauen von den Lamaniten nehmen sollten, um so die Indianer der Zivilisation zuzuführen.

Die Indianer waren gemäß dem Buch Mormon Israeliten und genossen dadurch im Kreise der Heiligen ohnehin ein nicht schlechtes Ansehen. Aber wie stand es um die Schwarzen, die eine noch dunklere Hautfarbe hatten? Nach dem Buch Abraham sind die Afrikaner Nachkommen Kains. Kain, der im Buch Moses ein Verbündeter des Teufels ist, wurde wegen der Ermordung Abels mit einem Fluch behaftet, nämlich der dunklen Hautfarbe. Ham, der jüngste Sohn Noahs, heiratete eine Kainiterin, weswegen er der Stammvater der Afrikaner wurde. Auch die Sklaverei wird im Buch Moses erklärt und gerechtfertigt, denn Kanaan wird dort mit den Nachkommen Kains gleichgesetzt. Im neunten Kapitel der Genesis heißt es aber: «Verflucht sei Kanaan, der niedrigste Knecht sei er seinen Brüdern!» (9, 24) In den folgenden Versen wird Kanaan ebenfalls dazu verurteilt, Japhet und Sem zu dienen.

Doch Joseph Smith war kein Anhänger der Sklaverei. In einer Unterhaltung mit Orson Hyde sagte er, die Schwarzen kämen als Sklaven in die Welt, sowohl geistig als auch physisch. «Änderte man ihre Situation bei den Weißen, dann würden sie wie sie werden. Sie haben Seelen, die ein Gegenstand der Erlösung sind. Geht man nach Cincinnati oder in eine andere Stadt und findet dort einen gebildeten Schwarzen, der in seiner Kutsche fährt, dann kann man einen Menschen sehen, der durch die Kraft seines eigenen Verstandes diesen hohen Stand der Ehrbarkeit erreicht hat. Die Sklaven in Washington sind kultivierter als viele Personen in den hohen Ämtern, und der schwarze Junge stellt viele von denen in den Schatten, die er abbürstet und bedient.»

«Stellt man sie auf die gleiche Stufe», hatte Hyde eingewandt, «werden sie über mich steigen.»[14]

Joseph Smith antwortete darauf, daß er die Schwarzen durch ein Gesetz auf den Umgang mit ihrer eigenen Art beschränken würde. Gleichzeitig sollten sie aber die gleichen Rechte haben. Auch er stand Mischehen zwischen Weißen und Schwarzen ablehnend gegenüber.

Joseph Smith wollte seine Botschaft nicht auf die Weißen beschränken. Wiederholt erklärte er, daß sie für alle Menschen galt. Im Buch Mormon heißt es: «Er lädt alle ein, zu ihm zu kommen und seiner Güte teilhaftig zu werden; und er wehrt keinen, die zu ihm kommen wollen, ob Schwarzen oder Weißen, Gebundenen oder Freien». (2 Nephi 26:33)

Freie Schwarze schlossen sich der Kirche zum erstenmal in Ohio an. Einer unter ihnen, Elijah Abel (man beachte die Ironie, die in dem Namen steckte), wurde von Joseph Smith zum Ältesten ordiniert und stieg später zum damals noch angesehenen Rang eines Siebzigers auf.

Die Einstellung den Schwarzen gegenüber änderte sich jedoch mit dem Tod des Propheten. Während die Anhänger der Reorganisationsbewegung auch Schwarze aufnahmen, sie als gleichberechtigte Mitglieder behandelten und zu Priestern ordinierten, lehnten die nach Utah gezogenen Heiligen die Missionierung afrikanischstämmiger Menschen ab und verweigerten ihnen das Priestertum. Besonders radikal äußerte sich Brigham Young. In einer Rede vor der gesetzgebenden Versammlung des Territoriums Utah sagte er 1852:

> «Jeder Mensch, der einen Tropfen von Kains Samen in sich hat, kann das Priestertum nicht empfangen.»[15]

1859 erklärte er zum gleichen Thema in einer Predigt:

> «Kain erschlug seinen Bruder... und Gott machte ihm ein Mal, nämlich die flache Nase und die schwarze Haut. Wenn man die Menschheit zurückverfolgt bis nach der Flut, damals wurde ein anderer Fluch über die gleiche Rasse ausgesprochen, daß sie die ‹Diener von Dienern› sein sollen, und sie werden es sein, bis der Fluch entfernt ist; und die Abolitionisten können nichts dagegen tun, auch nicht im geringsten dieses Urteil ändern. [...] Dieser Fluch wird auf ihnen bleiben, und sie werden nie das Priestertum innehaben oder daran Anteil haben können.»[16]

Brigham Young war zwar ein Gegner der Sklaverei, jedoch nicht weil er sich um die unfreien Menschen sorgte, sondern weil er glaubte, sie hätte einen korrumpierenden Einfluß auf die «Herren». Während Youngs Präsidentschaft etablierten sich in der Kirche die Gepflogenheiten, welche die Schwarzen diskriminierten. Es scheint, daß die Nachfolger Joseph Smiths nicht genau wußten, was die Einstellung des Propheten gegenüber den Schwarzen gewesen war. Zu viele widersprüchliche Aussagen waren von ihm überliefert worden. Doch Brigham Young konnte eine Rechtfertigung seiner Ansichten in den Schriften Joseph Smiths finden. Im Buch Moses wird dem Propheten Enoch von Gott befohlen, die Menschen zur Umkehr aufzufordern und sie zu taufen: «Und es geschah, daß Enoch fortfuhr, alle Leute außer dem Volke Kanaan aufzufordern, sich zu bekehren.» (7:12) Deshalb sollten auch die Heiligen der letzten Tage nicht zu den Schwarzen gehen, um ihnen das Evangelium zu verkünden. Zur Verweigerung des Priestertums konnte er das Buch Abraham aufschlagen, wo erklärt wird, daß Pharao ein Nachkomme Kains über Noah und dessen Sohn Ham gewesen war, Gott «ihn aber verfluchte in betreff des Priestertums» (1:26).

Es ist eine Ironie der Geschichte, daß gerade die Mormonen, die unter anderem wegen der Sklavereifrage aus Missouri vertrieben worden waren, ihre Kirche zu einer rassistischen Gemeinschaft entwickelten.

Die Auswirkungen der von der Kirche praktizierten Diskriminierung der Schwarzen lag im letzten Jahrhundert hauptsächlich im theoretischen Bereich, denn die Neubekehrten kamen sowieso überwiegend aus Großbritannien und Skandinavien. Das Wachstum der Kirche wurde dadurch nicht beeinträchtigt. Erfolge wurden zwar auch bei den dunkelhäutigen Melanesiern erzielt, aber diese galten ebenso wie die Polynesier und die Indianer als Israeliten.

Auch in den ersten Jahrzehnten des zwanzigsten Jahrhunderts bereitete die mormonische Rassenlehre kaum Schwierigkeiten. Bis zum Zweiten Weltkrieg war für das Anwachsen der Mitgliederzahl ohnedies zum überwiegenden Teil die hohe Geburtenrate unter den Mormonen selber verantwortlich. Die Heiligen brauchten sich deswegen auch nicht um ein schlechtes Image zu sorgen, denn die Trennung zwischen Weiß und Schwarz war ohnehin in allen öffentlichen Bereichen üblich und entsprach auch den Normen der weißen Mittelschicht. Vor allem im Süden wurden die Afroamerikaner durch die Rassengesetze und den Terror des Ku-Klux-Klan in eine enge Sphäre getrieben.

Brigham Young hätte sich vermutlich nie träumen lassen, daß seine Entscheidungen gegenüber den Schwarzen die Kirche, ähnlich wie es die Polygamie getan hatte, in eine schwere Krise stürzen würden. Doch dies geschah tatsächlich, und zwar als sich die Kirche vor allem in Lateinamerika mit rasanter Geschwindigkeit auszubreiten begann. Gerade in diesen Ländern, allen voran Brasilien, gab es eine breite Bevölkerungsschicht, die kein «reines, weißes Blut» hatte. Man hätte die Heiligen in zwei Gruppen teilen müssen, in die Würdigen und diejenigen, die mindestens einen «Tropfen des Samens Kains» in sich hatten. Das hieße, eine Gruppe könnte das Priestertum empfangen und die Tempelverordnungen vollziehen, während die anderen als Zweite-Klasse-Heilige behandelt werden müßten. Südamerika stellte ein großes Wachstumspotential für die Kirche dar. Mit ihrer Rassenpolitik liefen die Mormonen jedoch Gefahr, in diesen Ländern zu einer Gemeinschaft, die für die Vorherrschaft der Weißen eintritt, abgestempelt zu werden.

Eine einmalige Chance, das Missionsfeld auszudehnen, gab es in den vierziger Jahren, als eine mehrere tausend Mitglieder starke Gruppe Nigerianer sich für das Mormonentum interessierte und von Stellen in Salt Lake City auch Informationsmaterial zugesandt bekam. Die Kirchenführung brach jedoch nicht in einen Freudentaumel aus, als sie 1959 bemerkte, was hier vor sich ging. Statt dessen verfiel sie in verlegene Ratlosigkeit. Sollte mit der Politik, die Schwarzen nicht aktiv zu proselytisieren, gebrochen werden? Erst 1963 entschied der relativ liberale Präsident McKay, Missionare nach Nigeria zu schicken. Doch mittlerweile hatte die Regierung des afrikanischen Staates von den diskriminierenden Praktiken der Mormonen Kenntnis erlangt und verweigerte den Repräsentanten der Kirche die Einreise.

Eine zweite Entwicklung, die eine Gefahr für das zukünftige Wachstum der Kirche in sich barg, setzte in den Vereinigten Staaten selbst ein. In den sechziger Jahren weckte die Bürgerrechtsbewegung das Gewissen vieler Amerikaner. Die Rassentrennung wurde abgeschafft, und die offene Diskriminierung der Afroamerikaner war gesellschaftlich nicht mehr akzeptabel. Schneller, als die Kirchenführer es vielleicht erwartet hatten, regnete es Kritiken und Anschuldigungen auf das Hauptquartier in Salt Lake City herab. Manche Universitäten brachen aus Protest alle Beziehungen im sportlichen Bereich mit der Brigham Young University ab. Wo die Sportlerteams der Mormonen auftraten, kam es immer wieder zu Ausschreitungen. Nun waren die Heiligen an der Reihe, öffentlich stigmatisiert zu werden.

Wären Proteste und Ausschreitungen die einzigen Probleme gewesen, so wären die Führer der Mormonenkirche vermutlich nicht aus ihrem Schlaf der Gerechten gerissen worden. Antimormonische Bekundungen waren nichts Neues. Was jedoch auf dem Spiel stand, war das Image, das die Kirche mühevoll aufgebaut hatte. Die Kirche Jesu Christi der Heiligen der letzten Tage wollte die Gemeinschaft sein, in der die Werte der bürgerlichen Mittelschicht verteidigt und geheiligt wurden. In der Zwischenzeit hatten sich diese Werte in bezug auf die Rassenfrage jedoch gewandelt. Die Mormonen liefen Gefahr, wieder zu einer Gruppe am Rande der Gesellschaft zu werden.

Sprecher der Kirche bestritten unterdessen, daß der Ausschluß der Schwarzen aus dem Priestertum rassistische Gründe habe. Schwarze Mitglieder und auch viele weiße Mitglieder, so lautete das Argument, könnten aus verschiedenen Gründen nicht das Priestertum innehaben (bei den Weißen hing es davon ab, ob sie «würdig» waren). In der Bibel, so wurde erklärt, sei nur der Stamm Levi für das Priestertum ausersehen worden. Das hieße jedoch nicht, daß die anderen Stämme Israels minderwertig waren. Es wurde darauf hingewiesen, daß alle Menschen buchstäbliche Kinder des himmlischen Vaters und dadurch Brüder und Schwestern seien. Schwarze Mitglieder seien in der Kirche willkommen (was neu war), und ihre Zahl würde wachsen.

Harold B. Lee, der die Präsidentschaft von 1972 bis 1973 innehatte, sagte dazu:

> «Es gibt keine Kirche in der Welt, die sämtlichen Minderheiten mehr bieten würde. Viele unserer schwarzen Mitglieder werden in Positionen des Vertrauens in der Kirche berufen. Sie nehmen auch an bestimmten Verordnungen im Tempel teil. Glaubenstreue Mitglieder aller Rassen, einschließlich der schwarzen, haben das Recht auf die erlösenden Verordnungen des Evangeliums, die sie für einen Platz im celestialen Reich nach dem Tod befähigen. Unter der schwarzen Mitgliedschaft sind einige unserer treuesten Mitglieder und meine liebsten Freunde.»[17]

Zweifellos wurde die Realität durch die Darstellung Harold B. Lees beschönigt. Mit dem Aufkommen der Bürgerrechtsbewegung hatte sich jedoch auch im Mormonentum viel gewandelt. Wie sich zum Beispiel aus der Autobiographie Hugh B. Browns, eines Beraters McKays, ersehen läßt, litten manche Mitglieder unter der Diskriminierung der Schwarzen. Eine Studie Anfang der siebziger Jahre zeigte, daß unter den Mormonen nicht mehr Vorurteile gegenüber den Minderheiten verbreitet waren als unter anderen christlichen Gruppierungen.

Die eigentliche Wende kam 1978, die oft als die «Zweite Große Anpassung» bezeichnet wird. In der «Zweiten Offiziellen Deklaration» erklärte Spencer W. Kimball, er habe viele Stunden im Oberen Zimmer des Tempels zugebracht und Gott um göttliche Führung angefleht.

> «Er hat unsere Gebete erhört und durch eine Offenbarung bestätigt, daß der seit langem versprochene Tag gekommen ist, da jeder treue, würdige Mann in der Kirche das heilige Priestertum empfangen könne.»[18]

Als sich die Nachricht über die Offenbarung in den Städten und Ortschaften Utahs verbreitete, umarmten sich Menschen spontan und brachen in Freudentränen aus, andere fuhren in ihren Autos durch die Straßen, betätigten die Hupen und ließen die Scheinwerfer aufleuchten. Manche Mormonen erklärten, es wäre der glücklichste Tag in ihrem Leben. Vielen der Heiligen war offensichtlich eine Last vom Herzen gefallen. Liberal gesinnte und intellektuelle Mitglieder konnten sich wieder uneingeschränkt an der Arbeit in ihrer Kirche beteiligen und sich mit der kirchlichen Botschaft identifizieren.

Wie sehr das Mormonentum entschlossen war, sich den neuen Gegebenheiten anzupassen, zeigte sich 1981, als die Kirche ein Wort in der Prophezeiung des Zweiten Buches Nephi (30:6) über die Lamaniten änderte. Es heißt nicht mehr, wenn sie sich bekehrten, würden sie ein «weißes und angenehmes» Volk, sondern nun konnten sie hoffen, ein «reines und angenehmes» Volk zu werden. Diese Änderung im Buch Mormon wurde jedoch nicht mit einer neuen Offenbarung begründet. Nach Angaben der Kirche habe Joseph Smith diese Stelle in der dritten Auflage des Buches Mormon selbst ausgebessert. Der Ausdruck «weißes» sei ein redaktioneller Fehler gewesen. Nach Josephs Märtyrertod hatten sich neue Ausgaben jedoch nach der ersten oder zweiten Auflage gerichtet.

Es ist selbstverständlich, daß es gegen die Gleichberechtigung aller Mitglieder in konservativen Kreisen der Kirche Widerstand gab. Präsident Kimball wandte sich in Reden wiederholt gegen Vorurteile und Rassismus. Seit der Zweiten Offiziellen Deklaration werden auch Missionare nach Afrika gesandt. Der Erfolg zeigt, daß ihre Botschaft auch auf dem Schwarzen Kontinent auf Widerhall stößt. Die Zahl der Heiligen in Afrika (Südafrika ausgenommen) wuchs von hundertsechsunddreißig im Jahre 1977 auf vierzehntausenddreihundertsiebenundvierzig im Jahre 1988. In der überwiegend schwarzen Karibik (Puerto Rico ausgenommen) wuchs die Mitgliederzahl von 1977 bis 1987 von achthundertsechsunddreißig auf achtzehntausendsechshundertvierzehn. Daß Schwarze nun auch in der Hierarchie aufsteigen können, zeigte sich 1990 mit der Ernennung des schwarzen brasilianischen Geschäftsmannes Helvécio Martins zu einer Generalautorität.

19. Mütter in Israel: Die Stellung der Frau im Mormonentum

Zu dem Weibe sagte ich, Gott der Herr: Ich will deine Sorgen sehr mehren und deine Empfängnis. In Sorgen sollst du Kinder gebären, und dein Verlangen soll nach deinem Manne sein, und er soll über dich herrschen.

Moses 4:22, vgl. Genesis 3, 16

Als Ende der sechziger Jahre Boyd K. Packer, eine der Generalautoritäten, anläßlich einer kirchlichen Versammlung wegen des Ausschlusses der Schwarzen aus der Priesterschaft angesprochen wurde, sagte er, er habe auch einen schwarzen Freund, der durch die Position der Kirche in dieser Frage beunruhigt sei. Kurz bevor er die Versammlung verließ, sagte er: «Sie denken, das ist ein Problem, aber das größte Problem, dem wir in den kommenden Jahren gegenüberstehen werden, sind die Frauen.»[19]

Mit der Zweiten Großen Anpassung wurden zwar die Schwarzen gleichberechtigt, aber es darf nicht vergessen werden, daß immer noch etwa die Hälfte der Heiligen, nämlich die weiblichen Mitglieder, in der gleichen Weise diskriminiert wird.

Wenn das Mormonentum versucht, seine weiblichen Mitglieder auf das Heim zu beschränken, so ist dies nicht ein nur dieser Religion eigener Zug. Auch das Mormonentum ist Bestandteil eines größeren Kulturkreises. Kulturelle Werte können mitunter einem Wandel unterliegen; einem Glauben, der diese Werte zu seinem theologischen Fundament gemacht hat, muß es jedoch schwerfallen, diesen Wandel konfliktlos mitzuvollziehen.

Joseph Smith wuchs mit der Bibel auf und wußte aus dieser Quelle, daß mit Eva die Sünde in die Welt kam. Aus dem Alten Testament waren zwar auch Heldinnen wie Mirjam, Deborah oder Esther bekannt, wer sich aber nach dem Urchristentum richten wollte, mußte sich vor allem an die Paulusbriefe halten, in denen behauptet wurde, der Mann sei das Bild und der Abglanz Gottes, die Frau dagegen der

Abglanz des Mannes. Die Frau stamme außerdem vom Manne und sei um des Mannes willen erschaffen worden. Aus diesem Grund solle sie ein Herrschaftszeichen des Mannes auf ihrem Haupt tragen, nämlich den Schleier, oder sich das Haar schneiden (1 Kor 11, 6–10). Die Frauen sollten in den Versammlungen schweigen und sich unterordnen (14, 34). Im Ersten Timotheusbrief heißt es: «Die Frau soll sich stillschweigend in aller Unterordnung belehren lassen. Zu lehren gestatte ich der Frau nicht. Sie soll auch nicht über den Mann herrschen wollen, sondern sich still verhalten. Denn Adam wurde zuerst erschaffen, dann erst Eva. Und nicht Adam ließ sich verführen, sondern das Weib ließ sich betrügen und kam zu Fall. Sie soll zum Heile gelangen durch Kindergebären, sofern sie in Glaube und in Liebe und in Heiligkeit besonnen verharrt.» (2, 11–15)

Es ist erstaunlich, daß in einer Zeit, in der die Bibel als Richtschnur verwendet wurde, doch so viele Frauen, wie Ann Lee oder Jemima Wilkinson, ihrerseits religiöse Bewegungen ins Leben riefen. In Europa wäre dies undenkbar gewesen. Aber in einer Zeit, in der der westliche Teil des Staates New York noch an der Grenze der Zivilisation lag und viele Menschen immer wieder aufbrachen, um sich eine neue Heimat zu suchen, mußten die Frauen auch außerhalb der «traditionellen» Bereiche tätig werden. Diesen Frauen mußte es zunehmend schwierig erscheinen, sich für den Fall des Menschen und den unheilsamen Zustand der Welt verantwortlich zu fühlen. Die biblische Theorie und die alltägliche Praxis klafften zunehmend auseinander.

Die gesellschaftlichen Verhältnisse, in denen Joseph Smith seine Werke verfaßte, waren so, daß nicht die Männer allein eine dominierende Rolle spielten. Dementsprechend fehlen in den Standardwerken der Mormonen Hinweise, die das weibliche Geschlecht in eine bestimmte Rolle verweisen würden. Vielmehr werden die Männer ermahnt, ihre Frauen zu lieben (Jakob 3:7) und ihnen nicht das Herz zu brechen (Jakob 2:35). Nach Lehre und Bündnisse war es sogar Adam, der vom Teufel versucht wurde und die verbotene Frucht nahm (29:40). In einer Rede vor der Frauenhilfsvereinigung sagte Joseph Smith, die Frauen sollten ihren Männern Vertrauen schenken und sie ehren, denn Gott habe es so bestimmt. Nächstenliebe und Mildtätigkeit seien eine natürlich Gabe der Frauen. Als «Restaurator» der biblischen Ordnung mußte Joseph Smith natürlich auch das beachten, was in der Heiligen Schrift über das weibliche Geschlecht bestimmt war. Die wirkliche Kirche konnte deshalb seiner Meinung nach nicht von Frauen organisiert worden sein. Das Priestertum stand, wie aus der Bibel bekannt, auch nur den Männern zu. Joseph Smith wollte zwar die patriarchalische Ordnung wiederherstellen, sein Verhältnis zu den Frauen war jedoch ein gänzlich anderes als das des Paulus.

Was Joseph nicht mehr gelang, konnte Brigham Young durchsetzen. Er führte die Kirche nach Westen und lebte offen mit zahlreichen Frauen zusammen. Obwohl Brigham und die anderen Führer der Kirche sich bemühten, Patriarchen nach alttestamentlichem Vorbild zu sein, wurden die Frauen im Überlebenskampf zu sehr gebraucht, um sie aus dem öffentlichen Leben verbannen zu können. Es wurde ihnen sogar geraten, nützliche Berufe zu erlernen, um die Familie während der Abwesenheit der Männer erhalten zu können. Frauen, wie Eliza R. Snow, spielten zu dieser Zeit noch bedeutende Rollen in der Kirche, auch wenn sie in der Kirchenhierarchie keine offiziellen Stellen einnahmen. Eine Tochter Brigham Youngs engagierte sich sogar als entschiedene Frauenrechtlerin, was zu dieser Zeit noch nicht als Widerspruch zum Mormonentum gesehen wurde.

Doch für Brigham Young stand es fest, wer der Herr im Haus sein mußte. Nicht der Mann sollte seiner Meinung nach der Frau folgen, sondern die Frau dem Mann. Ein Mann sollte seiner Frau so viel Arbeit abnehmen wie möglich, ihr jedoch immer die Hausarbeit überlassen. Darüber hinaus beschränkte er sich auf praktische Ratschläge und ermahnte die Frauen und Mädchen, sich einfach und keusch zu kleiden.

Eine entscheidende Wende trat nach der «Ersten Großen Anpassung» ein. Die Mormonen waren fest in Utah etabliert, mit der andersgläubigen Umgebung wurde ein Ausgleich gesucht, und wirtschaftlich ging es nicht mehr um den Überlebenskampf, sondern um den Aufbau von Wohlstand. Vor allem mit dem Beginn des zwanzigsten Jahrhunderts tauchten die ersten idealisierenden Darstellungen der Mutterschaft auf. Beim himmlischen Vater befänden sich zahllose Geistkinder, so wurde gesagt, die nur darauf warteten, auf die Welt kommen zu können. Den Frauen stand das «Vorrecht» zu, diesen Geistkindern einen Körper zu geben. Frauen sollten, wie Paulus geschrieben hatte, durchs Kindergebären zum Heil kommen.

Im zwanzigsten Jahrhundert wurde auch die Vorstellung einer himmlischen Mutter allgemein akzeptiert. Die Mormoninnen hatten gegenüber ihren christlichen Geschlechtsgenossinnen den Vorteil, glauben zu können, daß auch eine weibliche Gottheit über ihnen wachte, und auf den ersten Blick schien es, als ob dies ein Zeichen einer stärkeren Stellung des weiblichen Geschlechts im Mormonentum wäre. Die himmlische Mutter wird jedoch nicht angebetet, sondern ist, wie die einstigen Fruchtbarkeitsgöttinnen, vielmehr ein Rollenmodell. Sie ist diejenige, die still im Hintergrund bleibt und Gott-Vater Myriaden von Kindern gebärt. Die Mormonen sind sich auch nicht sicher, ob es nur eine Mutter im Himmel gibt, da das Manifest in diesen Sphären keine Gültigkeit hat und deswegen die Polygamie dort nie abgeschafft wurde.

Mit der Zuweisung der Mutterschaftsrolle an die Frauen erfolgte auch deren Verklärung. Die Mutterschaft, sagte 1944 David O. McKay, damals noch zweiter Berater in der Ersten Präsidentschaft, sei das vornehmste Amt in der Welt, der wichtigste aller Berufe, und durch ihn habe die Frau den größtmöglichen Einfluß im menschlichen Leben, sowohl zum Guten als auch zum Schlechten. Für die Frau, so wurde auf einer Generalkonferenz mitgeteilt, könne es keine größere Ehre geben, als das Medium zu sein, durch das ein Gotteskind auf die Erde gelangt. Die Zukunft der Kirche, der Gesellschaft, ja sogar des Staates hinge von den Müttern in Israel ab.

J. Reuben Clark, Berater in der Ersten Präsidentschaft, verlangte sogar, die Frau «auf die Spitze» zu stellen.

> «Laßt uns die Mutterschaft über alles und jenseits von allem stellen, damit jede Frau ihre höchste Mission, ihre kostbarste Segnung durchführen kann. Laßt sie uns auf die Bergspitze unserer Hochachtung, unserer Liebe und unserer Ehrerbietung stellen. Und nachdem wir sie dort hingestellt haben, laßt sie uns dort bewahren – verherrlicht, vertraut, verehrt.»[20]

Beispiele aus dem Schwall an Preisungen der Mutterschaft – nicht der Frauen – könnten beliebig weitergeführt werden. Jede Gelegenheit wurde von den Führern der Kirche genutzt, darauf hinzuweisen, daß die Mutterschaft das Fundament des Heimes und der Nation sei. Aber was war mit einer Frau, die sich mit dieser Rolle nicht zufriedengab oder sie sogar ablehnte?

> «Kann sie erlöst werden, ohne Kinder zu gebären? Sie geht tatsächlich ein schreckliches Risiko ein, wenn sie absichtlich mißachtet, was Gottes erklärte Forderungen sind. Wie soll sie auf Unschuld plädieren, wenn sie nicht unschuldig ist? Wie soll sie ihre Schuld rechtfertigen, wenn sie sich an ihr festgeklammert hat?»[21]

Während sich in den sechziger Jahren die Familienwerte in anderen gesellschaftlichen Gruppen zu ändern begannen, setzte im Mormonentum die Führung zum Präventivschlag an. Mit der Einführung des Familienabends, der unter der Leitung des Familienoberhauptes und nach einer von der Kirche genau festgelegten Richtschnur stattzufinden hatte, sollten die Familienwerte im häuslichen Rahmen gestärkt werden. Zusätzlich wurde das Heimlehrer-Programm neu belebt, um inaktive Mitglieder zurückzugewinnen und aktive linientreuer zu machen. Aber das Feuer wurde auch gegen die Hilfsorganisationen gelenkt. Diese Verbände waren nach der Vorstellung einiger Mitglieder der Kirchenführung zu unabhängig geworden und bildeten bereits eine Kirche innerhalb der Kirche. Nicht zuletzt war damit die Frauenhilfsorganisation gemeint, die die einzige Möglichkeit für Frauen darstellte, sich in Übereinstimmung mit den kirchlichen Normen außerhalb der Familie in einer unabhängigen Weise zu engagieren. Die Frauenhilfsorganisation war von Joseph Smith nicht nur unter praktischen Gesichtspunkten, sondern auch als eine Art Priestertumsersatz gegründet worden. Durch sie sollten die Frauen die «Gaben, Vorrechte und Segnungen des Priestertums» erhalten. Bisher hatten die Frauen selbst bestimmt, welche Programme durchgeführt und welche Schriften veröffentlicht werden sollten, doch Ende der sechziger Jahre wurden sämtliche kirchlichen Organisationen unter die Leitung eines «Korrelationskomitees» gestellt. Während man sich in der Frauenhilfsorganisation früher noch mit gesellschaftlichen Problemen, wie sozialer Wohlfahrt, beschäftigte, ging es in den neuen Veröffentlichungen nun um die Stellung der Frau im Erlösungsplan, um Kindererziehung, die Aufgaben der Frau in der Familie oder wie man das Evangelium zu Hause lehrt. Gleichzeitig wurde die finanzielle Autonomie der Organisation abgeschafft, das von den Frauen selbst gesammelte Geld eingezogen und die Zeitschrift der Hilfsorganisation eingestellt.

Einer der Widersprüche im Leben besteht für Mormoninnen darin, daß sie einerseits nach Bildung streben sollen, um zu persönlichem Wachstum zu gelangen, andererseits aber nach ihrer Universitäts- oder Collegeausbildung das Gelernte hinter sich lassen und sich nur der Familie widmen sollen. Es war nur eine Frage der Zeit, bis es zu einer Revolte kommen würde. Eine Gelegenheit dazu ergab sich in den siebziger Jahren, als im Kongreß wieder einmal Bestrebungen in Gang gesetzt wurden, in einem *Equal Rights Amendment* (ERA) die gleichen Rechte für beide Geschlechter in der Verfassung festzulegen. Dies hätte vor allem Auswirkungen auf die Gleichberechtigung und den Anspruch auf gleiche Bezahlung für Frauen am Arbeitsplatz gehabt.

In den obersten Hierarchieebenen der Kirche läuteten die Alarmglocken. Die Verfassung war nach mormonischer Lehre göttlich inspiriert. Jeder durch uninspirierte Abgeordnete entworfene Zusatz konnte diesem göttlichen Dokument nur schaden. Außerdem war das ERA nach Meinung der Mormonenführer und vieler rechter Gruppierungen ein Angriff auf die amerikanische Familie.

Die Kirche mobilisierte auf Anordnung der obersten Führung ihre Mitglieder. Sie sollten ihre Abgeordneten mit Briefen bombardieren, Geld für Anti-ERA-Organisationen sammeln und mit ihren Unterschriften in Listen gegen den Verfassungszusatz protestieren.

Nicht alle Mormonen fügten sich den Anweisungen. Diejenigen, die für den Zusatz waren, formierten sich in einer losen Organisation mit dem Namen «Mormons for ERA». In die Schlagzeilen der Presse kam jedoch unversehens eine vierzigjährige Hausfrau und Lehrerin, die in Utah aufgewachsen war und nun in Virginia lebte. Sonia Johnson war eine Mormonin der fünften Generation und folgte einer eher orthodoxen Lebensweise. Sie hatte, den Ratschlägen der Kirche entsprechend, einen Vorrat an Lebensmitteln und Kleidung für zwei Jahre angelegt, nahm regelmäßig an den kirchlichen Veranstaltungen teil und war in der Frauenhilfsorganisation engagiert.

Sonia Johnson machte erstmals auf sich aufmerksam, als sie in einer Gemeindeversammlung mit einer Anstecknadel erschien, auf der «Eine weitere Mormonin für ERA» geschrieben stand. Sie entwickelte sich schnell zum Sprachrohr der innerkirchlichen Opposition, gab Interviews und hielt vor Vereinigungen Vorträge. Sie beschuldigte die Patriarchen in Salt Lake City, unter anderem deswegen gegen das ERA zu sein, weil in den kircheneigenen Unternehmen Frauen zu diskriminierenden Löhnen beschäftigt seien. Die Führer der Kirche wurden vollends in Rage versetzt, als anläßlich einer Generalkonferenz ein Flugzeug über Salt Lake City kreiste, wobei es ein Transparent hinter sich herzog, auf dem geschrieben stand: «Die Mutter im Himmel liebt *Mormons for ERA*.» Als der aus Utah stammende republikanische Senator Orrin Hatch damit drohte, das zu einer weiteren Abstimmung im Zusammenhang mit dem Verfassungszusatz notwendige Verfahren im Senat zu blockieren, schwor Sonia Johnson ihrerseits, so lange zu fasten, wie Orrin Hatch das Verfahren lahmlegte. Keiner von beiden brauchte jedoch seine Drohung wahr zu machen, denn das ERA bekam nicht einmal die notwendigen Stimmen im zuständigen Subkomitee des Senats. Sonia Johnson aber führte ihren Kampf weiter. Sie veröffentlichte Dokumente, die zeigten, wie die kirchlichen Autoritäten gegen das *Equal Rights Amendment* gearbeitet hatten. Im Dezember 1979 glaubte das Patriarchat, oft genug von der kleinen Frau in Verlegenheit gebracht worden zu sein. Mit Unterstützung der Hierarchiespitze wurde gegen die Frauenrechtlerin in der Gemeinde ihres Wohnsitzes ein Exkommunikationsverfahren eingeleitet. Die Presse war vollzählig anwesend, als der offizielle Ausschluß aus der Kirche verhängt wurde. Wie es ein führender Mormone ausdrückte, war der Vorgang für die Kirche ein einziges «Public-Relations-Desaster».

Mit dem Ausschluß von Sonia Johnson wurde die Frauenrevolte innerhalb der Kirche zum Schweigen gebracht. Die Frauen verschwanden aus dem Blickfeld der Öffentlichkeit, und es schien, als würden sie sich in ihr zugewiesenes Schicksal ergeben. Aber es war eine andere Revolution, die sich leise und schleichend ausbreitete. Die Geburtenrate unter den Mormoninnen fiel in den achtziger Jahren dramatisch, obwohl sie immer noch bedeutend höher war als der Landesdurchschnitt. Gleichzeitig stieg die Scheidungsrate und nahm die Berufstätigkeit der Frauen zu. Während gemäß einer vor 1980 durchgeführten Studie einunddreißig Prozent der Frauen sich in einem Arbeitsverhältnis befanden, waren es 1984 bereits achtundvierzig Prozent.

Selbst die Äußerungen der Generalautoritäten zielten nicht mehr alle in eine Richtung. In einer Ausgabe der kirchlichen Zeitschrift *Ensign* riet James E. Faust den jungen Frauen 1986, sehr hart zu arbeiten, um sich durch den Erwerb von marktfähigen Fertigkeiten auf die Zukunft vorzubereiten. «Der Kampf zur Verbesserung der gesellschaftlichen Stellung der Frau war eine vornehme Sache, und ich hoffe aufrichtig, daß der Tag kommen wird, da Frauen mit den gleichen Fertigkeiten die ganz gleiche Bezahlung wie die Männer auf dem Markt bekommen werden.»[22]

Nur sechs Monate später rief jedoch Präsident Benson in einer vom Fernsehen übertragenen Rede die Frauen auf, zu ihrer traditionellen Rolle zurückzukehren. Berufstätige Mütter sollten die Ausnahme, nicht die Regel sein. «Im Anfang wurde Adam – nicht Eva – angewiesen, das Brot im Schweiße des Angesichts zu erwerben. Im Gegensatz zur gängigen Meinung gilt die Berufung einer Mutter dem Heim, nicht dem Marktplatz.»[23]

Wie die Stellung der Frau in der Kirche in Zukunft definiert werden wird, hängt von der gesamtgesellschaftlichen Entwicklung ab. Die Kirche ist bemüht, die Anziehungskraft in ihrer Hauptzielgruppe, der bürgerlichen Mittelschicht, nicht zu verlieren. Gleichzeitig gewinnen aber die schnell wachsenden Gemeinden in Lateinamerika zunehmend an Einfluß. Es ist nicht zu erwarten, daß von dieser Seite in dieser Hinsicht neue Impulse kommen werden. Aus diesem Grund bleibt weiterhin offen, ob es in den nächsten Jahren zu einer «Dritten Großen Anpassung» kommen wird.

Epilog: Warum das Mormonentum wächst

Der Mensch, von der Frau geboren,
arm an Tagen, mit Sorgen nur gesättigt,
wie eine Blume kommt er hervor und verwelkt,
entflieht dem Schatten gleich
und bleibt nicht bestehen.

Hiob 14, 1–2

Es wurde bereits in der Einleitung erwähnt, daß wir in einer Periode leben, in der auf religiösem Gebiet enorme Umwälzungen stattfinden. Während noch vor einem Jahrzehnt viele Sozialwissenschaftler das Ableben der Religion voraussagten, spricht man heute in den Vereinigten Staaten vom Dritten oder Vierten (je nach der Zählung) Großen Erwachen. Noch nie in der Geschichte der Vereinigten Staaten war ein so großer Anteil der Bevölkerung Mitglied einer Religionsgemeinschaft gewesen. Eine individualistischere Form von Renaissance erlebt die Religion aber auch in Westeuropa unter Bezeichnungen wie New Age, Esoterik oder Kunden- und Publikumsreligionen (so genannt, weil die Gläubigen sich ihre Religion selbst aus mehreren Angeboten zusammenstellen und die Kommunikation zwischen Anbietern und Interessierten über Bücher, Tonträger oder in Vorträgen erfolgt). Auch außerhalb der industrialisierten Welt findet eine religiöse Revolution statt. Die Reislamisierung in mehrheitlich moslemischen Staaten machte zwar in den westlichen Medien immer wieder Schlagzeilen, kaum erwähnt wird jedoch die lautloser vor sich gehende Islamisierung vieler anderer Staaten. Keine Religion wächst in Afrika so schnell wie diejenige Mohammeds.

Was jedoch auffällt, ist, daß es nicht die alten, etablierten Kirchen und Religionsgemeinschaften sind, die für dieses Blühen und Wachsen der Religion verantwortlich sind (selbst der Islam scheint ein neues, wenn auch untoleranteres, Gesicht zu zeigen). Zu dem aus dem schiitischen Islam hervorgegangenen, jedoch sehr toleranten Baha'i-Glauben bekennen sich heute bereits etwa drei Prozent der Bevölkerung Boliviens. In einigen Staaten Ostafrikas, wie Uganda, ist diese

Religion ebenfalls stark vertreten. Für eine Revitalisierung der traditionellen Varianten des Christentums sind nicht mehr die großen Kirchen verantwortlich, sondern Gemeinschaften wie die Neuapostolische Kirche, die Pfingst- und die *Holiness*-Bewegungen, während sich die Siebenten-Tags-Adventisten und die Zeugen Jehovas mehr am Rande der christlichen Hauptströmung bewegen. Im Sog dieser religiösen Erneuerung bewegt sich auch das Mormonentum, wenn auch außerhalb des Christentums (die Mormonen hören dies zwar nicht gerne, aber es ist nicht abwertend gemeint). Was wir miterleben, ist die Geburt einer neuen Weltreligion.

Was ist so besonders am Mormonentum, daß es trotz der Hürden, die immer wieder auftreten, seine Vitalität bewahrt hat und zu einer der am schnellsten wachsenden Gemeinschaften geworden ist, während andere Gruppierungen, die zur gleichen Zeit entstanden sind, heute nur noch in Fußnoten von Geschichtsbüchern gefunden werden? Um diese Fragen beantworten zu können, ist es nötig zu verstehen, was Religion überhaupt ist. Definitionen für Religion gibt es wie Sand am Meer. Die meisten von ihnen sind jedoch unbrauchbar. Um Religion begreifen zu können, muß man die Funktion finden, die für ihre Existenz verantwortlich ist. Tatsächlich ist es eine Vielzahl von Funktionen, die von der Religion erfüllt werden. Religion kann zum Beispiel Identität verleihen, sie kann Menschen in eine Gemeinschaft integrieren, Kultur vermitteln und Selbstbewußtsein stärken. Diese genannten Funktionen können jedoch auch von anderer Seite wahrgenommen werden. Identität kann auch von der Nation, einer Sippe oder einem Stamm vermittelt werden. Je stärker die Religion, desto schwächer ist der Nationalismus, und desto niedriger sind die Bande der Sippe oder einer stammesähnlichen Gemeinschaft. Soziale Integration kann auch in Vereinen, Schulen, Parteien oder sogar im Militär stattfinden. Wo dies jedoch nicht funktioniert, übernimmt oft die Religion diese Aufgabe. Dieser Tatsache haben die sogenannten «Jugendreligionen» zum größten Teil ihren Erfolg zu verdanken. Der Übermittlung von Tradition und Kultur haben sich vor allem staatliche Religionen und Volkskirchen verschrieben, was aber ebenso durch Museen, Vereine und kulturelle Veranstaltungen geschehen kann. Auch zur Kompensierung von Minderwertigkeitsgefühlen kann Religion dienen. Wer sich zu den Ausgestoßenen, den Glücklosen, denen, die im Dunkeln sitzen, zählt, kann immer noch ein

Gefühl der Überlegenheit bewahren, wenn er zu den Erwählten, den Kindern Gottes gehört. Sicherlich ist ein Teil des moslemischen Erfolgs in der Dritten Welt darauf zurückzuführen, daß der Islam die einzige Kraft ist, die dem relativ reichen und wirtschaftlich erfolgreichen Westen die Stirn bietet.

Es gibt jedoch eine Funktion, die nur von der Religion allein erfüllt werden kann, nämlich auf die Frage zu antworten, die bereits Hiob stellte: «Warum passiert das alles mir?» Frondienst ist des Menschen Los auf Erden, klagte Hiob, und seine Tage sind wie die des Tagelöhners. Wer jedoch einen Sinn hinter seinem Unglück erkennen kann, dem gelingt es eher, sein Leid zu ertragen. Diesen Sinn vermittelt die Religion. Dabei muß sich der Sinn nicht unmittelbar auf den Schicksalsschlag beziehen, es hilft bereits, wenn am Ende des Lebens nicht das Nichts wartet. Beispiele zur Veranschaulichung lassen sich in der Geschichte des Mormonentums zuhauf finden. Unter dem 4. April 1861 erwähnt Mary Mount Tanner in ihren Memoiren den Tod ihrer Kinder und fügt hinzu:

> «Wir trauerten nicht wie diejenigen, die keine Hoffnung haben, denn wir freuen uns auf die Zeit, wenn unsere Pflichten hier vorüber sein werden und wir sie als unser Eigen wieder zurückfordern können, in einem Land, wo es keine Trennung gibt.»[1]

Vier Jahre später traf sie ein neuer Schicksalsschlag:

> «Am 20. Februar 1865 wurde nach einer langen Krankheit unsere kleine Gertrude von uns genommen. Wir legten sie in den Friedhof von Provo. Für eine Weile schien es, als wären unsere Sorgen größer, als wir ertragen könnten. Ein Kind nach dem anderen zu beerdigen! [...] Aber der Kummer, so tief er auch sein mag, muß dem mildernden Einfluß der Zeit und des Glaubens an die allweise Vorsehung weichen, und Hoffnung lindert viele Sorgen. Sie ist zu ihren Brüdern in den Himmel gegangen, und ihr Name ist jetzt eine angenehme Erinnerung.»[2]

Jedediah Grant, der beim Zug in den Westen seine Frau und eine Tochter verlor, konnte sich mit der Vorstellung trösten, daß seine Geliebten nun im Paradies wären:

«Aus irgendeinem weisen Grund wurden sie von dem irdischen Daseinskampf, in den du und ich geworfen sind, erlöst. Sie sind um vieles glücklicher, als wir es hier sein können.»[3]

Das Bedürfnis nach Sinn beschränkt sich natürlich nicht auf den Verlust von Angehörigen. Der Mensch ist einer Vielzahl von Zwängen, Mängeln, Enttäuschungen und Krankheiten ausgesetzt. Es geht nicht nur ums Überleben, sondern vor allem darum, wie man überlebt. Wer hinter seinen Mühen einen höheren Zweck erkennen kann, oder wer zumindest die Hoffnung hat, daß am Ende die «Guten» belohnt und die «Bösen» bestraft werden, dem wird es sicherlich leichter fallen, die Widerwärtigkeiten des Lebens zu ertragen.

Dreht man diese Schlußfolgerung um, so erkennt man, daß nicht jeder Mensch zu jeder Zeit das gleiche Bedürfnis nach Sinnfindung hat. Wer jung, gesund ist und sich durchzusetzen weiß und vielleicht auch noch dabei ist, eine glänzende Karriere aufzubauen, wird weniger Verlangen nach religiöser Sinngebung empfinden. Es gibt jedoch vor allem zwei Phasen im menschlichen Leben, in denen die Nachfrage nach Erklärungen durch die Religion am größten ist. Der erste dieser Lebensabschnitte liegt in der Jugend, wenn das überlieferte Weltbild und die damit verbundenen Werte zum erstenmal in Frage gestellt werden. Die zweite Periode des Sinnsuchens liegt im Alter, wenn durch das Sterben der Verwandten, der Eltern und schließlich von Bekannten die Endlichkeit des menschlichen Daseins deutlich vor Augen geführt wird. Aber auch in und nach Kriegen, nach Naturkatastrophen, in Zeiten wirtschaftlicher Unsicherheit und wenn traditionelle Werte und Normen zerbröckeln, hat die Religion Hochkonjunktur.

Es kann jedoch nicht jede beliebige Erklärung zur Befriedigung dieses Bedürfnisses herangezogen werden. Eine Erklärung muß glaubhaft sein. Glaubhaft ist sie jedoch in diesem Zusammenhang nicht, wenn sie logisch, in sich schlüssig oder beweisbar ist. Glauben entsteht durch Erfahren. Die Gläubigen müssen also an einem religiösen Prozeß beteiligt sein, was durch Rituale, aber auch durch Engagement in der Gemeinde geschehen kann. Zudem muß die Botschaft von den Sinnanbietern auch ernsthaft vertreten werden. Sie dürfen nicht den Eindruck erzeugen, als hätten sie nur einen Teil der Wahrheit und als wären die anderen auch irgendwie im Recht. Statt dessen müssen sie bereit sein, für ihr Erklärungsmodell Opfer zu bringen, und sich zudem die Mühe machen, es anderen Menschen zu vermitteln. Eine Voraussetzung für die Glaubwürdigkeit ist auch, daß sich der Erklärer auf eine Autorität oder Tradition stützen kann. Eine Gemeinschaft, die zu viele Reformen durchführt, zeigt damit zwar ihren guten Willen, sich den neuen Gegebenheiten anzupassen, sie vermittelt jedoch auch den Eindruck, die ewige Wahrheit, die Antworten auf die letzten Fragen, die man in der Religion sucht, nicht zu besitzen. Dies ist der Grund, warum die liberalen Kirchen einen Mitgliederschwund zu verzeichnen haben, während die konservativen über mangelnden Erfolg nicht zu klagen brauchen.

Das Mormonentum erfüllt alle oben genannten Bedingungen. Der gläubige Mormone hat reichlich Gelegenheit, seinen Glauben durch die Mitarbeit in der kirchlichen Organisation und bei den Tempelritualen zu erleben. Daß es ihnen mit ihrem Glauben Ernst ist, zeigen die Heiligen der letzten Tage durch ihre finanzielle Opferbereitschaft (den Zehnten und sonstige freiwillige Spenden) und durch den enormen Aufwand, den sie für die Mission erbringen. Mormonen werden auch nicht verlegen, wenn sie von Wundern, von der Jungfrauengeburt, der Auferstehung oder der Schöpfung in sechs Tagen reden. Wenn sie von diesen Dingen sprechen, meinen sie auch, was sie sagen, und geben dadurch ein Zeugnis für ihren Glauben. Die Autorität, auf die sie sich stützen, ist zum einen ihre Auslegung der Schrift, zum anderen die göttliche Offenbarung. Gerade die direkte Offenbarung ist es, was den Mormonen einen Vorsprung vor anderen Religionsgemeinschaften verschafft. Die Überzeugung, daß Gott zu ihnen spricht, ermöglicht es ihnen, notwendige Anpassungen an die Gesellschaft vorzunehmen und zugleich eine Erklärung für sich ändernde Werte und Normen zu bieten. Doch die stärkste Seite des Mormonentums liegt in der Sinngebung.

Wer ein Besucherzentrum der Mormonen betritt und sich dort Filme zeigen läßt, wird nicht umhin können, emotional beeindruckt zu sein. Hier wird anschaulich vermittelt, zu welchem Zweck wir auf der Welt sind, woher wir kommen, wohin wir gehen. Niemand kann das Mormonentum hier übertreffen. Was hier angeboten wird, sind nicht die abstrakten Erklärungsversuche der großen Volkskirchen. Das Paradies ist bei den Mormonen nicht ein ungewisses Sich-in-der-Gegenwart-Gottes-Befinden, sondern es bedeutet, daß man seine Freunde und

Verwandten wiedertrifft und das Leben wie auf der Erde fortsetzt, nur ohne die irdischen Probleme. Dies trifft die wirklichen Bedürfnisse der Menschen. Wer das Trauma durchgemacht hat, einen geliebten Menschen zu verlieren, kann nachvollziehen, welche Tragweite diese Vorstellung hat. Und jeder Mensch ist dazu verurteilt, früher oder später diese Erfahrung zu machen.

Sinn liegt im Mormonentum nicht nur im Leben an sich, sondern auch in den einzelnen Stationen des irdischen Daseins: in der Geburt, der Schule (das Erwerben von Wissen), dem Heranwachsen (die einzelnen Priestertumsstufen), der Ehe und Familie (Bereitstellung von Körpern für die Geistkinder) und dem Alter (Ahnenforschung, sonstiges Engagement in der Kirche).

Keine Religionsgemeinschaft kann jedes einzelne Mitglied einer heterogenen Gesellschaft ansprechen, weswegen auch der Erfolg des Mormonentums auf eine bestimmte Zielgruppe beschränkt ist. Aus diesem Grund werden in einer demokratischen Gesellschaft nie sogenannte Volkskirchen entstehen. Die großen europäischen Religionsgemeinschaften verdanken ihre Existenz der Verbreitung des Christentums mit Feuer und Schwert. Die Menschen schlossen sich zu Beginn des Mittelalters dem Christentum nicht an, weil es so überzeugend oder in irgendeiner Weise höherstehend gewesen wäre, sondern weil ihre Herrscher es für politisch nützlich erachteten. Denjenigen, die sich eigene Gedanken über Religion machten und sie auch offen aussprachen, drohten die Folter und der Scheiterhaufen. Reformationen und Abspaltungen von der katholischen Kirche waren nur möglich, weil hinter ihnen auch eine politische Macht stand. Nicht viel anders verhielt es sich im moslemischen Bereich, wobei sich dort die Bekehrung der unterworfenen Bevölkerungen zum Islam über viele Jahrhunderte hinzog.

Erste Ansätze religiöser Liberalität tauchten in England auf. Die englische Kolonie Massachusetts war als Siedlungsgebiet für die Puritaner gedacht. Rhode Island sollte ein Zufluchtshafen für alle religiös Verfolgten werden, während Pennsylvania als Heimstätte für die Quäker und Maryland für die Katholiken gegründet wurden. Die Vereinigten Staaten waren also schon seit ihrer Geburt ein religiös pluralistisches Land. Ihre Bewohner, die der europäischen Intoleranz entflohen waren, fühlten kein Bedürfnis nach einer Staatsreligion.

Auf diesem freien Markt an religiösen Ideen tauchten so viele Anbieter auf, wie es Nachfrage zu befriedigen gab. Ein aus europäischer Sicht unüberblickbarer Wirrwarr an Religionsgemeinschaften entstand. Vielen dieser Gemeinschaften war nur ein kurzes Leben beschieden, andere machten eine spektakuläre Blütezeit durch und verwelkten dann wieder. Einige Kirchen überdauerten Jahrhunderte, ohne viele Änderungen zu erfahren. Welche Ursachen liegen hinter den Lebenskurven von religiösen Gemeinschaften?

Jede Gemeinschaft spricht eine bestimmte Zielgruppe an. Das Reservoir an potentiellen Mitgliedern ist also beschränkt. Ist es erst einmal soweit wie möglich ausgeschöpft, hat die Religionsgemeinschaft zwei Möglichkeiten: entweder in Stagnation zu verharren oder die Zielgruppe auszuweiten. Die in Lancaster County, Pennsylvania, lebenden *Amish* lehnen jegliche moderne Technik ab. Wollten sie, zum Beispiel, in bezug auf ihre Mitgliederzahl expandieren, müßten sie einige ihrer Prinzipien aufgeben, denn die Zahl derjenigen Mitbürger, die sich bereit erklären würden, in solch einer radikalen Weise auf die technischen Errungenschaften zu verzichten, ist vermutlich sehr gering. Je weiter eine Religionsgemeinschaft ihre Zielgruppe ausdehnt, desto allgemeiner muß sie ihre Prinzipien halten, desto weniger spricht sie aber diejenigen an, die bereits Mitglieder sind. Dies kann so weit gehen, daß sie zu einer Einrichtung verkommt, die nur noch kulturelle oder soziale Aufgaben erfüllt. Die Mitglieder werden sich dann nach einer anderen Möglichkeit umschauen, um ihre religiösen Bedürfnisse befriedigt zu bekommen.

Dies zeigt, daß auch das Mormonentum in den Vereinigten Staaten nicht ewig wachsen kann. Nicht alle Menschen haben ein Bedürfnis nach einer engen Eingebundenheit in einer autoritären Kirche, nicht alle sind bereit, zeitliche und finanzielle Opfer in diesem Maße zu bringen oder auf Alkohol, Tabak, Kaffee und Tee zu verzichten. Früher oder später wird auch für das Mormonentum die Periode der Stagnation beginnen.

Eine weitere Gefahr für das Wachstum oder sogar das Überleben einer Religionsgemeinschaft kann in einer zu geringen Bereitschaft für notwendige Anpassungen liegen. Dies ist der Grund, warum manche religiösen Bewegungen zwar einen kurzen Boom erlebten und für Aufsehen sorgten, dann aber plötzlich von der Bildfläche verschwanden. Als Beispiele dafür können die Shakers und viele andere im Zweiten Großen Erwachen entstandene Gruppierungen dienen, oder auch die Christliche Wissenschaft, die Ende des letzten und Anfang dieses Jahrhunderts eine Blütezeit erlebte. Diese Gemeinschaft rät ihren Mitgliedern davon ab, bei Krankheit einen Arzt aufzusuchen. Statt dessen sollen sie auf die Kraft des Gebetes vertrauen. In einer Zeit, in der die Heilkünste der Medizin noch sehr beschränkt waren, konnte diese Haltung noch relativ unproblematisch sein. Mittlerweile scheinen die Christlichen Wissenschaftler jedoch gerade wegen ihrer Ablehnung der gebräuchlichen Heilverfahren zu einer Randgruppe zu verkommen und in der heutigen Zeit nur noch wenig Anziehungskraft ausüben zu können. Diejenigen unter ihnen, die ihren Kindern bei schweren Erkrankungen keine ärztliche Hilfe zukommen lassen, riskieren zudem, mit dem Gesetz in Konflikt zu geraten.

In ähnlichen Situationen befand sich auch zweimal das Mormonentum, nämlich durch die Ausübung der Polygamie und die Diskriminierung afrikanischstämmiger Menschen. Die Mormonenkirche vollzog damals die notwendigen Anpassungen. Hätte sie dies versäumt, wären die Mormonen wahrscheinlich zu einer exotischen «Sekte» in den Rocky Mountains geschrumpft und heute nur noch in historischer oder soziologischer Hinsicht von Interesse. Als eine weitere Herausforderung kann sich in der Zukunft die Emanzipation der Frauen herausstellen, obwohl es noch offen zu sein scheint, in welche Richtung hier die Entwicklung geht.

Das größte Wachstumspotential liegt für die Heiligen der letzten Tage, wie auch für viele protestantische Gruppierungen, in Lateinamerika. Hier herrschen gänzlich andere Verhältnisse als in den Vereinigten Staaten. Der Katholizismus wurde mit den spanischen und portugiesischen Eroberern nach Mittel- und Südamerika gebracht und wurde über die Jahrhunderte als Herrschaftsmittel eingesetzt. Die katholische Kirche war immer eine Kirche von oben, in der ein Berufsklerus sich mit der Religion beschäftigte, die gewöhnlichen Mitglieder aber mehr oder weniger passiv zu bleiben hatten. Die nordamerikanischen Gemeinschaften, die in den letzten Jahrzehnten in das Territorium der katholischen Kirche eindrangen, bieten den Menschen dagegen ein unvergleichlich größeres Maß an Involviertheit. Zudem scheinen sich in letzter Zeit viele Vertreter der römischen Kirche mehr um soziale Gerechtigkeit und das ökonomische Heil ihre Schafe zu sorgen, während sie gleichzeitig statt Christus Marx und die sogenannte «Befreiungstheologie» predigen. Die neuen Rivalen aus dem Norden kümmern sich zwar auch um das materielle Wohlergehen ihrer Glaubensgenossen, in erster Linie haben sie jedoch das im Sinn, worum es in der Religion eigentlich geht, nämlich das Heil der Seele.

Etwas verschieden davon ist wiederum die Situation in Europa, wo zwar auch staatliche und quasistaatliche Kirchen vorherrschend sind, diesen es aber in den meisten Ländern bisher gelungen ist, größere Erfolge neuer Religionsgemeinschaften zu verhindern. Zwar gibt es in den europäischen Staaten offiziell Religionsfreiheit, die etablierten Kirchen erfreuen sich jedoch meist großzügiger finanzieller Zuwendungen durch den Staat und können durch ihren gesetzlich geregelten Zutritt zu den Medien den «Sekten» ein negatives Image verpassen. Darüber hinaus scheint zumindest in Westeuropa das Bedürfnis nach organisierter Religion geringer zu sein als in Nordamerika. Erfolge des Mormonentums auf diesem Kontinent beschränkten sich bisher auf die nördlichen Staaten. In den letzten Jahren wurden jedoch Zeichen erkennbar, die auch auf einen Wandel in Europa hindeuten.

Wie oben festgestellt wurde, sind es drei Hauptursachen, die für das Wachstum des Mormonentums verantwortlich sind: erstens die religiöse Umwälzung, auf die das Mormonentum selbst keinen Einfluß hat, zweitens die in der Organisation der Mormonenkirche gegebene Möglichkeit der Glaubenserfahrung, drittens die Sinngebung, die in einem besonderen Maße die Bedürfnisse vieler Menschen befriedigt.

Es ist sicherlich gefährlich, Vorhersagen zu machen, indem man gegenwärtige Trends einfach in die Zukunft fortschreibt. Ob sich das Mormonentum zu einer bedeutenden Weltreligion entwickeln wird, kann deshalb nicht mit Bestimmtheit gesagt werden. Zu viele Hürden können in der Zukunft auftauchen. Durch den Glauben an göttliche Offenbarungen ist den Präsidenten der Kirche das nötige Steuerungsmittel in die Hand gegeben, um erforderliche Kurswechsel zu vollziehen, ohne dabei an Glaubwürdigkeit zu verlieren. Es ist jedoch ein enger Pfad, der gegangen werden muß: Auf der einen Seite liegt eine zu starke Anpassung an den Zeitgeist, auf der anderen Seite droht das Verharren in Praktiken, die Konflikte mit der Umwelt verursachen.

Wie die Zukunft für die Mormonen auch aussehen mag, ihr Platz in der Geschichte ist ihnen sicher: Sie haben den amerikanischen Westen entscheidend mitgeprägt und gleichzeitig einen enormen sozialen Aufstieg durchgemacht. Religionswissenschaftlern bieten sie die Möglichkeit, den Entstehungsprozeß einer Religion zu beobachten. Aber das Studium des Mormonentums zeigt darüber hinaus noch etwas: daß die Religion im Menschen Energien wecken kann, die sonst ungenutzt bleiben.

Anmerkungen

Einleitung: Wer sind die Mormonen?

1 Vgl. hierzu Stark, Rodney und William Sims Bainbridge: *The Future of Religion.*
2 Vgl. z. B. Römerbrief 1, 7.
3 Kephart, William M.: *Extraordinary Groups.* Martin Robertson, London 1976. Seite 237–238 (eigene Übersetzung).
4 Die Tabelle ist entnommen aus: Stark, Rodney: *The Rise of a New World Faith.* In *Review of Religious Research,* Band 26, Nummer 1, Seite 22.
5 Fallding, Harold: *Sociology of Religion.* McGraw-Hill, New York 1974. Seite 143–144 (e. Ü.).

Erster Teil: Die Restauration 1820–1844

1 In der in Nauvoo herausgegebenen Zeitschrift *Times and Seasons,* Nr. 99 vom 15. August 1844, Band 5 (15), Seite 617 (e. Ü.).
2 Roberts, Brigham H. (Hrsg.): *History of the Church of Jesus Christ of Latter-day Saints.* Band 1, Seite 4 (e. Ü.).
3 Ebenda, Seite 5 (e. Ü.).
4 Ebenda, Seite 6 (e. Ü.).
5 Ebenda, Seite 7 (e. Ü.).
6 Ebenda, Seite 11 (e. Ü.).
7 Howe, Eber D.: *Mormonism Unveiled.* Painesville, Ohio 1834; zitiert in Brodie, Fawn M.: *No Man Knows My History.* Seite 434 (e. Ü.).
8 Smith, William: *William Smith On Mormonism: A True Account of the Origin of the Book of Mormon.* Herald Publishing House, Lamoni, Iowa 1883. Seite 12; zitiert in Backman, Milton V.: *Eyewitness Accounts of the Restoration.* Seite 70 (e. Ü.).
9 *Times and Seasons,* Nr. 45 vom 1. März 1842, Band 3 (9), Seite 707 (e. Ü.).
10 In der von der Reorganisierten Kirche herausgegebenen Zeitschrift *The True Latter Day Saints' Herald,* Band 26, 1. Oktober 1879, Seite 289; zitiert in Brodie, Fawn M.: *No Man Knows My History.* Seite 43 (e. Ü.).
11 Diese und die folgenden Zitate aus dem Buch Mormon stammen aus der fünfzehnten deutschen Auflage aus dem Jahre 1964.
12 Roberts, Brigham H. (Hrsg.): *History of the Church of Jesus Christ of Latter-day Saints.* Band 1, Seite 39 (e. Ü.).
13 In der Zeitschrift *The Latter-day Saints' Messenger and Advocate,* Nr. 1 vom Oktober 1834, Band 1, Seite 15 (e. Ü.).

14 Joseph Smith in *Times and Seasons,* Nr. 57 vom 1. September 1842, Band 3 (21), Seite 897–898 (e. Ü.).
15 Affidavit von John E. Godfrey, und auch Ole A. Jensen, «Martin Harris Testimony of the Book of Mormon», mit Schreibmaschine geschrieben, Brigham Young University; zitiert in Backman, Milton: *Eyewitness Accounts of the Restoration.* Seite 157 (e. Ü.).
16 Roberts, Brigham H. (Hrsg.): *History of the Church of Jesus Christ of Latter-day Saints.* Band 1, Seite 55 (e. Ü.).
17 Clark, John A.: *Gleanings by the Way.* New York 1842. Seite 256–257; zitiert in Werner, Morris R.; *Brigham Young.* Seite 42 (e. Ü.).
18 *Times and Seasons,* Nr. 60 vom 15. Oktober 1842, Band 3 (24), Seite 944–945 (e. Ü.). Die Gemeinschaft hieß damals noch «Kirche Jesu Christi», der Zusatz «der Heiligen der letzten Tage» ist anachronistisch.
19 «Newel Knight's Journal», *Scraps of Biography. Tenth Book of the Faith-Promoting Series;* Salt Lake City: Juvenile Instructor Office, 1883, Seite 59–60; zitiert in Backman, Milton: *Eyewitness Accounts of the Restoration.* Seite 192–193, und Roberts, Brigham H. (Hrsg.): *History of the Church of Jesus Christ of Latter-day Saints.* Band 1, Seite 92–93 (e. Ü.).
20 Zitiert in Brodie, Fawn M.: *No Man Knows My History.* Seite 88 (e. Ü.).
21 Dieses und die folgenden Zitate aus Lehre und Bündnisse stammen aus der vierten deutschen Auflage, Basel 1923.
22 Pratt, Parley P.: *Autobiography of Parley Parker Pratt.* Seite 18–20 (e. Ü., die hervorgehobenen Wörter sind im Original ebenfalls hervorgehoben).
23 Ebenda, S. 20 (e. Ü.).
24 Ebenda, S. 35 (e. Ü.).
25 Ebenda, S. 35 (e. Ü.).
26 Die Glaubensartikel der Kirche Jesu Christi der Heiligen der letzten Tage, in *Die köstliche Perle.* Basel, Dresden 1929. Seite 67.
27 Smith, Janet (Hrsg.): *Mark Twain on the Damned Human Race.* The Noonday Press, New York 1991. Seite 245.
28 Trexler, Harrison A.: *Slavery in Missouri.* In *Missouri Historical Review,* Band 3, Seite 195; zitiert in Davis, Inez Smith: *The Story of the Church.* Seite 140 (e. Ü.).
29 Mulder, William und A. Russell Mortensen (Hrsg.): *Among the Mormons, Historic Accounts by Contemporary Observers.* Seite 78 (e. Ü.).
30 Des Missouri, der die Grenze zwischen Jackson County und Clay County bildet.
31 Pratt, Parley P.: *Autobiography of Parley Parker Pratt.* Seite 82 (e. Ü.).
32 Mulder, William und A. Russell Mortensen (Hrsg.): *Among the Mormons, Historic Accounts by Contemporary Observers.* Seite 88 (e. Ü.).
33 Roberts, Brigham H. (Hrsg.): *History of the Church of Jesus Christ of Latter-day Saints.* Band 2, Seite 462 (e. Ü.).
34 Mulder, William und A. Russell Mortensen (Hrsg.): *Among the Mormons, Historic Accounts by Contenporary Observers.* Seite 89–90. (e. Ü.).
35 *Brigham Young University Studies 14;* zitiert in Allen, James B. und Glen M. Leonard: *The Story of the Latter-day Saints.* Seite 123 (e. Ü.).
36 Hill, Donna: *Joseph Smith, The First Mormon.* Seite 234 (e. Ü.).

37 Pratt, Parley P.: *Autobiography of Parley P. Pratt.* Seite 171 (e. Ü.).
38 Ebenda, Seite 172–173 (e. Ü.).
39 Roberts, Brigham H.: *A Comprehensive History of the Church of Jesus Christ of Latter-day Saints.* Band 1, Seite 482 (e. Ü.).
40 Pratt, Parley P.: *Autobiography of Parley P. Pratt.* Seite 174–175 (e. Ü.).
41 Lee, John D.: *Mormonism Unveiled.* Seite 82, zitiert in Brodie, Fawn M.: *No Man Knows My History.* Seite 239 (e. Ü.).
42 Parley P. Pratt: *Autobiography of Parley P. Pratt.* Seite 160 (e. Ü.).
43 Hill, Donna: *Joseph Smith, The First Mormon.* Seite 240 (e. Ü.).
44 Parley P. Pratt: *Autobiography of Parley P. Pratt.* Seite 176–177 (e. Ü.).
45 Ebenda, Seite 187 (e. Ü.).
46 Arrington, Leonard J. und Davis Bitton: *The Mormon Experience: A History of the Latter-day Saints.* Seite 57 (e. Ü.).
47 Haven an Bullard, 27. September 1839; zitiert in Hansen, Klaus J.: *Mormonism and the American Experience.* Seite 97 (e. Ü.).
48 Cowley, Matthias F.: *Wilford Woodruff: History of His Life and Labors.* Seite 104–105 (e. Ü.).
49 Roberts, Brigham H. (Hrsg.): *History of the Church of Jesus Christ of Latter-day Saints.* Band 5, Seite 361–362 (e. Ü.).
50 *Times and Seasons,* Nr. 99 vom 15. August 1844, Band 5 (15), Seite 616–617 (e. Ü.).
51 Brown, James S.: *Life of a Pioneer.* Seite 13–14 (e. Ü.).
52 Davis, Inez Smith: *The Story of the Church.* Seite 245 (e. Ü.).
53 Whitney, O. F.: *Life of Heber C. Kimball.* Seite 189–190; zitiert in Kimball, Stanley B.: *Heber C. Kimball: Mormon Patriarch and Pioneer.* Seite 50 (e. Ü.).
54 Ebenda, Seite 116 (e. Ü.).
55 Ebenda, Seite 117 (e. Ü.).
56 Roberts, Brigham H.: *A Comprehensive History of The Church of Jesus Christ of Latter-day Saints.* Band 1, Seite XXX - XXXI (e. Ü.).
57 Stark, Rodney: *The Rise of a New World Faith;* in *Review of Religious Research,* Band 26, 1984, Seite 23 (e. Ü.).
58 Dew, Sheri L.: *Ezra Taft Benson. A Biography.* Deseret Book Company, Salt Lake City 1987. Seite 470 (e. Ü.).
59 Bennett, Wallace F.: *Why I Am a Mormon.* Thomas Nelson & Sons, New York 1958. Seite 156 (e. Ü.).
60 Widtsoe, John A.: *Eine vernunftgemäße Theologie.* Basel 1932. Seite 23.
61 *Times and Seasons,* Nr. 99 vom 15. August 1844, Band 5 (15), Seite 613–614 (e. Ü.).
62 McConkie, Bruce R.: *Mormon Doctrine.* Seite 576f. (e. Ü.).
63 Die Übersetzung versucht möglichst sinngemäß zu sein. Sie erhebt keinen Anspruch, die sprachliche Poesie des Originals wiederzugeben.
64 Young, Brigham: *The Essential Brigham Young.* Seite 93 (e. Ü.).
65 Vgl. O'Dea, Thomas F.: *The Mormons.* S. 122ff.
66 *Times and Seasons,* Nr. 99 vom 15. August 1844, Band 5 (15), Seite 615 (e. Ü.).
67 Whitney, H. M.: *Woman's Exponent,* Band 10 (15. Oktober 1881), Seite 74; zitiert in Kimball, Stanley B.: *Heber C. Kimball: Mormon Patriarch and Pioneer.* Seite 96.
68 Young, Brigham: *The Essential Brigham Young.* Seite 178 (e. Ü.).

69 Roberts, Brigham H.: *Life of John Taylor.* Seite 100–101 (e. Ü.).

70 Die Bezeichnung «Jungfrau» in den Versen 61 und 63 ist nicht im herkömmlichen Sinn zu verstehen, sondern soll vermutlich eine Anspielung auf das Gleichnis mit den zehn Jungfrauen in Matthäus 25 sein.

71 Roberts, Brigham H.: *A Comprehensive History of the Church of Jesus Christ of Latter-day Saints.* Band 2, Seite 106–107 (e. Ü.).

72 Hill, Donna: *Joseph Smith: The First Mormon.* Seite 355 (e. Ü.).

73 Roberts, Brigham H. (Hrsg.): *History of the Church.* Band 6, Seite 46 (e. Ü.).

74 Mulder, William und A. Russell Mortensen (Hrsg.): *Among the Mormons: Historic Accounts by Contemporary Observers.* Seite 126–127 (e. Ü.).

75 Erste und einzige Ausgabe des *Nauvoo Expositor,* 7. Juni 1844; zitiert in Brodie, Fawn M.: *No Man Knows My History.* Seite 369–370 (e. Ü.).

76 Ebenda, Seite 378. Die Hervorhebungen sind in der Vorlage ebenfalls vorhanden. (e. Ü.).

77 Roberts, Brigham H. (Hrsg.): *History of the Church.* Band 6. Seite 536 (e. Ü.).

78 Ebenda, Seite 545–546 (e. Ü.).

79 Ebenda, Seite 549–550 (e. Ü.).

80 Ebenda, Seite 601 (e. Ü.).

81 Roberts, Brigham H.: *Life of John Taylor.* Seite 140 (e. Ü.).

Zweiter Teil: Das Zion in den Bergen 1844–1890

1 Aus dem Lied «California» von John Parry; zitiert in Cheney, Thomas E.: *Mormon Songs from the Rocky Mountains.* University of Utah Press, Salt Lake City 1981. Seite 58 (e. Ü.).

2 Young, Brigham: *The Essential Brigham Young.* Seite 137 (e. Ü.).

3 Ebenda, Seite 50–51 (e. Ü.).

4 Watson, Elden J. (Hrsg.): *Manuscript History of Brigham Young, 1801–1844.* Salt Lake City 1968. Seite 4; zitiert in Arrington, Leonard J.: *Brigham Young: American Moses.* Seite 34 (e. Ü.).

5 Young, Brigham: *The Essential Brigham Young.* Seite 12 (e. Ü.).

6 Ohne Quellenangabe zitiert in Ericksen, Ephraim E.: *The Psychological and Ethical Aspects of Mormon Group Life.* Seite 36 (e. Ü.).

7 Young, Brigham: *The Essential Brigham Young.* Seite 188 (e. Ü.).

8 Cowley, Matthias F.: *Wilford Woodruff: History of His Life and Labors.* Seite 226 (e. Ü.).

9 Ebenda, (e. Ü.).

10 Parley P. Pratt: *Autobiography of Parley P. Pratt.* Seite 303 (e. Ü.).

11 Ward, Margery W. (Hrsg.): *A Fragment: The Autobiography of Mary Jane Mount Tanner.* Seite 31, 33 (e. Ü.).

12 Brown, James S.: *Life of a Pioneer.* Seite 20–21 (e. Ü.).

13 Horace Whitney in seinem Tagebuch vom 23. Juni 1847; zitiert in Arrington, Leonard J.: *Brigham Young: American Moses.* Seite 141 (e. Ü.).

14 Orson Pratt in seinem Tagebuch vom 21. Juli 1847; zitiert in ebenda, Seite 144 (e. Ü.).

15 Ward, Margery W. (Hrsg.): *A Fragment: The Autobiography of Mary Jane Mount Tanner.* Seite 37 (e. Ü.).
16 Ebenda, Seite 44 (e. Ü.).
17 John Chislett in Stenhouse, T. B. H.: *Rocky Mountain Saints.* New York 1873; zitiert in Mulder, William und A. Russell Mortensen: *Among the Mormons: Historic Accounts by Contemporary Observers.* Seite 284 (e. Ü.).
18 *Diary and Autobiography of Mary Goble Pay,* Seite 6, Archiv der Kirche in Salt Lake City; zitiert in Arrington, Leonard J. und Davis Bitton: *The Mormon Experience: A History of the Latter-day Saints.* Seite 134 (e. Ü.).
19 Der erste Auszug ist aus dem Tagebuch von Archer Walters, der zweite aus dem Tagebuch von Patrick Bermingham. Beide sind zitiert in Taves, Ernest H.: *This is the Place: Brigham Young and the New Zion.* Seite 133–134 (e. Ü.).
20 Kenney, Scott G. (Hrsg.): Typescript *Copy of Wilford Woodruff Journal.* Signature Books, Midvale, Utah 1983. Band 5, Seite 78–79; zitiert in Gibbons, Francis M.: *Wilford Woodruff: Wondrous Worker, Prophet of God.* Deseret Book Company, Salt Lake City 1988. Seite 203 (e. Ü.).
21 Young, Brigham:*The Essential Brigham Young.* Seite 209 (e. Ü.).
22 *Journal of Discourses,* Band 12, Seite 290–291; zitiert in Allen, James B. und Glen M. Leonard: *The Story of the Latter-day Saints.* Seite 331 (e. Ü.).
23 *Anti-Polygamy Standard,* Salt Lake City, Nr. 1 (April 1880), Seite 1; zitiert in Arrington, Leonard J. und Davis Bitton: *The Mormon Experience: A History of the Latter-day Saints.* Seite 179 (e. Ü.).
24 Young, Brigham: *The Essential Brigham Young;* Seite 94–95 (e. Ü.).
25 Stenhouse, Fanny: *Tell It All.* A. D. Worthington, Hartford, Conn. 1890, Seite 385; zitiert in Kimball, Stanley B.: *Heber C. Kimball: Mormon Patriarch and Pioneer.* Seite 227 (e. Ü.).
26 Tanner, Annie Clark: *A Mormon Mother.* Seite 23–24 (e. Ü.).
27 Ward, Margery W. (Hrsg.): *A Fragment: The Autobiography of Mary Jane Mount Tanner.* Seite 6 (e. Ü.).
28 Cowley, Matthias F.: *Wilford Woodruff: History of His Life and Labors.* Seite 569–570 (e. Ü.).
29 Ebenda, Seite 571 (e. Ü.).

Dritter Teil: Anpassung und Wachstum 1890–1990

1 Smith, Joseph F.: *Gospel Doctrine: Selections from the Sermons and Writings of Joseph F. Smith.* Seite 409.
2 Ely, Richard T.: *Economic Aspects of Mormonism;* in *Harper's Monthly Magazine;* Band 106, 1905, Seite 668 (e. Ü.).
3 Brown, Hugh B.: *An Abundant Life: The Memoirs of Hugh B. Brown.*
4 Hey, Joe: *Dorothea Anima, Der weite Weg. Lebenserinnerungen.* Battert-Verlag, Baden Baden. Seite 101–102.
5 Kephart, William M.: *Extraordinary Groups.* Seite 235 (e. Ü.).
6 *New York Times* vom 19. März 1988, Seite 6 (e. Ü.).

7 O'Dea, Thomas F. und Evon Z. Vogt: *A Comparative Study of the Role of Values in Social Action in Two Southwestern Communities;* in *American Sociological Review,* Band 18, Nummer 6, 1953, Seite 645–654.
8 O'Dea, Thomas F.: *The Mormons.* Seite 144 (e. Ü.).
9 Smith, Joseph F.: *Gospel Doctrine: Selections from the Sermons and Writings of Joseph F. Smith.* Seite 209 (e. Ü.).
10 Ebenda, Seite 208 (e. Ü.).
11 Gottlieb, Robert und Peter Wiley: *America's Saints: The Rise of Mormon Power.* Seite 118 (e. Ü.).
12 Die Zahlen sind entnommen aus: Albrecht, Stan L. und Tim B. Heaton: *Secularization, Higher Education, and Religiosity;* in *Review of Religious Research,* Band 26, Nr. 1, 1984, S. 49.
13 Vgl. Hardy, Kenneth R.: *Social Origins of American Scientists and Scholars;* in *Science,* Band 185, 1974, S. 497–506.
14 Roberts, Brigham H. (Hrsg.): *History of the Church of Jesus Christ of Latter-day Saints.* Band 5. Seite 217 (e. Ü.).
15 Cowley, Matthias F.: *Wilford Woodruff: History of His Life and Labors.* Seite 351 (e. Ü.).
16 Young, Brigham: *The Essential Brigham Young.* Seite 132 (e. Ü.).
17 Rosten, Leo: *Religions of America: Ferment and Faith in an Age of Crisis.* Simon & Schuster, New York 1975. Seite 194–195 (e. Ü.).
18 Doctrine & Covenants, Official Declaration – 2 (e. Ü.).
19 Gottlieb, Robert und Peter Wiley: *America's Saints: The Rise of Mormon Power.* Seite 186 (e. Ü.).
20 *Deseret News* vom 19. Mai 1928; zitiert in Wilcox, Linda P.: *Mormon Motherhood;* in Beecher, Maureen Ursenbach und Lavina Fielding Anderson (Herausgeber): *Sisters in Spirit: Mormon Women in Historical and Cultural Perspective.* Seite 212 (e. Ü.).
21 Smith, Joseph F.: *Gospel Doctrine: Selections from the Sermons and Writings of Joseph F. Smith.* Seite 289 (e. Ü.).
22 *Ensign* 16 (September 1986), Seite 16–20, zitiert in Iannaccone, Lawrence R. und Carrie A. Miles: *Dealing with Social Change: The Mormon Church's Response to Change in Women's Roles,* in *Social Forces,* Juni 1990, Band 68, Seite 1244 (e. Ü.).
23 Dew, Sheri L.: *Ezra Taft Benson.* Seite 505 (e. Ü.).

Epilog: Warum das Mormonentum wächst

1 Ward, Margery W. (Hrsg.): *A Fragment: The Autobiography of Mary Jane Mount Tanner.* Seite 116 (e. Ü.).
2 Ebenda.
3 Grant, Carter E.: *Robbed by Wolfes, a True Story;* in *Relief Society Magazine* 15 (Juli 1928), Seite 363–364; zitiert in Sessions, Gene A.: *Mormon Thunder: A Documentary History of Jedediah Morgan Grant.* Seite 69 (e. Ü.).

Weiterführende Literatur

Die Mormonen bilden die Religionsgemeinschaft, über die in den USA am zweitmeisten (nach den Pilgervätern) geschrieben wurde. Aus dieser Flut an Literatur sind hier jedoch nur wenige Werke ausgewählt. Nicht erwähnt werden Schriften, die polemischen Charakters, zu spezialisiert oder kaum erhältlich sind, oder deren Zielsetzung erbaulicher Natur ist. Alle hier aufgeführten Bücher werden entweder als «Klassiker» auf diesem Gebiet betrachtet, sind neueren Datums und deshalb relativ gut (in Bibliotheken) erhältlich oder sind sonst für die Beschäftigung mit dem Mormonentum wichtig. Aufgeführt sind diejenigen Ausgaben, die mir verfügbar waren. In manchen Fällen sind möglicherweise neuere Versionen zu bekommen. Die Liste erhebt jedoch in bezug auf die oben genannten Auswahlkriterien keinen Anspruch auf Vollständigkeit.

Geschichtliche und allgemeine Betrachtungen des Mormonentums:

Allen, James B. und Glen M. Leonard: *The Story of the Latter-day Saints.* Deseret Book Company, Salt Lake City 1976.

Arrington, Leonard J. und Davis Bitton: *The Mormon Experience: A History of the Latter-day Saints.* Alfred A. Knopf, New York 1979.

Backman, Milton V.: *Eyewitness Accounts of the Restoration.* Deseret Book Company, Salt Lake City 1986.

Barlow, Philip L.: *Mormons and the Bible: The Place of the Latter-day Saints in American Religion.* Oxford University Press, Oxford 1991.

Beecher, Maureen Ursenbach und Lavina Fielding Anderson (Hrsg.): *Sisters in Spirit: Mormon Women in Historical and Cultural Perspective.* University of Illinois Press, Urbana und Chicago 1987.

Coates, James: *In Mormon Circles: Gentiles, Jack Mormons, and Latter-day Saints.* Addison-Wesley, Reading, Massachusetts 1990.

Davis, Inez Smith: *The Story of the Church.* Herald Publishing House, Independence, Missouri 1989.

Ericksen, Ephraim Edward: *The Psychological and Ethical Aspects of Mormon Group Life.* The University of Utah Press, Salt Lake City 1975. Reprint der Ausgabe von 1922.

Gottlieb, Robert und Peter Wiley: *America's Saints: The Rise of Mormon Power.* G. P. Putnam's Sons, New York 1984.

Hansen, Klaus J.: *Mormonism and the American Experience.* University of Chicago Press, Chicago und London 1981.

Leone, Mark P.: *Roots of Modern Mormonism.* Harvard University Press, Cambridge, Massachusetts 1979.

Ludlow, Daniel H. (Hrsg.): *Encyclopedia of Mormonism.* Macmillan Publishing Company, New York 1992.

McKiernan, F. Mark, Alma R. Blair und Paul M. Edwards (Hrsg.): *The Restoration Movement: Essays in Mormon History.* Coronado Press, Lawrence, Kansas 1973.
McNiff, William J.: *Heaven on Earth: A Planned Mormon Society.* The Mississippi Valley Press, Oxford, Ohio 1940.
Mulder, William und A. Russell Mortensen: *Among the Mormons: Historic Accounts by Contemporary Observers.* University of Nebraska Press, Lincoln, Nebraska 1973.
O'Dea, Thomas F.: *The Mormons.* University of Chicago Press, Chicago und London 1957.
Roberts, Brigham H.: *A Comprehensive History of the Church of Jesus Christ of Latter-day Saints.* Brigham Young University Press, Provo, Utah 1965. 6 Bände.
Roberts, Brigham H. (Hrsg.): *History of the Church of Jesus Christ of Latter-day Saints.* 7 Bände. Periode I (Band 1–6): *History of Joseph Smith, the Prophet, by Himself.* Deseret News, Salt Lake City 1902. Periode II (Band 7): *From The Manuscript History Of Brigham Young And Other Original Documents.* Deseret News, Salt Lake City 1932.
Shipps, Jan: *Mormonism: The Story of A New Religious Tradition.* University of Illinois Press, Urbana und Chicago 1985.
Taves, Ernest H.: *This is the Place: Brigham Young and the New Zion.* Prometheus Books, Buffalo, New York 1991.
Tullis, F. LaMond: *Mormons in Mexico: The Dynamics of Faith and Culture.* Utah State University Press, Logan, Utah 1987.
Warenski, Marilyn: *Patriarchs and Politics: The Plight of the Mormon Woman.* McGraw-Hill, New York 1978.

Biographien und Autobiographien:

Arrington, Leonard J.: *Brigham Young: American Moses.* University of Illinois Press, Urbana und Chicago 1986.
Brodie, Fawn M.: *No Man Knows My History: The Life of Joseph Smith, the Mormon Prophet.* Alfred A. Knopf, New York 1971.
Brown, Hugh B.: *An Abundant Life: The Memoirs of Hugh B. Brown.* Signature Books, Salt Lake City 1988.
Brown, James S. Brown: *Life of A Pioneer.* George Q. Cannon & Sons, Salt Lake City 1900. Zweiter AMS-Nachdruck: AMS Press, New York 1977.
Cowley, Matthias F.: *Wilford Woodruff: History of His Life and Labors.* Deseret News, Salt Lake City 1916.
Hafen, Mary Ann: *Recollections of a Handcart Pioneer of 1860: A Woman's Life on the Mormon Frontier.* University of Nebraska Press, Lincoln, Nebraska 1983.
Hill, Donna: *Joseph Smith: The First Mormon.* Doubleday & Company, Garden City, New York 1977.
Kimball, Stanley B.: *Heber C. Kimball: Mormon Patriarch and Pioneer.* University of Illinois Press, Urbana und Chicago 1986.
Pratt, Parley P.: *Autobiography of Parley P. Pratt.* Deseret Book Company, Salt Lake City 1985.
Roberts, Brigham H.: *The Autobiography of B. H. Roberts.* Signature Books, Salt Lake City 1990.

Roberts, Brigham H: *Life of John Taylor.* George Q. Cannon & Sons, Salt Lake City 1892.
Sessions, Gene A.: *Mormon Thunder: A Documentary History of Jedediah Morgan Grant.* University of Illinois Press, Urbana und Chicago 1982.
Tanner, Annie Clark: *A Mormon Mother: An Autobiography by Annie Clark Tanner.* Tanner Trust Fund, University of Utah Library, Salt Lake City 1991.
Ward, Margery W. (Hrsg.): *A Fragment: The Autobiography of Mary Jane Mount Tanner.* Tanner Trust Fund, University of Utah Press, Salt Lake City 1980.
Werner, Morris R.: *Brigham Young.* Hyperion Press, Westport, Connecticut 1975.

Für diejenigen, die sich näher mit der mormonischen Theologie auseinandersetzen wollen:

Die Bibel
Um das Mormonentum wirklich zu verstehen, ist eine Kenntnis der Bibel unerläßlich.

Das Buch Mormon
Es wird von der Kirche Jesu Christi der Heiligen der letzten Tage selbst herausgegeben und wird von den Missionaren verschenkt. Aus diesem Grund ist es auch in den meisten Antiquariaten erhältlich. Außerdem erscheint es im kircheneigenen Verlag Deseret Book Company. Die englischsprachige Ausgabe der Reorganisierten Kirche kann bei Herald Publishing House in Independence, Missouri, bezogen werden.

Lehre und Bündnisse
Wie beim Buch Mormon. Die Ausgabe der Reorganisierten Kirche unterscheidet sich von derjenigen der Utah-Kirche.

Die Köstliche Perle
Dieses Werk wird nur von der Utah-Kirche veröffentlicht.

Grundbegriffe des Evangeliums
Der englische Originaltitel ist *Gospel Principles.* Es ist als persönliche Studienhilfe und als Lehrerleitfaden gedacht, stellt aber die grundsätzlichen Lehren des Mormonentums in anschaulicher Weise dar. Dieses Werk wird ebenfalls nur von der Kirche selbst veröffentlicht und ist auch nur bei ihr erhältlich.

McConkie, Bruce R.: *Mormon Doctrine.* Bookcraft, Salt Lake City 1966.
McMurrin, Sterling M.: *The Philosophical Foundations of Mormon Theology.* University of Utah Press, Salt Lake City 1959.
Smith, Joseph F.: *Gospel Doctrine: Selections from the Sermons and Writings of Joseph F. Smith.* Deseret Book Company, Salt Lake City 1986.
Smith, Joseph Fielding (Hrsg.): *The Teachings of the Prophet Joseph Smith.* Deseret Book Company, Salt Lake City 1976.
Talmage, James E.: *The Articles of Faith.* Deseret Book Company, Salt Lake City 1981.
Young Brigham: *The Essential Brigham Young.* Signature Books, Salt Lake City 1992.

Für diejenigen, die sich allgemein mit Religion und deren Funktion auseinandersetzen wollen:

Kelley, Dean M.: *Why Conservative Churches Are Growing.* Mercer University Press, Macon, Georgia 1986.
Stark, Rodney und William Sims Bainbridge: *The Future of Religion.* University of California Press, Berkeley und Los Angeles, Kalifornien 1985.
Stark, Rodney und William Sims Bainbridge: *A Theory of Religion.* Peter Lang, New York 1987.

Vicki Noble

Shakti

Die heilende Energie der Frau
Aus dem Amerikanischen von Jacqueline Meier
324 Seiten mit 27 Abbildungen, Broschur

Vicki Noble ruft die Frauen auf, sich auf ihre eigenen Energien zu besinnen und im Bewußtsein dieser Energien das eigene Leben, aber auch die gesellschaftlichen Beziehungen und den Umgang mit der Erde neu zu gestalten.
Ein ermutigendes und inspirierendes Buch des Frauen-Schamanismus: die Autorität der Frauen und die Heilung unseres Planeten.

Nahal Tajadod

Die Träger des Lichts

Magier, Ketzer und Christen im alten Persien
Aus dem Französischen übersetzt von Marta Jacober
311 Seiten, gebunden

Die Autorin bringt uns die ersten Jahrhunderte (3.–7. Jh.) der perischen Kirche auf so plastische und eindrückliche Weise nahe, daß sie unvergeßlich bleiben: Trennung vom dekadenten Rom, Auseinandersetzung mit Mani, Besinnung auf den Mazdaismus, fruchtbarer Dialog mit dem Islam, dem Buddhismus und Taoismus. Nahal Tajadod erzählt von konkreten Männern und Frauen, die zu Trägern des Lichts geworden sind.

WALTER-VERLAG

Monika Hauf

Der Mythos der Templer

368 Seiten, Broischur

Dieses Buch geht dem Geheimnis der Templer nach. Ausgestattet mit einer Fülle von Detailkenntnissen, vermittelt Monika Hauf die Geschichte der Kreuzzüge, der Templer und ihrer Zeitgenossen. Sie versteht es, den Nahen Orient des Mittelalters und die Templer, diese Menschen zwischen den Kulturen und den Religionen, in einem farbenstarken Bild zu porträtieren.

William Andersen

Der grüne Mann

Ein Archetyp der Erdverbundenheit
Aus dem Englischen übersetzt von Brigitte Siegel
231 Seiten mit 128 Abbildungen und 8 Farbtafeln, gebunden

Die Gestalt des Grünen Mannes – ein Männergesicht mitten in Pflanzenornamenten – taucht als Kunstwerk immer dann auf, wenn die Menschen um eine neues Selbstverständnis und um einen neuen Bezug zur Schöpfung zu ringen haben. William Andersen behandelt vor allem die mittelalterlichen und modernen Erscheinungsformen des Grünen Mannes und hat ein Buch geschaffen, in dem sich Kunstgeschichte und ökologisches Engagement erhellend miteinander verbinden.

WALTER-VERLAG